HISTOIRE DES BAROMÈTRES ET MANOMÈTRES ANÉROÏDES.

BIOGRAPHIE DE LUCIEN VIDIE

LEUR INVENTEUR.

Lucien VIDIE
INVENTEUR DES BAROMÈTRES ANEROÏDES
ET DES MANOMÈTRES MÉTALLIQUES.

Photographie LÉGÉ et BERGERON, 56, Rue Lafitte.

HISTOIRE
DES
BAROMÈTRES ET MANOMÈTRES ANÉROÏDES

BIOGRAPHIE
DE
LUCIEN VIDIE,

Inventeur

DU BAROMÈTRE ET DU MANOMÈTRE ANÉROÏDES.

PAR

AUGUSTE LAURANT,

MEMBRE

De la Société Archéologique de Nantes.

PARIS
E. DENTU, LIBRAIRE-ÉDITEUR,

PALAIS-ROYAL, GALERIE D'ORLÉANS.

1867.

CHAPITRE IER

> Il est mort !... Aujourd'hui,
> Vous en parlez fort à votre aise ;
> Mais vous errez, ne vous déplaise :
> Je vivais avec lui.
> (DIGWALL, *chapitre VI.*)

Son caractère. — Ses habitudes.

Lucien Vidie est né à Nantes (Loire-Inférieure), le 19 pluviôse an XIII, à sept heures du matin (1) ; il est mort à Paris, le 6 avril 1866, à quatre heures du matin :

---

(1) *Extrait du registre des Actes de naissance de la ville de Nantes, 3e division, pour l'an XIII.* — Du 19 pluviôse, l'an XIII, à deux heures et un quart du soir.

« Acte de naissance de Lucien, né ce jour, à sept heures du matin, fils de Monsieur Jacques
» Vidie, négociant, âgé de 44 ans, et de dame Thérèse-Geneviève David, âgée de 28 ans,
» mariés, demeurant section treizième, quai Bouguer.

« Le sexe de l'enfant a été reconnu être masculin. Premier témoin, M. Jean-Dominique
» Audebert, marchand droguiste, âgé de 57 ans, demeurant place du Change ; second
» témoin, M. Louis-Victor-Amédée Mangin, rédacteur-propriétaire de la *Feuille Nantaise*,
» âgé de 49 ans, demeurant rue de la Fosse.

» Constaté suivant la loi, par moi, Paul-Jean-Baptiste Fellonneau, adjoint au maire,
» faisant les fonctions d'officier public de l'État civil.
                                            Signé : FELLONNEAU.

tels sont l'alpha et l'oméga de cette fiévreuse existence. Il appartenait à une honorable famille (1).

Toujours absorbé dans ses conceptions, il entretint fort peu de relations suivies. Le temps qu'il eût consacré à des visites de politesse, à des liaisons sans but et sans portée, lui eût paru follement gaspillé. Etre seul, afin de penser à la solution d'un problême qui pouvait le conduire à la découverte d'une chose utile, voilà l'homme et l'état permanent de son esprit.

Une vive sympathie, qui sut résister à la différence si tranchée de leurs caractères, à leurs appréciations si opposées des hommes et des choses, le lia exceptionnellement, depuis 1832 jusqu'à sa mort, avec l'auteur de cette brochure. Lucien avait son domicile à Paris; son ami habitait Nantes : de cette séparation résulta une volumineuse correspondance, dans laquelle éclatent les épanchements de tristesse ou de joie de cette nature impressionnable, de cet honnête caractère, qui eut le rare privilége de pousser la délicatesse jusqu'aux limites les plus scrupuleuses.

La lettre suivante expliquera les motifs qui nous ont déterminé à produire cette biographie :

« Nantes, 12 juin 1862.

» Mon cher Vidie,

» Je vous retourne vos *épreuves*. Vous verrez que je partage vos idées sur la nouvelle rédaction des trois

---

(1) Voir à la fin de ce volume.

alinéas qui demeuraient discutables. Cela vaut évidemment mieux.

» Permettez-moi maintenant de vous dire mon sentiment sur les diverses publications que vous avez faites. Sans doute vous avez obéi aux exigences des circonstances ; mais aurez-vous clairement posé ce qu'il faudra dans cinquante ans pour que votre nom ne soit pas oublié? pour que votre précieuse découverte parvienne à la postérité, avec son origine incontestable, avec les émotions si accentuées qui l'ont accompagnée dès son berceau? La génération de ces temps-là lira-t-elle à livre ouvert et sans efforts d'imagination dans ces brochures éparses que vous lui aurez léguées? Pour moi, non !

» Mais tel est l'ordre d'idées dans lequel se meut un inventeur, qu'il écrit de fort savantes choses que le public ne comprend pas, et qu'il oublie de lui expliquer ce qui l'intéresserait le plus. Aussi suis-je convaincu, ne vous déplaise, que l'histoire du baromètre Anéroïde et du manomètre métallique est encore à faire.

» N'allez pas jeter les hauts cris, mon vieux; on voit rarement juste dans ses rapports avec le monde. Pendant quinze ans, malgré toutes mes exhortations, vous avez rejeté l'appui des savants, les avantages d'une honnête publicité, et vous avez subi toutes les angoisses réservées au mérite né et dépouillé.

» Or, si vous êtes sorti vainqueur d'une lutte odieuse, sans doute vous le devez à la sainte justice de votre cause; mais n'oubliez pas que vous le devez avant tout à l'immense talent de Mᵉ Sénard. Il ne faut pas vouloir refaire le monde, il faut se conformer à ce qu'il est.

» Eh bien, vos publications passées et présentes ne s'adressent qu'aux hommes spéciaux et à quelques intelligences d'élite. Ce n'est pas là le public. Comprises aujourd'hui peut-être, à cause de la date récente des faits, vos brochures le seront à peine dans cinquante ans.

» Il faudrait laisser, en dehors de vos publications trop sérieuses, quelque écrit plus simple, plus populaire, scindé en deux parties distinctes :

» La première décrirait l'invention, sa portée scientifique et industrielle, l'usage du baromètre et du manomètre, les services que ces deux instruments ont rendus et sont appelés à rendre à la marine, à la grande industrie, au commerce, à l'agriculture, et même aux gens du monde. Il ne faudrait pas oublier de signaler l'emploi actuellement généralisé des tubes et des ressorts dans les conditions proscrites par la science jusqu'au jour où la vôtre vint en démontrer la vérité pratique.

» La deuxième partie comprendrait les phases judiciaires de votre découverte pendant toute la durée de vos brevets, période saisissante d'intérêt, qui mit plus d'une fois votre vie en péril.

» Votre dernière brochure (1) n'a d'autre but que d'excuser aux yeux du monde votre demande de pro-

---

(1) Brochure dont A. L. retournait les *épreuves* à Vidie.

longation de brevets. C'était inutile : cette requête était fondée en équité. Si la politique n'absorbait pas les régions élevées du Pouvoir, la prolongation vous eût été décernée comme un acte de haute réparation.

» Certes, je pourrais, comme unité fractionnaire de cette unité principale qu'on nomme le public, user du droit de vous juger, malgré cette modestie que vous poussez jusqu'à l'absurdité, et donner le jour à cette histoire du baromètre et du manomètre. Mais j'ai peur d'une exagération, et mes intentions s'évanouissent lorsqu'il s'agit de toucher publiquement à votre personnalité. Cependant si, dans deux ou trois ans, je vis encore; si, comme je vous l'ai répété, je romps définitivement avec mes occupations industrielles, j'entreprendrai ce travail : je vous le confierai; puis nous le laisserons dormir un an, afin de le mieux juger avant de le livrer à l'impression. Il faudra bien en prendre votre parti.

» Ainsi, comme vous le voyez, je vous propose une cure pour votre insouciance du succès le plus légitime, et vous me proposez les eaux de Spa pour mes rhumatismes. Peut-être avons-nous raison tous deux. Réfléchissons, chacun de notre côté; nous avons encore le temps de souffrir et d'aviser. Pour le moment, je me sens mieux, et je crois à la santé..... pour quelque temps, et à votre amitié pour toujours.

» A. L. »

La mort vint si vite pour Lucien Vidie, que ces belles

— 10 —

dispositions n'eurent pas même un commencement d'exécution; mais il restait à son ami l'accomplissement d'un devoir, et il va le remplir.

Son père (1) le destinait au barreau; il soutint victorieusement sa thèse devant la Faculté de Droit de Paris, le 3 avril 1830. Dans la première cause qu'il eut à plaider au civil, à Nantes, et qu'il gagna, il eut pour adversaire Me Billault, depuis ministre secrétaire d'État. En sortant de l'audience, ce dernier lui dit : « Me Vidie, vous avez le cœur bien impressionnable pour vous maintenir au palais. »

En effet, ce n'était pas sa vocation : il ne voulait se présenter devant un tribunal que pour plaider les causes qui lui paraissaient foncièrement honnêtes. Il le sentait si bien, que, déjà depuis six mois, ses facultés

---

(1) Nous lisons sur une feuille imprimée qui porte en marge : « *Armée de l'Ouest. — Hôpitaux militaires,* » ce qui suit :

« *Liberté. — Égalité.* — Au nom de la République française.

» Jean Richard, commissaire général ordonnateur en chef de armée de l'Ouest,

» En vertu des pouvoirs à nous donnés par le Ministre de la guerre, et sur les témoigna-
» ges avantageux qui nous ont été rendus du civisme, du zèle et des connaissances en
» pharmacie du citoyen Jacques Vidie, natif de Challet, département d'Eure-et-Loir,
» nommons et commettons par ces présentes, le citoyen Jacques Vidie, pharmacien de
» 3e classe, à l'un des hôpitaux de cette armée, lequel exercera ces fonctions sous notre
» autorité, celle des commissaires des guerres qui en ont ou auront la police, ainsi que
» des officiers de santé en chef, et jouira des appointements affectés à cet emploi, à partir
» du 17 vendémiaire dernier, époque de son entrée en exercice.

» Donné au quartier général, à Nantes, le 23 ventôse an 11 de la République fran-
» çaise et indivisible. *Signé :* RICHARD.

» Vu par moi, général divisionnaire, chef d'état-major.

» *Signé :* ROBERT.

» A reçu 146 livres pour ses appointements du mois de germinal, déduction faite de
« 4 livres pour le prix du pain. »

avaient pris leur direction naturelle, ainsi qu'on le verra au chapitre II.

Lucien Vidic avait le port élevé, les épaules larges, le front haut et découvert, le teint coloré; son regard vif et animé trahissait instantanément les émotions de sa pensée. Il était doué d'une sensibilité extrême; ses chagrins ne se trahissaient que par des larmes furtives. Peu communicatif avec les étrangers, sa conversation languissait rapidement, et il s'empressait de trouver une issue pour se soustraire aux banalités des réunions. Sa robuste constitution, maîtrisée par un esprit sain, une conscience droite, put se soustraire aux passions humaines : tous ceux qui l'ont connu lui rendront cette justice de dire qu'il fut un homme de mœurs irréprochables.

Lucien naquit pour l'étude et le travail; sa vie entière s'écoula dans cette voie : une activité sans bornes causa seule ses indispositions, et ces indispositions laissèrent chez lui les signes précurseurs d'une fin relativement précoce.

Déjà, lorsqu'il étudiait le droit à Paris, ses veilles le rendirent dangereusement malade. Son excellente mère lui écrivait, le 22 juin 1829 :

« Mon très-cher et bien-aimé,

» Nous avons reçu ce matin, par James, ta lettre, et j'y vois avec beaucoup de peine le triste état de ta santé; il paraît cependant que tu es hors de danger. Mais, mon petit cœur, ta convalescence exige des précautions pendant longtemps. Je t'en supplie au nom de l'amitié la plus tendre, tu sais, mon cher Lucien, que je t'ai toujours chéri d'un amour de prédilection ; la douceur de ton caractère et tes autres qualités m'attachent singulièrement à toi. Ainsi, mon bien-aimé, je te prie en grâce de te bien ménager. Je regrette que ma santé ne me permette pas d'aller te soigner ; tu me verrais bientôt auprès de toi. Écris-nous souvent de tes nouvelles pour nous tranquilliser, et crois à l'amitié de ta bonne mère, qui t'embrasse bien tendrement.

» Femme VIDIE. »

Cette physionomie sévère, qui étonnait au premier aspect, et qui rappelait énergiquement le type de l'honorabilité anglaise, prenait, dans l'intimité, une teinte de bonhomie indicible : il s'abandonnait volontiers à une gaieté naïve et charmante ; il aimait les champs, les fleurs, la solitude et les enfants.

Familier avec la littérature classique, surtout avec les auteurs latins, il prenait plaisir à citer ses ouvrages favoris. Quinte-Curce l'amusait tout particulièrement avec son roman d'Alexandre-le-Grand, et le style de cet écrivain le charmait beaucoup. Quant à Horace, Lucien le savait par cœur et le citait souvent : il soutenait mordicus que ce penseur émérite comportait dans ses œuvres toutes les vérités sociales qu'on s'efforce vainement de rajeunir aujourd'hui. Son goût de prédilection pour les monuments anciens, pour les peintures de la Renaissance, se manifestait plus par une conviction arrêtée, par un culte, que par une analyse réfléchie.

Mais cette nature susceptible ne pouvait supporter les froissements inhérents aux affaires. Lorsqu'il se croyait atteint dans sa dignité, ou trompé dans ses intérêts, il tombait dans une rêverie profonde : il étudiait la situation, et, s'il conservait les mêmes appréciations, il exigeait une réparation complète des griefs dont il avait à se plaindre.

L'habitude de vivre seul, de penser seul, de voyager seul, donnait à son esprit, à ses allures, une originalité prononcée ; aussi lui attribuait-on, bien à tort, une certaine âpreté de caractère, qui était plus apparente que réelle, et qui tenait à la sobriété de ses réponses et au calme froid avec lequel il les faisait. Quelques personnes, qui ne le connaissaient que sous les rapports commerciaux, disaient de lui qu'il avait l'écorce rude.

Dans ses relations intimes, il apportait une exactitude mathématique pour les rendez-vous : il arrivait, la montre à la main, à la minute dite, et ne pouvait admettre qu'il en fût autrement, à moins d'impossibilités majeures. La vie est courte, disait-il, l'amitié rare ; les occasions de se voir doivent être saisies, et les rendez-vous ponctuellement observés.

Jamais homme ne sentit l'amitié avec plus de noblesse, et ne l'observa plus religieusement. Rien dans ses paroles, rien dans ses lettres ne touchait aux vulgarités de l'expression : tout se traduisait par des faits. Étiez-vous malade, il vous écrivait une seule fois pour vous exprimer l'espoir d'un prompt rétablissement ; mais il s'informait près de votre famille, par lettres pressantes, ou par la voie télégraphique, de la marche de votre maladie. Vos parents, vos amis, l'intéressaient par cela seul que vous receviez le contrecoup de leurs chagrins. S'il apprenait le jour de votre arrivée à Paris, vous étiez sûr de le voir apparaître dans quelque gare, sur le marche-pied de votre wagon, à 30 ou 40 lieues de la capitale. Vous savait-il à Marseille, à Brest, à Cologne, il survenait inopinément par le chemin de fer, passait gaiement la journée avec vous et repartait le soir, pour ne pas vous gêner dans vos affaires, quelque instance qu'on fît pour le retenir.

Lucien affectionnait la solitude, ou le bruit des trains de chemins de fer ; dans ces deux conditions, son intelligence fouillait à loisir l'infini de ses conceptions. Il n'apercevait plus personne, il n'entendait plus rien, pas même l'ami qui le coudoyait. De temps à autre, prenant son crayon, malgré le lacet du wagon, il couvrait de chiffres son éternel cahier de papier petit-raisin plié en quatre. Souvent, il échappait aux plus douces distractions pour retomber dans ses calculs. Un soir, aux Italiens, où il conserva dix ans le même fauteuil, il assistait, avec un ami, à l'une des plus brillantes représentations de ce théâtre ; au moment où la Patti émotionnait la salle entière sous ses merveilleuses vocalises, il demande sans transition à son ami, s'il croit pratique un mouvement mécanique qu'il vient de combiner ; puis, un moment après, captivé lui-même par les splendeurs musicales de l'œuvre interprétée, il s'exaltait et devenait tout yeux, tout oreilles.

Que de projets envahirent ce cerveau ! combien d'études sérieuses s'y élaborèrent ! De préférence, il recherchait ce qui pourrait procurer aux voyageurs sur les voies ferrées le plus de sécurité, le plus de bien-être. Lorsqu'il présentait l'un de ses projets, offrant d'en faire l'application à ses propres frais, il demeurait anéanti devant la réponse : « Votre projet est excellent; mais je déclarerai ne pas le connaître, ne l'avoir jamais connu. Quel bénéfice apporterait-il à nos actionnaires ?... Des dépenses !... N'en parlons plus, Monsieur; n'en parlons plus! » Bientôt, oubliant le triste accueil qu'il avait reçu, il se remettait à l'œuvre pour de nouvelles combinaisons.

Plein de respect pour le talent dans toutes les branches de l'activité humaine, il se passionnait pour les mérites exceptionnels. Ses lectures de prédilection se rattachaient aux sciences; il se préoccupait sans cesse des découvertes qui dotaient l'humanité de richesses utiles, de celles surtout qui concouraient au bien-être des classes inférieures.

Jamais de haine, jamais d'aigreur contre ceux qui lui nuisaient le plus. Il ne dissimulait même pas son étonnement pour l'habileté avec laquelle il était traqué, persécuté dans son œuvre et dans sa réputation. L'arrêt de la Cour de Paris qui vint le frapper au cœur en 1852, le plongea dans une profonde douleur: cependant il ne maudit ni ses juges, ni ceux qui lui ravissaient le mérite et les profits de sa découverte; mais il se leva tout d'une pièce contre l'apathie, l'ignorance de ce frivole public, qui croit aux réclames, comme le moyen-âge s'inclinait devant l'astrologie. Le dégoût de la vie s'empara de cette âme ulcérée, et il fallut toute la puissance de l'amitié pour le soustraire à la prostration d'une riche nature écrasée sous l'injustice de ses contemporains.

Lorsque les tribunaux, éveillés par la puissante parole de Me Sénard, lui firent la plus éclatante réparation des trois jugements surpris à la religion des premiers magistrats ; lorsqu'il put relever le front, la sérénité rentra dans son âme, et Lucien Vidie redevint ce que la nature l'avait fait : bienveillant, affable, serviable. Il se hâta, dans une brochure qu'il publia en 1862, de rétracter l'épitaphe qu'il s'était préparée en 1852 :

CI-GÎT UN FOU QUI CHERCHAIT
LA JUSTICE.... CHEZ LA SCIENCE,
ET
LA SCIENCE.... CHEZ LA JUSTICE.

Le premier emploi qu'il fit de ses bénéfices, ce fut de racheter la propriété de la Haute-Morinière, où il avait été élevé. Cette habitation avait été vendue à des tiers, après le décès de son père ; dès qu'il en fut possesseur, il la donna à un jeune neveu, moins favorisé de la fortune que ses autres parents.

En mai 1858, trois jours après la signature de l'acte d'acquisition, il vint à Nantes trouver son ami, qu'il avait chargé du soin de faire préparer les actes d'acquêt et de donation; puis ils montèrent en voiture pour aller visiter la Haute-Morinière, située à cinq kilomètres environ de Nantes. Lorsque la calèche atteignit l'angle du quai Duguay-Trouin, Lucien aperçut la maison où son excellente mère avait rendu le dernier soupir, à minuit, le 20 juin 1846; sa physionomie s'altéra, et les pleurs le suffoquèrent. L'ami respecta silencieusement ces pénibles souvenirs, et, une demi-heure plus tard, ils arrivaient à la Haute-Morinière.

Il était huit heures du matin. Lucien, en entrant dans cette charmante propriété, qu'il n'avait pas revue depuis son enfance, ne put desserrer les dents; une oppression pénible annihilait toutes ses facultés. Il promenait ses regards humides sur les appartements qu'avaient occupés les auteurs de ses jours; le délabrement de cette antique demeure accusait le nombre des années écoulées depuis qu'il en était sorti.

Devant la maison, se trouvait une grande table ronde en marbre. « C'est là, dit Lucien, qui renaissait sous l'influence d'un délicieux souvenir, c'est là que toute la famille prenait ses repas dans les beaux jours. Voyez-vous ce cornouiller, dont ma bonne mère aimait tant les fruits.... et, plus loin, ce raisin de Madeleine qui semblait mûrir exprès pour la fête de mon père.... Je me rappelle que cette haie d'aubépines me valut la première leçon d'humanité : j'avais saisi un nid de merles, et ma bonne mère me dit : Si quelqu'un t'enlevait à ma tendresse, juge de ton désespoir et du mien. »

La promenade dura trois heures. Toutes les images

encore vivantes de sa jeunesse se réfléchissaient dans son âme. « Là, disait-il, je savourais Plutarque, et je dévorais Horace ; la vie des hommes me semblait une noble et grande chose. Doux souvenirs du jeune âge, par quelle fatale nécessité se fanent-ils si vite! »

Puis il cueillait des fleurs presque sauvages ; il les admirait avec une naïveté d'enfant. « J'aurais aimé, disait-il, que la poésie de l'enfance ne s'effaçât jamais. »

Un déjeuner fut servi sur la table ronde, et Lucien reprit la route de Paris, en affirmant que le plus beau jour de sa vie venait de s'écouler.

Telle est cette figure, si étrangement tatouée par les biographes qui se sont occupés de lui après sa mort. Le désir de plaire aux hommes qui vivent aujourd'hui de son souffle et de sa pensée, a poussé quelques-uns de ces écrivains à maculer cette honnête nature, et à sembler ignorer les trois arrêts successifs qui avaient replacé Lucien Vidie dans la plénitude de ses droits, en lui restituant enfin l'honneur de sa brillante découverte.

CHAPITRE II

> Le plus souvent, sa lampe
> Éclairait en détrempe
> Son bahut vermoulu
> Sous l'éclat absolu
> D'un doux soleil d'aurore,
> Qu'il travaillait encore,
> Le vieux Bénédictin,
> Sur l'art grec et latin!
>
> *(Les Nuits Bretonnes. — 7º nuit.)*

Sa vie industrielle.

Une activité fébrile, une imagination puissante, une solide instruction, un penchant insurmontable vers les lois de la physique et de la mécanique, et sa fortune à faire.... voilà Lucien Vidie à vingt-cinq ans.

Mais s'il possédait son Droit, il bégayait à peine la science de l'ingénieur; et pourtant ses aspirations l'entraînaient violemment dans cette sphère d'intelligence si vaste, si progressive, que le savant de la veille se trouve quelquefois en retard le lendemain.

A cette époque, l'industrie des machines à vapeur était fort restreinte en France : c'est à grand'peine que l'on comptait une dizaine d'usines où le savoir spécial permettait de livrer des moteurs remarquables; les machines-outils sortaient de leurs langes, et l'exécution se ressentait des procédés dont on pouvait disposer. La métallurgie épelait les principes sur lesquels elle s'appuie aujourd'hui ; et cela est si vrai, que peu de cylindres à vapeur étaient exempts de soufflures et de *chambres* dans leur épaisseur. La construction des machines marines était négative. Les industries diverses recherchaient les chutes d'eau, pour échapper aux grandes dépenses qu'entraînait la consommation de houille dans les moteurs à vapeur d'alors. Les vieilles machines de cette époque, sorties en grande partie de l'Angleterre et de chez quelques constructeurs français, étaient défectueuses. Quiconque a vécu dans ce milieu peut se rappeler que plusieurs de ces *pompes à feu* (nom qu'on donnait vulgairement aux machines à vapeur) consommaient jusqu'à 12 kil. par heure et par force de cheval. Il est à remarquer que la décroissance de cette dépense de houille, due au mérite progressif de nos constructeurs, a signalé, pour ainsi dire, pas à pas l'accélération du mouvement industriel en France.

Pourquoi ce retard sur l'Angleterre dans la construction des machines à vapeur ? Il faut le demander aux luttes religieuses, aux velléités guerrières de la France, aux invasions étrangères, aux temps d'arrêt qu'amènent les révolutions. L'Angleterre, protégée par les flots de l'Océan, a pu se livrer paisiblement, depuis près de deux siècles, à ses études, à leur application. L'Angleterre devait, sous ce rapport, nous devancer dans le progrès; aujourd'hui, nous marchons de pair.

Lucien Vidie sentit l'impulsion du mouvement qui cherchait à se faire jour; il n'hésita point, et jeta les yeux sur les machines-marines. Mais il avait trop de sens pour se livrer inconsidérément à l'industrie des machines, sans en avoir étudié les détails, sans avoir mis lui-même la main à l'ajustage, au tour et à la forge. Il passe sa thèse le 3 avril 1830, il plaide en juin 1830, et, depuis sept mois, il étudiait déjà les machines chez le seul constructeur qui existât à Nantes (1).

En 1834, il est possesseur d'un bateau à vapeur de sa façon; ce bateau se nomme le *Cygne*. Lucien l'établit sur la pittoresque rivière de l'Erdre, et lui fait exécuter les voyages entre Nantes et Nort. Oh! ce n'est pas son début : on le voyait déjà, en 1833, équilibrer des services entre la ville de Nantes et la ville d'Angers, entre Châlonnes et Cheffes. Mais sa fortune était trop exiguë pour qu'il supportât longtemps un pareil fardeau; aussi avait-il cherché à asseoir ses opérations sur le concours de sociétés sérieuses. Lucien devançait les temps: l'esprit d'association était à l'état d'embryon, et ses tentatives furent sans succès.

Et cependant, pour assurer le sort d'une société d'actionnaires, existait-il à cette époque beaucoup d'hommes de cette trempe?

---

(1) Nous avons trouvé dans ses papiers l'un des reçus mensuels de son apprentissage de mécanicien : « Reçu de M. Lucien Vidie 100 fr. pour le mois d'apprentissage commençant le 1ᵉʳ février 1830, et qui finira le 1ᵉʳ mars.

» Nantes, le 31 janvier 1830. »

Plein de feu, d'énergie morale; ayant toujours pour but la réussite; insensible à la fatigue, à la douleur; passant une partie des nuits à entretenir ses bateaux à vapeur, à exécuter de ses propres mains les réparations courantes, afin d'assurer la régularité des services du jour, Lucien ne sourcillait devant aucune difficulté. Chose à peine croyable, seul avec un mousse et un timonier, il remplissait et cumulait les fonctions de capitaine, de comptable, de mécanicien et de chauffeur. Mais, au début de la navigation à vapeur, le goût et les besoins de voyager n'étaient point entrés dans nos mœurs, et le prix des places était si minime, que ces sortes d'entreprises disparaissaient avec leur création.

Voici ce que lui écrivait, le 14 février 1833, un ami d'Angers, M. Gardereau, qui lui conserva beaucoup d'affection dans le cours de son existence (1) :

« Je regrette, mon cher Lucien, que nous nous soyons quittés sans presque nous dire adieu, tant nous avions peu de loisir pour causer de nos petites affaires. Ce n'est qu'après ton départ que j'ai eu de M. Pavie quelques détails, que j'ai réclamés, je l'avoue, avec moins d'espérance que d'empressement, sur tes négociations dernières avec les industriels de la Maine, plus juifs apparemment que ceux que tu cherchais alors. Je

---

(1) Au moment de l'impression de cette notice, nous apprenons que le signataire de cette lettre est aujourd'hui le doyen des Bénédictins de l'abbaye de Solesmes, près la charmante ville de Sablé (Sarthe).

n'ai pas compris grand'chose à l'exposé chargé de termes techniques que m'en a fait ce digne Monsieur ; mais tu serais bien aimable de m'écrire quelque jour, en un français à ma portée, quel est à peu près l'objet de ton marché, ainsi que ses conséquences pour le présent, qui ne te sourit guère, et pour l'avenir, qui te donne au moins l'espérance de ne perdre pas tout sur ton second bateau.

» Tu me ferais grand plaisir de me donner un aperçu de ta position et de tes projets, auxquels je m'intéresse en ami d'autant plus sincère, qu'il voit son ami maltraité par la fortune. Espérons, comme on me l'a dit quelquefois, *qu'à force d'aller mal, tout ira bien.*

» Il te reste encore beaucoup après tes mécomptes, puisqu'il te reste ta philosophie. Je la voudrais seulement un peu plus épicurienne, en sorte que ta métaphysique des machines n'absorbât pas ton cerveau au point d'abandonner au fatalisme cette pauvre chair que tu vois consumer d'un œil si insouciant par l'eau bouillante et par la fièvre.

» Tu ne seras jamais mon médecin, si pareil accident m'arrive. Tu serais mort dans notre pays, qu'on ne l'aurait même pas su chez toi. Ton frère m'a écrit deux jours après ton départ, pour savoir si tu étais vivant. Ne sachant où te prendre, je courus chez M. Salio pour constater l'existence ou le décès. Il me dit que tu en étais revenu, en dépit de la fièvre et de toi-même, et que tu l'avais écrit à ta famille. Adieu, trouve quelque jour le loisir de me répondre. »

Ainsi, des pertes en échange d'un travail excessif, d'une abnégation complète, sans énumérer les déboires que font naître journellement les rapports du capitaine avec les voyageurs, clientèle toujours mécontente, si peu mesurée dans ses plaintes. Menacé gravement un jour dans son service par un magistrat, il crut devoir en référer aux tribunaux. On comprendra pourquoi, dans la lettre suivante, nous taisons le nom et les détails de la plainte; l'affaire s'arrangea à la complète satisfaction de Vidie :

A Monsieur Vidie, capitaine du Cygne.

« Monsieur et cher confrère,

» Vous avez fait assigner en police correctionnelle M***, juge d'instruction près le tribunal de ***. Pensant que cette affaire est de nature à s'arranger à l'amiable, je viens vous demander s'il vous conviendrait que nous eussions une conférence à ce sujet ? En cas d'affirmative, veuillez avoir l'obligeance de m'indiquer une heure au plus prochain jour, et agréez les civilités de

» Votre obéissant serviteur,

» Billault, avocat, (1)
» *Rue de la Fosse, 12 bis, Nantes.* »

---

(1) Depuis Ministre-Secrétaire-d'État.

Nous ne fatiguerons pas le lecteur de la nomenclature des opérations multipliées qu'il entreprit entre Nantes et Orléans, Decize et Nevers, Rennes et Redon, sur la Charente, etc., avec ses bateaux la *Sylphide*, le *Météore*, la *Comète*; ces noms indiquent suffisamment qu'il exploitait des rivières où aucun bateau à vapeur n'était encore apparu.

Les détails dans lesquels nous sommes entré ne présentent pas un intérêt bien vif. Il n'en est pas des sciences et de l'industrie comme des beaux-arts, où les biographes recueillent jusqu'à la moindre ligne échappée à la plume de Raphaël ou du Titien; on fait même des voyages à Florence, à Rome, à Vienne ou à Amsterdam, pour acquérir la preuve d'une excursion exécutée dans telle ou telle bourgade par Van Dick ou Rembrandt. Les beaux-arts flattent mieux l'imagination, et l'imagination est la source des illusions. Demandez, dans une réunion des mieux composées, de quels cerveaux sont sortis le télégraphe électrique et le câble sous-marin, qui nous transmettent en quelques heures des nouvelles de Saint-Pétersbourg ou de New-York! Et cependant, quoi de plus saisissant que de semblables découvertes? elles tiennent du prodige!... Mais on s'accoutume si vite à ce qui est utile, qu'on serait presque étonné que cela n'existât pas.

D'impérieuses raisons nous ont donc porté à signaler les chemins parcourus par Lucien Vidie avant sa découverte. La période des procès qu'il eut à soutenir, nous présente constamment ses adversaires se servant de cet argument : « Nous étions mécaniciens, il était avocat : l'invention du baromètre et du manomètre ne pouvait sortir que du génie d'un mécanicien. Donc, cette invention est la nôtre ! » De plus, on les verra se retrancher devant cette hypothèse ingénue : M. Vidie a procédé du baromètre au manomètre ; nous, nous avons procédé du manomètre au baromètre. »

Nous allons facilement démontrer le contraire. Et qu'il nous soit permis de faire ressortir ici la longanimité de Lucien, qui ne songea jamais à relever de pareilles aberrations, de semblables mensonges, devant les tribunaux : il lui suffisait d'évoquer le passé pour prouver sa longue expérimentation dans les machines à vapeur ; mais, pour lui, la question n'était pas là.

Encore une dernière preuve de ses connaissances théoriques et pratiques dans la science des moteurs à vapeur.

« Nantes, le 22 août 1837.

» *A Messieurs Lecour, Genevois et Cie, armateurs à Nantes.*

» Monsieur Lucien Vidie veut bien se charger de me représenter dans l'essai de réception du bateau à vapeur l'*Elodie*. J'ai entière confiance dans les connaissances étendues de M. Vidie.

» Comme nous en sommes convenus, le bateau partira demain matin, sur les six heures, ira jusqu'à la pointe du Croisic, où il virera de bord pour revenir à Nantes.

» M. Vidie, pour m'obliger, a bien voulu retarder son voyage de Paris.

» Louis JOLLET fils jeune,
» *Constructeur de machines à vapeur, à Nantes.* »

Dégoûté des résultats de ses propres bateaux à vapeur, Lucien liquida toutes ces entreprises. Puis, jetant ses regards sur l'énorme consommation de houille de la plupart des machines à vapeur en France, il se met à voyager, visite les usines, propose aux propriétaires des établissements industriels d'adapter à leurs moteurs un appareil qui réduira d'un cinquième au moins leur dépense journalière de houille. Il s'agissait d'une détente. Aujourd'hui, cette économie d'un cinquième serait regardée comme bien faible, si l'on considérait l'énormité de la consommation de la plupart des machines fonctionnant à cette époque ; mais le bon sens veut qu'on se reporte au temps. Les détentes Meyer, Farcot et autres n'étaient pas trouvées ; d'ailleurs, ces vieilles machines n'avaient pas été établies dans la prévision d'une détente.

Pour vaincre les résistances opiniâtres des chefs d'usines, Lucien prend les formidables engagements qui suivent :

1º Tous les changements et additions seront faits aux frais et risques de M. Vidie ;

2º En cas de non-succès, les jours de chômage de l'usine (qui s'élevaient souvent de 200 à 300 francs par vingt-quatre heures) provenant du temps d'arrêt exigé pour la pose de son appareil, seront payés par lui à titre de dommages-intérêts, et il sera tenu de remettre les machines dans leur état primitif ;

3º En cas de réussite, il aura pour toute indemnité un chiffre égal au prix de la houille économisée pendant un an ou dix-huit mois, suivant la force de la machine ou le nombre des moteurs de chaque établissement.

Partout il traite sur ces bases exorbitantes ; partout il réussit, et il ne quitte aucun établissement sans y laisser le souvenir de la loyauté qui le guide dans toutes ses actions.

Ses débuts, comme on le voit, ont un certain point de contact ou d'analogie avec ceux du célèbre Watt.

Alors, le voilà parti pour cette série de voyages incroyables et si peu interrompus par le repos, dans les régions les plus industrielles de l'Europe, et ce goût prédominant de la locomotion lui restera jusqu'à sa mort. Il tient un registre exact, journalier, de son passage dans chaque localité. Cela lui suffit pour ses relations, pour la régularité de ses affaires; il ne lui faut rien de plus ! Il paie tout comptant ; il emprunte dans les moments extrêmes ; il rend dès que la fortune lui sourit en passant. Lucien voyage la nuit et travaille le jour ; plus de repos ! Toujours en combinaisons, en application de ses idées, étranger aux plaisirs ordinaires de la vie, il cherche moins une issue à une existence précaire qu'un aliment à l'activité qui le dévore.

Partout, il observe avec une profonde méditation les formes variées de l'immuable principe du manomètre des chaudières; là est son idée fixe. Depuis huit ans, il a été mécanicien et chauffeur de ses propres machines ; pendant huit ans, il a été la première victime des défauts de cet instrument qui mesure la tension ou la pression de la vapeur dans les chaudières. Il veut autre chose ; il sent qu'il est appelé à changer complétement tous les éléments du manomètre. Il devine les analogies qui le conduiront du manomètre au baromètre ; mais son idée n'est pas mûre : une partie des moyens échappe encore à son génie.

La France, la Belgique, la Hollande, la Prusse, ont été favorables à l'application de la détente ; il marche à toute vapeur, non pas vers la fortune, — sa nature de fer n'y songe pas, — et, chose étrange, on voit, par sa correspondance, qu'il ne croit pas pouvoir atteindre jusqu'à la vieillesse; mais il a ramassé çà et là quelques sacs, et déjà son séjour forcé dans chaque ville, quoique fort court, lui pèse, l'afflige et l'irrite. Il cède gratis le profit de cette détente à d'honorables concurrents.

A peine est-il libre, qu'il entre en relations avec la puissante maison André Kœchlin, de Mulhouse; il veut appliquer lui-même sur les navires à vapeur le procédé Kœchlin pour l'échauffement de l'air destiné à la combustion de la houille. Ses propositions parviennent immédiatement aux Ministres de la marine et des finances ; il supplie qu'on lui laisse faire à ses frais et risques l'expérimentation sur un bâtiment de l'État. A ce sujet, voici la lettre curieuse que Lucien écrit à son père :

« Paris, le 9 juin 1838.

» J'ai appris avec plaisir, par votre lettre du 25 mai, que vous aviez loué votre maison du quai Brancas au Cercle Cassart. Je vous féliciterai moins de votre nouveau cheval ; ce que vous m'en dites me fait craindre qu'il ne vous jette avec votre cabriolet dans quelque fossé. Mais je me repose, et probablement vous aussi, sur le régime que vos domestiques lui réservent à la campagne, pour calmer l'ardeur de la bête.

» Je quitte Paris, après avoir pressé pendant un mois mon affaire Kœchlin, qui est encore loin de son terme.

» Aussitôt arrivé à Paris, j'ai demandé audience à M. Comte, directeur des Postes ; il m'a renvoyé à M. Dubost, son secrétaire, qui m'a dit de soumettre mes propositions par écrit à M. Comte, qui les a renvoyées à M. Dubost, qui les a renvoyées au Ministre des finances, qui les a retournées à M. Comte, qui les a renvoyées à M. Dubost, en lui demandant son avis ; qui les a retournées avec son avis à M. Comte, qui les a signées et envoyées au Ministre ; le Ministre à son secrétaire ; le secrétaire à un chef de bureau, qui me les a remises enfin avec les motifs de M. Comte, exprimant nettement qu'il n'y avait pas lieu de donner suite à ma demande.

» Il paraît cependant que telle n'avait pas été, au ministère des finances, l'opinion émise par la commission chargée de l'examen de mes offres ; car je viens d'être appelé de nouveau devant M. Dubost, qui, en lisant la lettre du Ministre, s'est récrié, en disant qu'on ne pouvait lui reprocher d'être l'ennemi du progrès, et qu'il se trouvait heureux d'être chargé de nouveau d'entrer en négociations avec moi, à la condition que je lui fisse connaître mes moyens d'exécution et d'application. C'était la seule chose dont j'eusse à garder le secret, et pour cause.

» Je retirai provisoirement mes propositions, maintenant mon offre de faire l'expérience à mes frais sur un bâtiment à vapeur de l'État. »

Lucien ne donna aucune suite à cette affaire, et revint sans transition à ses premières amours, les bateaux à vapeur.

Pourquoi ce retour vers des opérations si périlleuses? C'est que là est le mouvement, cette sphère où reviennent quotidiennement les péripéties les plus inattendues; c'est que là il va se retrouver face à face avec son manomètre, avec ses études, avec ses essais, avec ses idées de transformations, que le bruit méthodique des machines ne saurait interrompre; c'est qu'un atome le séparait encore de la conception complète de son œuvre.

Nous le retrouverons donc, de 1838 jusqu'en 1842, transportant des voyageurs sur son bateau à vapeur. Tout à coup, il a pensé à la Charente; il va traverser la mer qui sépare Saint-Nazaire de l'embouchure de la Gironde; mais aucune compagnie d'assurances ne veut consentir une police sur un bateau construit exclusivement pour les rivières. Il passe outre, et arrive à bon port.

Lucien installe un service d'aller et retour entre

Saintes et Angoulême; après sa certitude des résultats financiers, il constitue une société d'actionnaires. Voici, à ce sujet, un singulier échantillon de son style, dans une lettre imprimée qu'il adresse, le 15 octobre 1840, à ceux de ses actionnaires qui n'ont pu assister à l'assemblée générale :

« Nous avons dû alors, conformément à l'acte social, procéder au choix d'un gérant définitif. Dégoûté par cette première discussion, j'aurais désiré qu'un autre pût se charger de ces fonctions; mais, personne n'ayant encore l'expérience de ces entreprises, on a cru indispensable, pour que celle-ci pût marcher, que je continuasse à la diriger.

» J'avais, dans l'acte, contre l'usage, laissé aux actionnaires le soin de fixer les appointements du gérant *responsable*.

» *A raison des connaissances spéciales et des soins pénibles que nécessitait l'établissement de l'entreprise, ils les ont portés à* CINQ FRANCS *par jour, et à la charge par moi, si je ne montais pas le bateau, d'y* PLACER UN AGENT COMPTABLE A MES FRAIS. »

Il est difficile de manier la satire en style plus froid et plus concis; Martial et Juvénal n'eussent pas tenu le fouet avec une crudité plus écrasante. Cinq francs par jour! moins qu'on n'attribuait alors à un bon ouvrier ajusteur. Par suite de difficultés nées de cette opération, il arrive à la barre du Tribunal de commerce, se présente en robe, plaide son affaire et la gagne.

Lucien quitte Angoulême ; il parcourt de nouveau l'Europe, pour s'assurer qu'il n'y existe rien qui ressemble à ce qu'il a si longuement médité sur le manomètre et sur le baromètre.

Cette vie errante est si extraordinaire, que nous avons cru devoir insérer, à la fin du volume, quelques extraits du journal de ses voyages, tel qu'il l'a tenu jour par jour, d'abord sur des feuilles volantes, jaunies par le temps et leur séjour dans le portefeuille, ensuite sur une série de petits cahiers.

Voilà Lucien de retour à Paris ; il va se livrer à la fabrication des deux instruments qui doivent assurer à sa découverte une place importante dans les sciences. Cependant, notre ami hésite : il a peur du monde, de la publicité ; il se trouble, et prend la résolution d'aller rejoindre deux de ses frères, qui habitent Manille, aux îles Philippines. L'un, est négociant dans la ville de Manille même ; l'autre, est le successeur de M. de la Gironnière sur le beau domaine de Jala-Jala. Vingt fois Lucien fait ses malles, vingt fois il reprend ses projets d'invention.

Nos lecteurs liront avec quelque intérêt les détails suivants ; ils se lient, d'ailleurs, intimement à la famille Vidie, et expliquent les aspirations de Lucien vers cette région, située dans la partie septentrionale de la Malaisie.

En 1820, l'invasion du choléra à Manille amena les désordres de la populace et le massacre des étrangers qui se trouvaient dans cette résidence. Un jeune médecin français rendit de grands services dans cette occurrence ; c'était M. de la Gironnière, né à Nantes, et qui venait d'arriver dans cette colonie espagnole, à bord du *Cultivateur*. Après un long séjour à Manille, où il exerçait son art, M. de la Gironnière acheta au gouvernement espagnol le domaine de Jala-Jala pour le coloniser; ce domaine fait partie de l'alcadée ou province de Laguna. Voici ce que dit à ce sujet Dumont-d'Urville, dans son *Voyage pittoresque autour du Monde*, tome Ier, page 253 :

« Ce qu'on avait jusqu'alors obstinément refusé, on l'accorda à M. de la Gironnière, à lui, français, qui avait la conscience de sa force et de la fécondité de ce terroir.

» L'habitation de M. de la Gironnière était située presque au fond de la Laguna, ce magnifique lac intérieur, qui a trente lieues au moins de circonférence. Là, sur une langue de terre qui regarde Santa-Cruz, chef-lieu de la province, est un vaste logis de maître avec une aile attenante, maison bâtie presque à l'européenne, commode, aérée, à deux étages. Des magasins, une sucrerie en activité, d'autres dépendances moins considérables, et un hameau Tagal, se groupent autour de l'habitation. Tout cet ensemble se nomme la Hala-Hala (1). C'est la propriété d'un Français, M. de la Gironnière; la Hala-Hala a été créée, organisée, baptisée par lui. Il

---

(1) Dumont-d'Urville écrit à coup-sûr ce nom suivant la prononciation espagnole ou locale. M. de la Gironnière, dans l'histoire qu'il a publiée, nomme sa petite principauté Jala-Jala. MM. Baptiste et Prosper Vidie, dont nous avons les lettres sous les yeux, écrivent également Jala-Jala.

y a peu d'années, on n'y voyait qu'une forêt inculte, un marécage infect, avec quelques cabanes de forbans; aujourd'hui, ce sont de riches plantations, une manufacture prospère, un hameau tranquille et laborieux. La population d'indigènes, attirée par le bien-être, y augmente à vue d'œil; les terrains environnants se dépouillent et s'ensemencent. Ainsi, un de nos compatriotes aura la gloire d'avoir pris l'initiative du défrichement de cette terre espagnole.

» Nous reçûmes à la Hala-Hala l'hospitalité la plus cordiale. Français et recommandés par MM. V...., c'était assez d'un seul de ces titres auprès d'un homme excellent et plein de nobles qualités. Le souper fut gai, long et bien rempli. On causa de la France; on but de l'excellent bordeaux à nos voyages futurs et à la prospérité de la ferme-modèle.

» Enchantés de notre voyage, nous dîmes adieu à nos hôtes, et nous remontâmes sur notre barque, qui nous ramena rapidement à Manille. »

Parmi ces hôtes, dont parle Dumont-d'Urville, se trouvaient M. Baptiste Vidie, négociant de Manille, et M. Prosper Vidie, qui avait puissamment aidé M. de la Gironnière dans la colonisation de sa principauté, où, depuis plusieurs années déjà, il faisait de la culture pour son propre compte. En 1838, M. de la Gironnière céda sa propriété à M. Prosper Vidie. Quelques années plus tard, M. Baptiste Vidie, qui déjà avait fait passer en France son unique enfant, sa fille Rosita (aujourd'hui l'épouse du docteur Henry, à Nantes), partit pour revoir son pays, sa famille et sa fille ; mais il ne devait pas en être ainsi : il mourut dans la traversée, et eut les flots pour sépulture.

M. Prosper Vidie habite encore les Philippines ; il possède et dirige lui-même le domaine de Jala-Jala. Ce robuste vieillard, qui doit avoir passé sa soixante-douzième année, inspecte ses travaux à cheval toute la journée ; son bonheur, c'est de voir ses troupeaux de buffles, ses bestiaux s'épandre sur les verts pâturages, ses nombreux chevaux caracoler dans les bois en toute liberté (1).

Par combien de lettres pressantes, M. Prosper Vidie n'avait-il pas sollicité son frère de l'aller rejoindre à Manille : « Si tu n'es pas ambitieux, lui répétait-il, je t'attends les bras ouverts : tu trouveras ici une vie libre et indépendante ; en fait de travail, ce que tu voudras en prendre ; un sol fertile, une végétation luxuriante, une nature splendide, et mes bons Indiens, qui se regardent comme mes vassaux, et qui valent mieux que nos paysans d'Europe. »

Et Lucien lui avait répondu, dès 1840 :

« Vers le commencement de ce mois, j'ai passé une semaine à Nantes ; j'y ai laissé notre mère en bonne

---

(1) Au moment de l'impression de cette notice, nous apprenons la mort de Prosper Vidie.

santé. La perte de notre père m'a beaucoup affligé ; depuis cette époque, le séjour de cette ville a toujours quelque chose de pénible pour moi.

» Tu demandes ce que je deviens, mon cher Prosper? Je suis comme le Juif-Errant : errant toujours, et toujours avec cinq sous dans ma poche.

» J'ai entrepris, il y a près de trois mois, la construction d'un nouveau bateau à vapeur; mais il est encore de trop faible dimension. Pendant trois mois, j'ai effectué un service sur la Loire, entre Nevers et Decise; la baisse des eaux m'ayant chassé, j'ai, pendant trois autres mois, voituré par eau les curieux de Rennes au pont de la Roche-Bernard, qu'on avait terminé depuis peu. Les écluses ayant été mises en réparation, je me suis hasardé à passer mon bateau sur la Charente; je l'ai établi entre Saintes et Angoulême, et l'ai vendu à une Société par actions, dont je suis resté directeur. J'ai proposé à mes actionnaires de mettre l'exploitation du bateau en ferme, afin que l'on me débarrassât de tous soins de gestion. Il est vrai que j'ai dû renoncer à mes appointements, ce à quoi je me suis décidé sans regrets.

» Il y a bien longtemps, mon cher Prosper, que je songe à Manille, moins dans l'espoir d'y faire fortune (ce dont je me soucie fort peu), que dans le désir de vous revoir, Baptiste et toi. Mais j'ai encore un projet en tête, une invention que je crois entièrement neuve, et j'hésite cependant à la mettre à exécution.

» Pour le cas où je me déciderais à vous rejoindre, renseigne-moi dès que tu le pourras, sur le meilleur mode de passage et sur les ressources industrielles qu'on peut trouver aux îles Philippines. »

Enfin, Lucien prit le meilleur parti : abordant de front son invention du baromètre et du manomètre, il se mit courageusement à l'œuvre, et commença cette série d'essais qu'accompagnèrent tant d'alternatives de tristesse et de joie. Et, cependant, tel était l'esprit de résolution de cet homme, que, dans les deux mois qui précédèrent son décès, alors qu'il jouissait d'une belle fortune, il faisait ses préparatifs de départ pour Manille.

CHAPITRE III

*Hos ego versiculos feci, tulit alter honores,
Sic vos non vobis.*

Ses découvertes.

LE BAROMÈTRE ET LE MANOMÈTRE.

Puisque ces deux instruments de physique et de météorologie sont la gloire de notre inventeur, essayons de faire comprendre aux lecteurs les moins versés dans la matière, la nature de ces deux indicateurs scientifiques et la haute portée des résultats qu'atteignit Lucien Vidie.

Les hommes de savoir apprécieront les motifs qui nous ont porté, dans les données qui suivent, à dégager nos explications des détails compliqués qui appartiennent à une théorie sérieuse.

MANOMÈTRE MÉTALLIQUE.

Le Manomètre, exigé par les règlements sur les chaudières des machines à vapeur, y joue un rôle considérable : il sert à mesurer la tension ou la pression de la vapeur dans les chaudières.

Quelques lecteurs désireront, sans aucun doute, savoir d'abord ce que c'est qu'une chaudière à vapeur avec ses appareils de sûreté, pour arriver ensuite au Manomètre en pleine connaissance de cause. Essayons de mettre ces notions rudimentaires à la portée de tout le monde.

Il n'est personne qui ne sache qu'une cafetière en fer battu ne peut être exposée devant le feu sans être tenue constamment pleine d'eau ; si on néglige cette précaution, la partie privée d'eau, qui continue à recevoir l'action du feu, rougit et brûle. Dans une cafetière, on voit baisser l'eau au fur et à mesure de l'évaporation ; rien de plus facile alors que de remplir ce vase à nouveau, ou de l'éloigner du feu.

Avec une chaudière à vapeur, les moyens d'examen deviennent extrêmement difficiles. Pour les machines fixes surtout, la chaudière est emprisonnée dans un massif de maçonnerie ; elle ne laisse apercevoir que sa partie inférieure, exposée à la flamme du foyer, et sa partie supérieure, réservée au logement de la vapeur qui s'y produit. Une chaudière de machine n'est autre chose, d'ailleurs, qu'un récipient en tôle de fer ou d'acier, parfaitement clos, dont la plus grande partie est remplie d'eau et dont le reste sert à emmagasiner la vapeur que cette eau dégage sous l'influence du calorique.

Pour l'observation constante des phénomènes qui s'accomplissent au sein de cette chaudière, il a donc fallu que la science trouvât les moyens de signaler *extérieurement* tout ce qui s'y passe *intérieurement*. Voici ce qu'elle a fait :

1º Afin de remplacer l'eau qui se transforme en vapeur, on a appliqué à chaque machine à vapeur une pompe d'alimentation, chargée de refouler dans la chaudière, aussi mathématiquement que possible, une quantité d'eau égale à celle que le calorique a transformée en vapeur, ou mieux encore à mesure que cette vapeur se dépense dans le cylindre de la machine.

Pour apprécier si l'équilibre est parfait entre la vapeur dépensée et l'eau introduite par la pompe d'alimentation, on a préalablement déterminé dans la chaudière une ligne appelée le niveau de l'eau ; c'est à cette hauteur que l'eau doit être constamment maintenue. Cette même ligne est reproduite au dehors avec de la peinture rouge. Pour vérifier si l'eau de la chaudière s'élève ou s'abaisse en dehors de cette ligne, on emploie un petit appareil, désigné sous le nom de niveau d'eau ; cet appareil se compose d'un tube en cristal, luté à sa partie inférieure avec un tube en cuivre dont l'extrémité va plonger dans l'eau de la chaudière ; la partie supérieure du même tube en cristal est lutée avec un autre tube en cuivre qui va plonger dans le réservoir à vapeur de la chaudière. Chacun des tubes en cuivre est muni d'un robinet. Lorsqu'on ouvre les deux robinets, l'eau monte dans le tube de cristal exactement à la hauteur qu'elle occupe dans la chaudière, par cette seule raison que le robinet du haut a donné accès à la vapeur venant de la chaudière, et que les pressions sont identiques dans la chaudière et dans le tube en cristal.

L'oscillation de l'eau dans ce tube en cristal indique donc au mécanicien ce qu'il doit faire : si l'eau baisse dans le tube au-dessous du point déterminé qui indique le niveau constant, le mécanicien accélère son alimentation, en ouvrant davantage le robinet de la pompe; si, au contraire, l'eau s'élève et dépasse le niveau constant, il ferme en tout ou en partie le susdit robinet, et l'eau n'arrive plus ou n'arrive que faiblement dans la chaudière.

2º La vapeur accumulée au-dessus de l'eau dans la chaudière va se dépenser dans le cylindre de la machine par une valve qui s'ouvre et dont on règle la section d'ouverture. Cette vapeur est un fluide élastique qui communique alternativement sa force d'expansion sur le dessus et le dessous du piston, et le contraint de marcher alternativement dans les deux sens. Lorsque le piston a cessé d'agir dans un sens, l'ouverture qui a servi à l'introduction de la vapeur est mise en communication avec le condenseur, ou avec l'air libre, où cette vapeur s'échappe instantanément.

On comprendra facilement la nécessité absolue de n'obtenir de la chaudière que la quantité de vapeur que le cylindre peut dépenser. Mieux encore on sentira l'urgence de maintenir la température de cette vapeur au nombre de degrés réglé par le constructeur de la machine, car cette température règle à son tour la tension de la vapeur. Admettons que la température s'abaisse dans la chaudière, la machine se ralentira ou s'arrêtera, la force d'élasticité de la vapeur n'agissant plus efficacement sur le piston, retenu par les résistances qu'il doit vaincre. Si, au contraire, la température de la vapeur s'élève au-delà des limites prescrites, la machine s'emporte avec une vitesse effroyable ; dans ce cas encore, un ingénieux mécanisme, qui porte le nom de régulateur, rétrécit la section du passage de la vapeur; cette section, rétrécie, donnant moins de vapeur, la machine reprend sa vitesse normale.

Mais si vous avez paré aux inconvénients du côté de la machine, il n'en est pas ainsi du côté de la chaudière, dans le sein de laquelle vous avez emprisonné la vapeur à une pression qui peut devenir assez forte pour la faire voler en éclats. D'abord, des raisons d'une économie bien entendue ont fixé les épaisseurs de tôle relatives aux pressions diverses qu'on veut obtenir. Si l'épaisseur de la tôle de votre chaudière a été déterminée pour surmonter une pression de 5 atmosphères, il n'y aurait donc rien d'étonnant à ce qu'elle crevât sous une pression de 16 atmosphères. Ensuite, des causes multiples et souvent fortuites peuvent concourir simultanément à exagérer la pression de la vapeur dans votre chaudière. La science mécanique a encore pourvu à la gravité de ce cas par les appareils ci-après décrits :

3º On établit sur le dessus de la chaudière des soupapes de sûreté. Une soupape de sûreté se compose de deux pièces de bronze s'emboîtant exactement l'une dans l'autre : l'une d'elles est solidement fixée sur la chaudière, c'est une espèce de boîte portant à l'intérieur un siége légèrement conique ; l'autre s'assied librement sur le siége ménagé dans la première, et bouche hermétiquement l'ouverture. Dans sa liberté d'action sur son siége, la soupape obéit à un excès de pression, elle se soulève; et lorsque l'excès a disparu, elle se rassied sur son siége, en voyageant sur son guide, qui la maintient, pendant ses évolutions, perpendiculaire à son axe. Il est donc clair que si votre chaudière doit supporter 5 atmosphères, la soupape de sûreté demeurera immobile tant que la tension se maintiendra à 5 atmosphères, par la raison qu'elle est soumise à un levier armé d'un contre-poids qui fait équilibre à 5 atmosphères; mais si cette pression dépasse 5 atmosphères d'une quantité quelque minime qu'elle soit, le contre-poids perd l'équilibre, la vapeur soulève la soupape et rejette au dehors son excès de puissance.

4° Lorsqu'un excès de température des parois de la chaudière est dû à l'abaissement de l'eau de la chaudière, un autre auxiliaire est encore là pour vous en prévenir : c'est le sifflet d'alarme, exigé par les règlements. Cet appareil se composait originairement, pour les chaudières à basse pression, d'un tube qui plongeait sa base dans une couche d'eau minime au-dessous de la ligne de niveau d'eau; lorsque l'eau descendait au-dessous de cette ligne d'eau, l'orifice inférieur du tube donnait accès à la vapeur et faisait vibrer la partie antérieure du tube, qui se terminait en sifflet.

Aujourd'hui, on construit des appareils combinés qui comportent pratiquement et la soupape de sûreté, et le sifflet d'alarme, et le flotteur. Le flotteur n'était autrefois qu'une pierre de liais équilibrée par un levier muni d'un contre-poids ; cette pierre était entraînée par les différences du niveau de l'eau dans la chaudière, et les variations de l'horizontalité du levier révélaient ce qui se passait dans la chaudière.

On ne s'est pas contenté de tous ces moyens de sécurité, et l'on a eu grandement raison. La loi a exigé qu'il fût placé sur le devant de la chaudière, sous les yeux du chauffeur, un instrument qui demandât peu de soins, un instrument qui résumât presque tous ceux que nous venons de décrire sommairement. C'est le Manomètre.

Et le manomètre tel qu'il était avant l'invention de Lucien Vidie, n'était pas autre chose que le baromètre de Torricelli. Au lieu de faire subir à une colonne de mercure la pression de l'atmosphère dans laquelle nous vivons, on faisait subir à une colonne de mercure les pressions bien autrement élevées de la vapeur contenue dans les chaudières ; aussi le baromètre atteignait le but proposé avec une colonne de mercure de 76 centimètres, qui suffisait à équilibrer le poids de l'atmosphère dans un tube fermé à sa partie supérieure, tandis que, dans le manomètre, appelé à constater 3, 6, 10, 18 atmosphères, plus ou moins, la colonne de mercure devait être proportionnelle à la pression exigée, et elle atteignait souvent une hauteur peu pratique.

L'analogie, je dirais presque l'identité du manomètre et du baromètre est telle, que l'emploi seul distingue les deux instruments.

Voilà pourquoi le manomètre et le baromètre sont sortis tout d'une pièce du cerveau de Vidie : il ne pouvait toucher à l'un sans songer à l'autre; son génie éclaira les deux questions, parce qu'elles étaient connexes, inséparables ! Aussi, son premier brevet de 1844 comporte-t-il l'application du même principe au baromètre et au manomètre.

Disons encore que le manomètre à mercure recevait dans sa cuvette, sans autre intermédiaire qu'une couche d'eau interposée, la pression absolue de la vapeur contenue dans la chaudière. Un mécanicien intelligent, observant avec soin l'échelle graduée de son manomètre et l'intensité du feu au foyer de la chaudière, aurait pu, pour ainsi dire, se passer des autres indicateurs de sûreté et régler à coup sûr la marche de sa chaudière.

Eh bien! avec tous ces éléments de sécurité, qui ne serait tenté de croire qu'on pût dormir sur les deux oreilles? Avec de telles précautions, que pouvait-on redouter? Les accidents étaient impossibles! Après avoir énuméré les questions de garantie, résumons en quelques mots les inquiétudes bien autrement fondées des praticiens :

1º La pompe d'alimentation s'engorge quelquefois, cesse de fonctionner utilement, et l'eau n'arrive plus dans la chaudière ;

2º Les soupapes de sûreté sont souvent mal entretenues; elles s'encrassent, adhèrent à leur siége et vous trompent sur leur secours;

3º Les appareils de niveau d'eau dégagent de la vapeur dans leur tube indicateur; le cristal devient opaque, et l'examen est quelquefois impossible;

4° Le sifflet d'alarme ou le flotteur seront envahis par les détritus ou sédiments en suspension dans l'eau et la vapeur, et, au moment nécessaire, ils seront impuissants ;

5° Le manomètre à mercure lui-même, tel qu'il existait avant l'invention de Lucien Vidie, s'encrassait comme les appareils de niveau d'eau et rendait difficile la lecture de l'échelle de pression. A cela s'additionnaient des inconvénients de premier ordre : la fragilité du cristal, brisé au moindre choc par le desservant du fourneau; sa rupture naturelle sous les efforts de dilatations différentes, provenant d'une fabrication difficile ou plutôt impossible pour les tubes d'une grande longueur; et comme ces manomètres étaient généralement à air libre, c'est-à-dire avec un tube débouché par le haut, souvent une pression instantanée projetait le mercure hors du tube, et le mécanicien demeurait sans guide.

Est-ce à dire que tous ces dangers se réunissaient à la fois ? Évidemment, non ! et personne ne se sera mépris sur nos intentions. Cependant, quiconque a vécu sous le régime des usines connaît les défauts inhérents à la profession du mécanicien ; il y a, sans doute, des mécaniciens qui remplissent consciencieusement leur devoir ; mais beaucoup d'entre eux acquièrent l'insouciance, l'oubli et la témérité qu'entraîne le milieu dans lequel ils vivent : puis, les soupapes, le sifflet d'alarme, dénoncent si facilement, si violemment leur négligence, qu'ils n'hésitent pas à surcharger le contre-poids des soupapes de sûreté, à étouffer les cris aigus du sifflet, et cela uniquement pour se soustraire à des reproches mérités ; ils se bornent le plus souvent à la constatation du manomètre. Dans cette dernière situation, l'intelligence du mécanicien est trop souvent insuffisante, et les catastrophes se produisent.

Pendant dix ans, Lucien Vidie avait vécu de cette vie spéciale ; pendant dix ans, il avait été le mécanicien-chauffeur de ses propres machines. Combien de fois l'avons-nous vu, le soir, à l'arrivée de son bateau à vapeur, injecter d'eau froide ses chaudières, pour pouvoir les nettoyer lui-même dans la nuit et assurer son service du lendemain.

Pour lui, le manomètre était la pierre de touche du service de la chaudière ; aussi la rupture de ses tubes de cristal, le manque de mercure, l'avaient jeté si souvent dans des inquiétudes mortelles, que toutes ses aspirations le portaient vers la découverte d'un manomètre sans tube, sans mercure. C'était une idée chimérique pour ce temps-là ; cependant, s'il parvenait à réaliser ce projet, il était évident qu'il rendrait un service immense à l'industrie, à la sécurité des voyageurs, des ouvriers, et qu'en ce qui concernait les instruments propres à mesurer la pression des gaz, il prenait sa place immédiatement après Torricelli. Ainsi, entre ce savant et lui, plus de deux cents ans se seront écoulés, et, pendant ces deux siècles, tous les efforts tentés pour changer le système du baromètre seront demeurés sans succès.

Eh bien ! Lucien Vidie a inventé le manomètre et le baromètre sans tube de cristal, sans mercure ; il a découvert, appliqué et rendu pratique ce système entièrement neuf, et ce problème, par le fait de sa solution, heurtait de front les décisions des corps savants!

Si les personnes qui nous feront l'honneur de nous lire, sont bien pénétrées, par la lecture de ce qui précède, de l'identité du principe qui ne fait du baromètre et du manomètre qu'un seul et unique instrument ; si elles ont bien saisi cette idée que son application à la mensuration de la pression atmosphérique, ou à la mesure de la pression des gaz, entraîne seule la différence du nom et une modification qui n'altère en rien le principe ; elles comprendront la nécessité où nous nous trouvons d'arriver de prime saut au baromètre anéroïde.

Pourquoi, dira-t-on, Lucien n'a-t-il pas exploité cette mine si féconde de la construction des manomètres? En voici la raison :

Lorsque son brevet parut, en 1844, les ordonnances royales des 22 et 23 mai 1843 étaient en pleine vigueur; elles exigeaient que l'on plaçât directement sur chaque chaudière un manomètre à mercure, gradué en atmosphères et en fractions décimales d'atmosphère; que ce manomètre fût à air libre, c'est-à-dire avec un tube ouvert par le haut, toutes les fois que la pression effective ne dépasserait pas quatre atmosphères.

Lucien n'ignorait pas le côté lucratif de son manomètre, de cet instrument indispensable sur tous les points du globe où fonctionne une machine à vapeur, sur toutes les locomotives de chemins de fer. Mais il fallait s'attaquer ouvertement aux lois existantes et promulguées la veille ; il fallait s'insinuer habilement dans les administrations spéciales, pour vaincre les résistances, à force de prévenances et de politesses excessives; opérer, en un mot, un changement de front complet dans les idées reçues. C'était en dehors des habitudes et des possibilités du caractère de Lucien, ainsi que l'exprima si éloquemment Me Sénard dans les procès qui suivirent.

Était-ce, d'ailleurs, si facile de renverser les décisions officielles émanées d'un corps savant? et quel esprit critique d'aujourd'hui se fût alors senti la force de blâmer l'administration des Mines de ce qu'elle ordonnait l'emploi exclusif du manomètre à mercure, dont tous les éléments étaient appréciés, et de ce qu'elle eût rejeté l'introduction d'un nouvel instrument non expérimenté et qui devait paraître vicieux au point de vue des données de la science du moment.

Ce fut là l'unique supériorité de la contrefaçon : ses adversaires luttèrent contre les ordonnances, et obtinrent à leur profit la substitution officielle du manomètre métallique de Vidie au manomètre à mercure. Cela demanda quelques années, et lorsque Lucien réclama les bénéfices de la priorité, les tribunaux le condamnèrent, ainsi qu'on le verra au chapitre des Procès.

Il faut bien des années pour que le plus simple progrès prenne droit de cité. En voici une preuve entre mille, et dans le même ordre d'idées.

Les ordonnances des 22 et 23 mai 1843 prescrivaient aussi l'essai préalable des chaudières avant leur mise en activité. Elles étaient soumises, à l'aide d'une pompe foulante à eau froide, à une pression triple de la pression effective qu'elles étaient appelées à supporter.

Supposons donc une chaudière destinée à fonctionner sous une pression de 5 atmosphères, sa formule d'essai devenait celle-ci :

$$3 \times (5 - 1) + 1 = 13 \text{ atmosphères.}$$

On soumettait donc à une pression passagère de 13 atmosphères une chaudière destinée à supporter normalement 5 atmosphères ! Et l'on s'exposait ainsi à désagréger, par un surcroît de pression inutile, les molécules des parties vicieuses et presque toujours occultes dans la tôle de fer ou d'acier. Par une exagération de précaution, on allait au-delà de ce que l'on voulait, on compromettait la sécurité. Les ingénieurs civils se récriaient contre de tels faits ; les ingénieurs des Mines étaient trop savants pour ne pas apprécier les réclamations ; mais on recule long-temps, lorsqu'il s'agit d'endosser une responsabilité. Depuis un an, la formule d'essai a été ramenée à

$$2 \times (5 - 1) + 1 = 9 \text{ atmosphères.}$$

On n'essaie donc plus une chaudière de 5 atmosphères qu'à 9 atmosphères, au lieu de 13.

Mais il a fallu vingt-deux années de réflexions pour arriver là !!

Lucien Vidie, sentant que la voie des manomètres lui était provisoirement fermée, se contenta d'en faire quelques-uns. L'auteur de cette notice possède un de ces manomètres depuis le mois de décembre 1844 sur la cheminée de son cabinet ; ce manomètre s'expérimente au moyen d'une petite pompe foulante qui presse l'air dans le tube manométrique, pour démontrer les variations de pression que l'aiguille indique sur le cadran.

Le manomètre avait été créé d'un seul jet ; il n'en était pas ainsi du baromètre ; cet instrument touchait de plus près à la science : il procédait non-seulement de l'élasticité des métaux, mais encore du vide. Aussi Lucien porta-t-il sur cette découverte toutes ses affections, toutes les ressources de son génie.

Ce nouveau baromètre, sans tube, sans mercure, fut appelé par lui Baromètre Anéroïde. Nous allons esquisser rapidement les différentes phases qui signalèrent les débuts de cette remarquable invention.

BAROMÈTRE ANÉROÏDE.

Beaux rêves de l'âge viril, n'êtes-vous pas la seule et unique cause du progrès dans les sciences et les arts ? L'horizon vous présente la fortune, l'honneur, l'admiration des races futures ; dans cette courte étape de la vie, l'homme de génie sourit aux illusions : à lui le travail, l'énergie, l'imagination, le courage dans les périls !..... Mais aussi, à lui la gloire de ses œuvres : son nom sera buriné au fronton du temple de la gloire ; son pavillon sera cloué à la frontière nationale ! Hardis navigateurs, encore un coup de barre, et la terre inconnue est trouvée, et le monde saluera les nouveaux Christophes Colombs !

Erreur !... votre nom sera dissimulé sous des noms vulgairement connus, votre œuvre sera niée, on en trouvera l'origine avant la création ; votre fortune s'évanouira dans les procès, la contrefaçon s'enrichira. Et si la justice vous rend un jour l'illustration qui vous est due, il se trouvera encore des écrivains pour la dissimuler, pour sacrifier à d'obscurs intérêts l'éclatante réparation qui vous fut faite. Couché dans la tombe, vous ne serez même pas à l'abri des blessures que l'envie et la frivole insouciance feront à votre réputation.

Eh ! qu'importe, jeune homme, marche en avant ! Si la nature t'a doué du génie créateur, c'est pour en faire part à ton siècle. Ne crains pas que ton nom périsse ! Un nom ?... ce n'est rien !... c'est comme la vapeur de la locomotive : elle s'élève sur la voie, elle se condense.....; mais le convoi arrive, et la force a été utilisée.

Pour beaucoup de personnes, le baromètre est un instrument *qui sert à indiquer la pluie et le beau temps;* c'est une erreur ou tout au moins une exagération : le baromètre indique les différences des pressions de l'atmosphère dans laquelle nous vivons, et de ces différences l'expérience a pu déduire les tendances vers le beau ou le mauvais temps. Les variations atmosphériques impressionnent vivement nos sens ; elles ont une influence directe sur notre santé. Or, tout ce qui peut contribuer à l'étude de l'atmosphère est du plus haut intérêt ; ce fluide dans lequel l'homme est plongé, comme le poisson l'est

4.

dans l'eau, subit de telles variations, que notre organisme en est atteint fréquemment, qu'elles donnent lieu aux plus graves maladies. La science fait de grands efforts pour approfondir les mystères de ce fluide qui nous enveloppe ; mais elle n'a pu même encore déterminer la hauteur de la couche atmosphérique qui pèse sur nous, et elle se borne à dire que cette hauteur est comprise entre huit et soixante kilomètres. Une seule chose est irrévocablement acquise, c'est que cette hauteur n'est pas indéfinie ; car si elle était illimitée, le phénomène de la nuit nous serait complétement inconnu : « La lumière du soleil, dit Arago, venant à tomber sur des couches d'air suffisamment éloignées de la terre, pourrait toujours nous être renvoyée par la réflexion que ces couches lui feraient subir. »

Il nous paraît si bien démontré que l'air atmosphérique influe de toutes les manières sur notre économie, qu'on ne saurait même expliquer la marche du choléra que par une translation aérienne de gaz délétères mélangés au fluide atmosphérique. Et cependant, les analyses de l'air faites à Paris pendant les périodes cholériques, n'ont rien prouvé en faveur de cette hypothèse ; mais un fait dont nous avons été témoin deux fois à Paris, à deux époques différentes, dans les jours où le choléra atteignait son plus haut degré d'intensité, mérite bien quelque attention. Lucien nous fit venir pour constater un effet prodigieux : le nombre des vases barométriques en construction qui gardaient le vide, diminuait graduellement, et ce phénomène arriva à un point tel, que, pendant les deux ou trois jours signalés par la plus grande violence de l'épidémie, il lui fut impossible d'obtenir un vase barométrique sur deux cents fabriqués. Nous ne prétendons rien préjuger à cet égard, mais signaler simplement ce fait remarquable aux lumières de la pathologie. Lucien, répondant sur cette singularité à MM. Lerebours et Secrétan, le 6 juillet 1849, disait :

« Comme vous, j'ai attribué la cause à la soudure ; mais j'ai poussé si loin les expériences de cette soudure, qu'il n'y a rien à admettre de ce côté. Ce que je vous ai dit de M. John Collier, qui, en 1832, pendant toute la durée du choléra, n'a pu obtenir de bonnes lames avec le même acier, reçoit à l'instant une certaine dose de consécration : mon argenteur au mat vient de me déclarer qu'il a une peine infinie à blanchir les cadrans depuis l'apparition du choléra ; qu'il est même des heures où il réussit difficilement, ajoutant qu'il a éprouvé les mêmes inconvénients en 1832. Pourquoi n'y aurait-il pas des causes inconnues, indépendantes de notre portée, qui pussent agir sur les métaux comme sur le corps humain ? »

Ainsi que nous l'avons déjà dit, le baromètre à mercure est le premier instrument météorologique qui nous ait fait connaître la pression atmosphérique ; c'est par lui que nous savons comment cette pression s'exerce sur nos organes extérieurement et intérieurement. Laissons l'illustre Arago nous initier aux formes du baromètre à mercure, à ses applications diverses et surtout à ses inconvénients :

« La terre, comme tout le monde le sait, est enveloppée d'un fluide élastique, rare et transparent, qui s'élève jusqu'à une grande hauteur; ce fluide est ce qu'on appelle l'air, la couche continue qu'il forme tout autour de notre globe porte le nom d'atmosphère (1). Ce fluide pèse comme tous les corps; car un ballon de verre, dans lequel on a fait le vide à l'aide d'une machine pneumatique, est plus léger que lorsqu'il est rempli d'air. Quant à son élasticité, elle a été constatée par des expériences bien connues, parmi lesquelles je me contenterai de citer l'augmentation de volume d'une vessie incomplétement remplie d'air et fermée, qu'on place sous une cloche où l'on fait le vide, et la force de répulsion qui repousse un piston, lorsqu'on veut l'enfoncer dans un corps de pompe fermé à une extrémité.

» Personne n'ignore que si l'on verse un liquide quelconque dans un tube recourbé et ouvert par les deux bouts, il s'élève également dans chaque branche; car l'atmosphère, quel que soit d'ailleurs son poids absolu, pressant également sur les deux colonnes, il n'y a pas de raison pour que l'une devienne plus longue que l'autre. Supposons maintenant qu'un des deux côtés du tube soit hermétiquement fermé et purgé d'air: pour qu'il y ait équilibre, il faudra évidemment que la pression qu'exerce la colonne verticale de fluide que renferme cette dernière partie du tube contrebalance les efforts réunis de l'atmosphère et de la portion

---

(1) Du grec ἀθμός, vapeur.

de fluide contenue dans le tube qui communique librement avec l'air. On comprend dès lors que l'excès d'une des deux colonnes sur l'autre sera la mesure de la pression atmosphérique.

» Si le liquide contenu dans le tube était de l'eau, la différence dont nous venons de parler serait, au niveau de la mer, d'environ 10 mètres 1/2, tandis qu'en employant du mercure, qui pèse environ douze fois et demie plus que l'eau, l'excès d'une des deux colonnes sur l'autre ne serait, dans les mêmes circonstances, que de 760 millimètres. Quoi qu'il en soit, il est clair que si la pression atmosphérique vient à augmenter, le fluide s'élèvera dans le tube fermé, et s'abaissera dans l'autre, et réciproquement. En général, comme cet instrument fournit à chaque instant la mesure de la pression atmosphérique, on lui a donné le nom de Baromètre, ou mesure de pesanteur.

» Ai-je besoin de dire ici que si nous ne nous apercevons pas de la pesanteur de l'air, qui cependant presse sur toutes les parties de notre corps, à chaque instant, cela tient uniquement à ce que les pressions exercées en différents sens sur nos organes s'équilibrent d'elles-mêmes : les fluides de notre corps subissent les variations qui ont lieu dans la pression de l'air atmosphérique lui-même; et cela est si vrai, que si l'on s'enfonce très-vite dans la mer à l'aide d'une cloche à plongeur, ou bien si l'on s'élève très-rapidement dans l'air à l'aide d'un ballon, on éprouve de vives douleurs dans les oreilles, qui disparaissent lorsque, par un mouvement de déglutition souvent renouvelé, on tient en communication l'air extérieur et l'air contenu dans cet organe, ainsi que M. Bixio l'a constaté dans les voyages aéronautiques célèbres qu'il a faits avec M. Barral.

» Les baromètres qu'on construit, comme nous venons de le dire, avec un tube recourbé, s'appellent, par cela même, baromètres à siphon, et sont très-commodes dans un observatoire fixe : ils ont seulement l'inconvénient d'exiger qu'on lise séparément la hauteur des deux colonnes, et de ne donner, par conséquent, l'indication définitive du baromètre qu'après un petit calcul ; ce défaut, quoique compensé au moins en partie par les vérifications auxquelles se prête cet instrument, et par l'avantage exclusif qu'il a sur tous les autres baromètres de donner des hauteurs indépendantes de l'action capillaire, a déterminé les artistes à adopter habituellement un autre genre de construction.

» Le baromètre ordinaire, réduit à sa plus grande simplicité, est formé d'un tube de verre fermé hermétiquement à une de ses extrémités. On y verse une certaine quantité de mercure, et on fait bouillir ce mercure assez long-temps, afin de le purger d'air et de faire entièrement évaporer la petite couche d'humidité qui adhère avec une très-grande force aux parois du tube. Lorsqu'il est bien exactement plein, on bouche le tube avec le doigt, et, après l'avoir redressé, on le plonge dans une cuvette d'un assez grand diamètre, qui elle-même est remplie de mercure jusqu'à une certaine hauteur. Il est facile de voir, d'après ce que nous avons dit plus haut, que le mercure se maintiendra dans le tube au-dessus du niveau de la cuvette, à une hauteur telle que la colonne de ce liquide fasse équilibre à la pression de l'atmosphère. Cette différence de niveau se mesure sur une échelle divisée avec soin, et qui s'étend depuis la partie supérieure du tube jusqu'au réservoir inférieur. Pour plus de précision, on y adapte un vernier mobile, à l'aide duquel on subdivise les parties immédiatement tracées sur l'échelle, en dix, en douze ou même en cent parties.

» Il est facile de concevoir que pour qu'un tel baromètre donne avec précision la hauteur de la colonne de mercure qui fait équilibre à la colonne atmosphérique correspondante, il est indispensable que le zéro de l'échelle coïncide avec la ligne du niveau de la cuvette. Or, cette condition ne peut être rigoureusement remplie que pour une seule pression. Si l'on suppose, en effet, que le poids de l'atmosphère vienne à diminuer, la colonne de mercure qui lui fait équilibre diminuera aussi ; la partie de mercure qui passera dans la cuvette soulèvera le niveau de celle-ci, et le commencement de la division de l'échelle n'aura plus la position convenable. On voit, d'ailleurs, que l'erreur sera d'autant moindre que la cuvette aura un plus grand diamètre et que la pression atmosphérique aura moins varié. Dans un observatoire fixe, il sera donc permis à la rigueur de négliger le petit déplacement du zéro, pourvu toutefois que le réservoir du baromètre soit fort large.

» Tout le monde sait que, jusqu'au temps de Galilée, on attribuait à l'horreur de la nature pour le vide l'ascension d'un liquide dans un tube privé d'air. Il n'est pas de mince ingénieur ou de petit auteur de traité de physique qui ne raconte cette anecdote : Des fontainiers de Florence, surpris de voir l'eau ne jamais s'élever dans le vide au-dessus de 32 pieds, allèrent consulter Galilée, qui leur répondit : « Ce qui vous étonne est tout simple ; la nature n'a horreur du vide que jusqu'à la hauteur de 32 pieds. »

» Les véritables appréciateurs du génie de Galilée tenaient cette réponse pour une plaisanterie faite dans un moment de gaieté. Je crois qu'on peut aller plus loin et la déclarer apocryphe. On n'en voit, en effet, aucune trace dans les traités authentiques de Galilée. Le plus ancien auteur qui la mentionne est Pascal, dans la préface de son *Traité de l'équilibre des liqueurs*. Ce serait une autorité irrécusable, si Pascal s'était rendu garant de l'exactitude du propos prêté à Galilée ; mais il ne le cite que comme un *on dit*. Or, personne n'était plus intéressé que l'auteur des *Lettres provinciales* à reconnaître que la biographie des hommes de génie ne doit pas se fonder sur des *on dit*. Quoi qu'il en soit, c'est Torricelli, élève de Galilée, qui montra que la hauteur à laquelle se tient le mercure dans un tube fermé par un bout et renversé dans une cuvette fait équilibre à la pression atmosphérique. Torricelli est donc l'inventeur du baromètre.

» D'après les indications de Pascal, Perrier fit, le 19 septembre 1648, une observation de la hauteur barométrique au bas et au haut du Puy-de-Dôme. Il fut alors vérifié que la colonne de mercure était plus haute au pied qu'au sommet de la montagne, ainsi que cela devait être dès que l'on admettait que la suspension du mercure tenait à la pression exercée par l'air atmosphérique, dont l'épaisseur superposée à l'instrument diminue à mesure qu'on s'élève.

» Il est évident, d'après la célèbre expérience du Puy-de-Dôme, que l'observation du baromètre peut servir à la mesure des hauteurs, et qu'il doit être un instrument indispensable dans tous les voyages scientifiques. Les instruments portatifs dont on se sert ont, comme on le sait, des cuvettes assez étroites. Il est donc nécessaire de chercher à évaluer le déplacement du niveau, et cela avec d'autant plus de raison, qu'on transporte assez souvent ces baromètres dans des lieux où les pressions sont très-différentes. Parmi les divers moyens auxquels les artistes ont eu recours, un des plus commodes est celui que Fortin a adopté, et qui consiste à marquer le point du zéro à l'aide d'une tige d'ivoire très-aiguë, et qui fait, en quelque sorte, corps avec la division. Il est clair alors que, dans quelque lieu qu'on se trouve, il suffira, pour remédier à la cause d'erreur dont nous venons de parler, d'amener, avant l'observation, le mercure de la cuvette à être tangent à la tige d'ivoire, ce qui s'obtient en relevant le fond mobile de cette cuvette à l'aide d'une vis convenablement disposée.

» Depuis que le baromètre est devenu un moyen usuel de mesurer la hauteur des montagnes, les physiciens et les artistes l'ont modifié de mille manières, surtout dans la vue de le rendre portatif.

» Parmi ces modifications, on doit, ce nous semble, ranger au premier rang celle dont la météorologie est redevable à Gay-Lussac. Le peu de poids et de volume de l'ingénieux baromètre qu'il a imaginé, sa commodité, l'exactitude dont il est susceptible, ont été justement appréciés. Dans les mains d'un observateur soigneux et exercé, cet instrument, qui, comme on sait, est un siphon dont la petite branche vient se placer sous la grande, grâce à un coude ingénieusement imaginé, ne laisse rien à désirer. Nous avouerons cependant, d'après notre propre expérience, que des mouvements brusques d'une certaine espèce peuvent faire passer des bulles d'air dans la grande colonne, et que, pendant le transport à pied, à cheval, et surtout en voiture, si le baromètre était presque horizontal, le dérangement aurait indubitablement lieu.

» Tel est le défaut qu'un artiste habile, Bunten, a cherché à faire disparaître en 1828, et il y est parvenu sans sacrifier aucun des précieux avantages que l'instrument de Gay-Lussac possède. Il lui a suffi, pour cela, de former dans le grand tube une cloison vitreuse *du centre* de laquelle descend perpendiculairement un tube capillaire d'une certaine longueur, par lequel le mercure doit nécessairement passer, tant dans les mouvements ascensionnels que dans les mouvements contraires. S'il entre alors une bulle d'air, comme elle suit les parois du grand tube, elle est arrêtée par la cloison et ne nuit pas à l'observation. Dès qu'on renverse l'instrument, la bulle s'échappe d'elle-même.

» L'artifice dont nous venons de rendre compte, fait disparaître le principal inconvénient qui se présentait dans l'usage des baromètres de Gay-Lussac, sans rien ajouter à leur fragilité. Il n'a pas dû empêcher les météorologistes de continuer à désigner ces instruments par le nom de leur véritable inventeur, puisque les modifications proposées ne changent pas les caractères qui les distinguent de tous les baromètres connus.

» Il est maintenant bien établi, à l'aide d'observations faites avec des baromètres placés à bord des navires, qu'il existe dans la vaste étendue de l'Océan, d'immenses régions où la pression atmosphérique est inférieure à ce qu'on trouve dans les régions environnantes. Si de telles différences, qui certainement exercent une grande influence sur les courants pélagiques, ne peuvent être révoquées en doute, on ne saurait, à cause du peu d'exactitude des instruments employés, en assigner exactement la valeur. On est plus pauvre encore à ce sujet en ce qui concerne l'intérieur des continents : un voyageur, au moment de son départ, ne manque jamais de se munir d'un baromètre; mais à peine a-t-il parcouru quelques lieues dans le pays qu'il veut visiter, que l'instrument fragile est brisé ou rendu inutile par la rentrée de l'air dans le tube barométrique. Remplir un nouveau tube et le soumettre à l'ébullition, semble alors le seul remède possible; mais une telle opération est longue, pénible, difficile, et, dans certains pays, comme dans l'intérieur de l'Afrique, complétement inexécutable. Mon ami, M. Boussingault, m'a raconté que pendant ses voyages dans l'intérieur de l'Amérique centrale, c'est-à-dire dans un pays à demi civilisé, il n'avait pas cassé moins de quatorze baromètres. Il était donc bien désirable qu'on pût placer dans les mains des voyageurs un instrument dont les indications eussent toujours la certitude désirable, et qui ne fût pas soumis aux chances de rupture qu'on ne saurait éviter. J'ai pensé qu'on satisferait complétement à ces deux conditions, si l'on transportait le baromètre à cuvette entièrement vide, si on le remplissait sur place, ce qui ne devrait pas prendre plus de deux minutes, et si, à l'aide de la réduction de la chambre barométrique, on déterminait expérimentalement la quantité d'air que le mercure non bouilli avait pu laisser échapper.

» Cette idée si simple, si plausible, est restée sans application, sinon dans les observatoires, du moins de la part des artistes en possession de fournir les voyageurs des instruments dont ils ont besoin. Récemment, un mécanicien très-habile s'était proposé de construire des baromètres satisfaisant à la condition désirée. M. Boussingault, à qui il faisait part de son projet, l'avertit que j'avais déjà imaginé le même procédé, il y a plus de vingt ans, et que des instruments exécutés d'après ce principe existaient à l'Observatoire de Paris. Mais, en matière de priorité, rien ne peut suppléer à une publication. J'en étais arrivé à regretter de ne pas avoir répandu mon projet par la voie de la presse, lorsque M. Boussingault me fit remarquer que le volume XXXIII des *Annales de Chimie et de Physique* renferme, dans le résumé météorologique de l'année 1826, une indication très-circonstanciée de ma méthode.

» Voici, en effet, le passage en question: « En apportant une légère modification à la construction des baromètres ordinaires, on se mettra désormais entièrement à l'abri de ces dérangements que les baromètres éprouvent, soit dans le transport, soit par une infiltration graduelle de l'air extérieur, soit enfin par le dégagement de celui que le liquide peut renfermer. Ce changement, qui consiste tout simplement à rendre le tube de verre mobile, afin qu'on ait la faculté d'augmenter ou de diminuer à volonté, et dans des rapports connus, la capacité de la chambre barométrique, permettra même, si je ne me trompe, de porter en voyage le mercure à part et de n'en remplir le tube qu'au moment de l'expérience, sans soumettre ce liquide à aucune ébullition. Il est facile de voir, en effet, que si l'on fait une observation dans un certain état de la chambre baromérique, et qu'on le répète aussitôt après avoir réduit la capacité de cette chambre au $1/10^e$ de sa valeur primitive, la petite quantité d'air sec qui pourra s'y trouver, produira juste dix fois plus d'effet dans la seconde observation que dans la première. La différence des deux hauteurs divisée par 9 sera donc ce qu'il faudra ajouter à la première pour la ramener à ce qu'on aurait trouvé avec un baromètre entièrement purgé d'air. Je m'abstiendrai ici de plus amples détails; le lecteur remarquera seulement que si ce procédé réussit, comme tout le fait espérer, les voyageurs n'auront plus à craindre les ruptures des baromètres, puisqu'ils pourront transporter le mercure dans une fiole en fonte de fer, construire le tube lui-même en fer forgé, réduire toute la partie fragile de l'instrument à un cylindre de verre épais, de 8 à 10 centimètres de long, qui ne se vissera sur le tube en fer qu'au moment de l'observation, et qu'on renfermera immédiatement après dans un étui semblable aux étuis des thermomètres, et assez court pour être placé dans la poche d'un habit. »

» J'ai fait établir plusieurs baromètres sur ce principe ; l'un d'eux, construit par un des artistes les plus habiles que la France ait possédés, par Gambey, a été présenté à l'Académie des sciences en 1844. Je disais alors : « Le baromètre se monte et se démonte facilement ; toutes ses parties sont contenues dans une boîte de peu de volume, et il n'y a plus de chance de rupture, la boîte tombât-elle de la hauteur d'un cheval. » M. Kupffer en a fait exécuter plusieurs pour les observatoires de Russie. On comprend, en effet, que la faculté de diminuer ou d'augmenter la chambre barométrique fournit une vérification importante, à laquelle on doit désirer pouvoir soumettre les instruments-étalons des observatoires.

» Un changement de pression atmosphérique n'est pas la seule cause qui puisse faire varier la longueur de la colonne de mercure qui est contenue dans le tube du baromètre. Les physiciens ont reconnu, en effet, que la chaleur dilate tous les corps et que le froid les resserre; de là, il résulte que le poids de mercure qui fait équilibre à celui de l'atmosphère, occupera dans le tube un espace d'autant plus grand que la température de ce liquide sera plus élevée. Les observations du baromètre ne seront donc comparables que lorsqu'on les aura réduites à la même température; et c'est pour cela qu'on enchâsse dans la monture de cet instrument un thermomètre dont la boule touche le tube, et qu'il faut consulter, si l'on vise à une grande précision, toutes les fois qu'on observe le baromètre. Les recherches des physiciens ont montré que la longueur d'une colonne de mercure augmente de sa 5550e partie pour chaque degré centigrade d'élévation dans sa température. Dans les calculs de correction qu'on effectue pour ramener les hauteurs barométriques observées à ce qu'elles seraient si l'appareil se trouvait à la température de 0°, il faut aussi avoir soin de tenir compte de la dilatation de l'échelle de laiton, de verre, ou de toute autre substance qui porte les divisions en millimètres ou en lignes. On a construit des tables qui permettent d'effectuer ces corrections avec une grande promptitude.

» Il est enfin une dernière cause d'erreur contre laquelle il est utile de se prémunir, et qui tient à ce que la force de la capillarité produit sur la colonne de mercure un abaissement d'autant plus grand que le diamètre du tube est plus petit. A cet égard, les meilleurs baromètres sont ceux dont les tubes sont le plus larges. Des expériences et des calculs dus à d'illustres physiciens et géomètres, parmi lesquels je citerai Laplace et Gay-Lussac, ont permis de construire des tables qui indiquent la quantité de la correction constante qu'il faut appliquer aux hauteurs barométriques, suivant le diamètre intérieur du tube. Quoi qu'il en soit, il est évident qu'il faudra viser, dans chaque observation, au sommet de la petite calotte hémisphérique que forme le mercure, et non pas, comme quelques personnes le pratiquent, à la base de cet hémisphère ou aux points où le liquide commence à se séparer de la paroi intérieure du tube.

» Supposons maintenant, pour fixer les idées, que la hauteur moyenne du baromètre au niveau de l'Océan soit de 760 millimètres, il est clair, ainsi que nous l'avons déjà indiqué, que cette hauteur, toutes les autres circonstances restant les mêmes, ira continuellement en diminuant à mesure qu'on s'élèvera dans l'atmosphère, puisque le mercure de la cuvette se trouvera déchargé de tout le poids des couches d'air inférieures. Des expériences plusieurs fois répétées par les physiciens les plus habiles, et qui ont fini par atteindre une rare exactitude, ont montré que le poids de l'air à 0° de température, et sous une pression de 760 millimètres, est au poids d'un volume égal de mercure, dans le rapport de 0,0012937 à 13,5960 ou de l'unité à 10,509 ; c'est-à-dire que 10,509 millimètres cubes d'air, par exemple, pèsent autant que 1 millimètre cube de mercure. Il suit de là qu'il faut s'élever de 10,509 millimètres ou de 10^m,509 pour que le mercure s'abaisse, dans le tube du baromètre, de 1 millimètre. Si la densité des couches d'air était partout la même, on pourrait facilement déduire du résultat précédent, non-seulement la hauteur d'un lieu quelconque dans lequel le baromètre aurait été observé, mais encore la hauteur totale de l'atmosphère. Il est clair, en effet, que si un abaissement de 1 millimètre dans la hauteur du baromètre correspondait à un déplacement vertical de 10^m,509, un abaissement de 760 millimètres, qui est la hauteur totale du baromètre, devrait correspondre à 10^m,509 pris 760 fois, ou à 7986^m,84. Telle serait la hauteur de l'atmosphère dans la supposition que nous avons faite; mais, l'air étant un fluide compressible, ses couches inférieures doivent être plus denses que les supérieures, ou peser davantage à volume égal. Il résulte de là qu'il faudra parcourir en hauteur, pour faire baisser le mercure du baromètre de 1 millimètre, un espace qui dépassera d'autant plus 10^m,509 qu'on se trouvera dans une couche d'air plus rare ou plus élevée au-dessus de l'Océan. On voit aussi que la hauteur de l'atmosphère, que nous avons déduite de l'hypothèse d'une température uniforme, doit être trop petite, ce qui est confirmé par des observations d'un autre genre. »

Est-il possible de signaler avec plus de clarté les avantages et les inconvénients du baromètre à mercure? Tout nous obligeait à mettre sous les yeux de nos lecteurs ce tableau net et précis.

Les perfectionnements apportés par Arago au baromètre à mercure sont indiscutables; mais lui aussi demeure enfermé dans le même cercle, et, s'il allége le bagage barométrique du voyageur, il lui laisse encore de graves inconvénients, inséparables de la nature de cet outil météorologique.

Nous venons de voir les efforts tentés depuis Torricelli jusqu'à Arago; examinons maintenant comment va procéder Lucien Vidie, sur quel terrain il va opérer. Écoutons-le raconter lui-même sa découverte dans son brevet du 19 avril 1844:

« Le premier instrument qui a servi à démontrer la pression de l'atmosphère sera toujours le plus beau et le plus sûr moyen de la mesurer.

» Cependant les inconvénients que présente sa construction pour l'usage habituel, entre autres, sa hauteur et la difficulté de le transporter, ont beaucoup attiré l'attention des inventeurs.

» Trop préoccupés de l'idée de Torricelli, ils ne sont pas sortis de l'emploi des tubes et des liquides.

» On aurait pu songer que, la matière étant compressible et parfaitement élastique dans de certaines limites, tous les corps qui ne sont pas pénétrés par l'air se compriment ou se dilatent journellement sous ses tensions diverses : ce sont de vrais baromètres.

» *Les changements de volume* que les corps éprouvent de la sorte sont, il est vrai, si bornés, que tous les secours qu'on emprunterait à la mécanique pour les faire apprécier à la vue, ne réussiraient pas dans la pratique, à moins qu'on ne donnât à l'instrument des dimensions si extravagantes qu'il serait ridicule d'en parler.

» Mais, en examinant la résistance qu'une masse pleine, *de métal* par exemple, oppose à la pression qui s'exerce sur sa surface, on remarque d'abord que cette force est loin de mettre en jeu toute la course de l'élasticité du corps solide, qu'on pourrait donc, en le dégageant intérieurement, le faire céder bien davantage sans cependant l'altérer.

» Substituons ainsi à une colonne pleine, d'un décimètre de diamètre, *un tube* semblable à l'extérieur, mais d'un demi-millimètre seulement d'épaisseur, solidement *fermé par les bouts* : la section du métal à comprimer étant cinquante fois moins grande, on obtiendra de l'appareil une marche cinquante fois plus étendue, ou l'on sera libre de réduire d'autant sa hauteur. Elle devrait encore excéder de beaucoup celle des plus hautes montagnes si l'on voulait que son sommet fût susceptible d'osciller comme celui de la colonne de mercure.

» Dans l'impossibilité de dépasser les limites de l'élasticité, deux moyens se présentent pour rendre ses effets plus sensibles :

» 1° Nous avons jusqu'ici fait marcher la matière directement sous la pression ; nous avons *additionné* ses mouvements. On peut les *multiplier* en employant une *forme d'inégale résistance*, telle que celle d'une sphère creuse aplatie. Même en lui donnant des dimensions assez restreintes, quelques-unes de ses parties pourront se rapprocher d'une quantité très-notable, sans que néanmoins les molécules, dans leurs rapports vicinaux de cohésion, dépassent l'écartement au-delà duquel surviendrait une déformation permanente.

» On obtient ainsi un premier effet de levier sans pièces détachées. »

Le brevet explique ensuite comment, avec des ressorts, on peut arriver à un plus grand degré de flexion, et Lucien ajoute :

« Arrivé à ce point, il nous est facile, à l'aide de vis

ou d'engrenages, de transmettre les mouvements à une aiguille qui donnera des indications sur un cadran.

» 2º Quand le vide est fait dans le vase barométrique, au moyen de la machine pneumatique, etc. (1) »

Cet exposé si simple est à la portée de tout le monde. Il ne décèle même pas chez l'inventeur le sentiment de la grandeur de sa découverte. C'est pourtant ici le cas, ou jamais, d'appliquer aux baromètres anéroïdes cette définition employée plus tard par d'autres : *Une nouveauté dans la science !*

En effet, tout est neuf dans cette théorie, et tellement neuf, que cette théorie se dresse de toute sa hauteur contre les arrêts de la science officielle, à cette époque.

Ainsi, la théorie de Vidie pose en principe :

1º Que le vide sera fait dans une boîte en métal mince ondulé, et que ce vide s'y maintiendra. — La science nie cette thèse de la manière la plus formelle; elle dit *que la porosité des métaux est un obstacle insurmontable.* Ouvrez tous les traités de physique à cette date, et vous verrez que la pénétrabilité des métaux y est enseignée comme une notion élémentaire.

2º Que l'élasticité du vase barométrique avec sa forme d'inégales résistances, servira à mesurer les pressions variables de l'atmosphère. — La science nie l'élasticité absolue des métaux; elle déclare, au contraire,

---

(1) Voyez les spécifications faites par Lucien Vidie lui-même, du baromètre et du manomètre anéroïdes, imprimées plus loin. Nous n'avons pas cru devoir pénétrer sur son domaine, en nous livrant à une analyse détaillée du baromètre et du manomètre.

que la matière doit toujours céder, quelle que soit sa charge. L'Académie des sciences, en 1844, accepte les conclusions posées dans les deux mémoires de M. Wertheim, intitulés : *Recherches sur l'Élasticité.* L'Académie admet en principe *que, pour les différents métaux, il n'existe pas de vraie limite d'élasticité.*

La découverte de Lucien Vidie est neuve encore sous le rapport des moyens et de l'exécution ; elle substitue au fragile baromètre à mercure, qui exige presque un mètre de hauteur, un petit instrument de forme ronde, ayant neuf centimètres et demi de diamètre sur une profondeur de quatre centimères, et qu'on peut mettre dans sa poche sans aucune précaution. En mer, le baromètre à mercure est difficile à observer : le liquide mercuriel oscille comme les flancs du navire. Il n'en est pas ainsi du baromètre de Lucien : il est stable, et l'aiguille ne transmet sur le cadran que les pressions et dépressions atmosphériques imprimées au vase barométrique.

Il ne viendra à l'esprit de personne que nous ayons eu l'intention, en écrivant ce qui précède, de mettre en doute la valeur scientifique de l'Institut, pas plus que celle des professeurs de physique. La science, c'est le progrès ; le progrès, c'est la science, c'est l'esprit humain qui rejette les langes du passé à chaque pas où l'éclaire l'expérience, et qui marche à la vérité par les sentiers les plus pénibles.

Si Lucien Vidie est parvenu à concentrer la lumière sur l'obscurité d'un problème regardé comme insoluble, c'est qu'il était doué d'une patience d'investigation à toute épreuve, c'est qu'il a apporté dans ses travaux une ténacité bretonne, c'est qu'il possédait une intelligence spéciale, propre à la solution de la question.

Arriva-t-il droit au but? Oh! non, sans doute! Nous l'avons vu, même en 1843, encore préoccupé de perfectionnements au baromètre à mercure, par l'addition de liquides de densités différentes, qui remplissaient des tubes à sections proportionnelles. Tout en élaborant son projet favori, il aimait à reprendre les sentiers battus, dans la crainte d'y laisser quelque chose à faire. Prit-il ce brevet, dont nous avons l'original sous les yeux? Nous n'avons pas cru utile de vérifier le fait.

C'est ici le cas de révéler les singularités de cet étrange caractère. Il avait rencontré, dans M. Lecomte de Fontainemoreau, une extrême obligeance; il se servit de son nom dans ses débuts scientifiques. Dominé par une modestie ombrageuse, lorsqu'il s'agissait de livrer sa personnalité et ses actes à la publicité, il passa son brevet de 1844 au nom de M. Lecomte de Fontainemoreau, chef d'une importante agence de brevets à Londres et à Paris, et ses instruments de physique et de météorologie ne recevront son nom que lorsque la contrefaçon l'aura contraint de recourir aux tribunaux. Jusqu'alors, il demeure humblement l'ouvrier, ou le fabricant. Lorsqu'on adresse directement les demandes à ses ateliers, on lui écrit sous les noms variés de Vidié, Vidier; cela le gêne; il supprime l'e muet à son nom patronymique; il signe ses lettres, ses factures: *L. Vidi.*

Vivant en lui seul, indifférent aux flatteries contemporaines, il compte sur l'honnêteté de la science et des hommes, pour lui décerner, de son vivant ou après sa mort, l'honneur de sa découverte. « Si cela n'est pas évident comme la clarté du jour, écrivait-il à son ami intime, ce n'est pas la peine de le crier si haut ; si j'ai atteint le but, on le proclamera. » Cinq années de supplications ne purent le faire sortir de ce dilemme ; on avait beau lui objecter que la science, plus qu'aucune autre connaissance humaine, a besoin d'être démontrée pour être comprise et appréciée, rien ne pouvait le tirer de cette idée fixe.

Mon cher Lucien, lui disait à ce propos un ami, j'ai lu autrefois un vieux conte que voici :

— Un aveugle, en arrivant à Compiègne au XVIe siècle, trouva aux portes de la ville, sous son bâton ferré, un besant d'or : il sentit bien qu'il tenait une pièce de monnaie ; mais, pour en connaître la valeur, il pensa qu'il lui suffirait de la remettre à l'hostellier. Entendant crier : *Céans a de bon vin !* il entre dans l'auberge, fait ripaille, et baille sa pièce à l'hoste, qui remercie et ne rend rien. Heureusement, pour le vieillard, qu'un escolier de nature gaye, qui avait pris passe-temps à se gaudir de l'aveugle pendant qu'il beuvait bien, appréhenda l'hoste et lui fit rendre gorge. —

Eh ! bien, lui disait son ami, le besant d'or, c'est votre œuvre ; l'hoste, c'est le monde, et l'aveugle, c'est vous.

Pour tirer Lucien de sa sécurité, il lui faudra les arrêts de la police correctionnelle ; mais n'anticipons pas.

Au mois de juillet 1843, par l'intermédiaire de M. Lecomte de Fontainemoreau, il soumet ses dessins et mémoires descriptifs du baromètre anéroïde à M. Andrew Pritchard, ancien fabricant d'instruments d'optique dans la cité de Londres, auteur de divers ouvrages sur la matière. M. Andrew Pritchard s'empresse de déclarer *que si les indications sont reconnues applicables par des expériences, il y a matière à un brevet d'invention d'une grande valeur*; mais il ne conseille pas de prendre un brevet *avant que de sérieuses expériences n'aient bien déterminé la portée de l'instrument* (1). Au mois d'août de la même année, M. Andrew Pritchard expérimente un anéroïde en montant au dôme de la cathédrale de Saint-Paul, à Londres, et il atteste *que l'expérience a été couronnée de succès*.

Voilà donc les brevets pris d'abord en Angleterre, puis en France ; mais jusqu'ici Vidie n'est parvenu à construire qu'une dizaine de baromètres marchant bien. Ce qu'ils lui ont coûté, lui seul l'a su ; car deux cents baromètres ont passé par ses mains pour produire un si faible résultat. Puis, sera-t-il sûr d'en obtenir de bons dans une fabrication courante ? Il ignore lui-même encore les causes matérielles qui ont produit les bons instruments et les mauvais. N'ayant point d'atelier, et craignant de retomber dans des mains inintelligentes, il fait exécuter cent vases barométriques chez

---

(1) Voir à la fin du volume l'attestation de sir Andrew Pritchard.

un fort habile horloger ; ces instruments s'affaissent sous la pression de l'air et ne se relèvent pas. Il plaide, il perd son procès. L'avocat de son adversaire démontre au tribunal *l'extravagante tentative* de Vidie, et cet avocat n'est autre que Me Arago. Si nous citons ici son nom, ce n'est pas dans le but d'accuser son erreur ; mais pour prouver, au contraire, combien cette innovation dans la science paraissait alors chimérique. Me Arago démontre au tribunal, avec une parfaite lucidité, la *folle conception* de Vidie ; ce ne sont pas les instruments fournis par mon client, disait-il, qui sont mal faits, c'est l'invention qui n'est pas née viable. Lucien en fut quitte pour une perte de 5,000 francs.

Comme on le voit, Lucien continue à creuser le long et douloureux sillon dans lequel il enfouira pendant dix ans ses ressources pécuniaires, son repos, ses espérances ; durant ces longues années de labeur et de mortels ennuis, d'autres l'auront suivi clandestinement, récoltant derrière lui ce qu'il aura semé, lui disputant jusqu'à l'honneur du défrichement, et lorsqu'il arrivera au bout de son sillon, il trouvera la fortune en se heurtant à sa tombe.

Désespérant d'obtenir une fabrication sérieuse par des mains étrangères, il se décide à créer un atelier spécial et des ouvriers spéciaux. Il fait, défait et refait ses vases barométriques, ses vis, ses ressorts, ses roues, ses compensateurs : ici, c'est la forme qui pèche ; là, c'est la régulation. Cinq cents baromètres encombrent son laboratoire, et aucun ne le satisfait pleinement : il s'afflige, cherche une nouvelle combinaison dans les gaz; mais, dominé par ses idées premières, il revient au vide du vase barométrique. Un seul fait donnera l'étendue de ses fatigantes recherches et de ses sacrifices; nous l'avons vu vendre au prix du cuivre brut les instruments qui furent ses essais; le poids de toutes ces boîtes et petites pièces d'horlogerie fut tel, qu'à 1 fr. 40 du kilogramme, le produit de la vente dépassa 6,500 francs. Il avait entassé tout cela dans ses armoires; combien de fois le besoin d'argent le portat-il à réaliser cette valeur morte! mais il était retenu par la crainte de dévoiler à des tiers des idées abandonnées auxquelles il pouvait être obligé de revenir.

Tant d'efforts sont enfin couronnés d'un plein succès; la fabrication est devenue pratique. Il tient son œuvre, il la palpe; la voilà, elle marche; elle parle aux yeux : son horloge barométrique indique les plus légères transitions atmosphériques du milieu dans lequel l'homme se meut. Il contrôle son baromètre sans liquide par le baromètre à mercure, les causes sont les mêmes,... les effets sont analogues! Sa joie est au comble.

Mais sa fortune est anéantie!

Cependant, ivre d'espérance, Lucien court chez les opticiens de Paris; il leur présente son nouveau baromètre, il le leur explique; on l'accueille poliment par ces mots, qui lui déchirent le cœur : « *C'est joli, très-joli! mais il faut laisser au temps le droit de prononcer sur le mérite réel de cette nouveauté!* » Toutefois, on en accepte en dépôt. Aussitôt, le sarcasme lève la tête :

« C'est une utopie, une plaisanterie! cela marchera
» huit jours! On a cru faire un baromètre, et l'on
» n'a fait tout au plus qu'un thermomètre! Quoi !
» point de mercure, point de tube! c'est l'œuvre d'un
» fou! »

Ce fou était dans le vrai, et les rieurs des ignorants! Lucien vit avec douleur qu'en France son œuvre s'acheminerait vers sa ruine.

Cependant, il pense à l'Angleterre; là, peut-être, on accordera plus sérieusement, plus rapidement, le droit de bourgeoisie à son nouveau-né, qui est doué de si incontestables avantages..... Puis, on est peut-être aussi plus sérieux en fait de choses utiles, de l'autre côté de la Manche.

Lucien arrive à Londres; il parcourt les rues de cette immense cité, cherchant la porte où M. Lecomte de Fontainemoreau lui a dit de frapper. C'est la demeure de M. Dent, opticien de premier ordre. Lucien porte sous son bras trois baromètres enveloppés dans un foulard,.... c'est sa dernière épave. Il tourne le bouton de la porte du célèbre opticien, le cœur serré, l'âme défaillante.

Dent est un homme de haute taille, à la figure sévère, au regard pénétrant. Vidie le trouve assis sur une espèce de canapé, la jambe droite enveloppée dans de la ouate. Dent écoute sans sourciller les explications de Lucien; il examine attentivement le nouveau baromètre et celui qui l'a créé. Puis, après un long silence, il lui dit avec une décourageante bienveillance :

« Si ce baromètre marche bien, je vous déclare sur l'honneur que c'est une merveilleuse découverte. Vous sentez qu'il faut du temps pour le juger. Si vous n'avez pas d'autres ressources, je vous plaindrai de tout mon cœur. Quant à moi, cher Monsieur, je prendrais bien soin de votre intéressante invention ; mais, vous le voyez, j'ai déjà dans la tombe un pied qui réclame le reste. Je ne puis donc vous être utile ; j'en suis bien regrettant, soyez-en convaincu. »

Puis, l'estimable Dent retombe dans un mutisme absolu. Lucien se sentit profondément ému ; sa sympathie était instinctivement acquise à cette noble et intelligente nature : il pressentait qu'il trouverait en lui, dans la marche de ses relations ultérieures, l'homme le meilleur et le plus honnêtement dévoué qu'il fût possible de rencontrer. « Permettez-moi, lui dit Lucien, d'accrocher ces trois baromètres dans vos vitrines ; ils deviendront ce qu'ils pourront. »

« Faites ! » répondit le vieillard. Et, sans proférer une parole de plus, il salua Lucien, qui sortit.

Adieu donc, beaux rêves du travail, du savoir, de la persévérance ! vous vous êtes heurtés aux anguleuses nécessités du commerce des hommes : la réalité a remplacé les illusions ; la vie s'est dévoilée avec ses âpretés, ses déceptions.

Lucien revint à Paris, taciturne, morose, maudissant sa vie de travail, et jetant, sans doute pour la première fois, un coup d'œil juste et écœurant sur la pente fatale où l'entraînait la misère. Son désespoir était au comble; il ne pouvait plus attendre : le pain peut-être allait lui manquer.

Il s'égarait depuis dix jours dans la perspective d'une issue déplorable, lorsqu'il reçoit, un matin, une lettre timbrée de Londres; c'est une lettre du bon Dent, qui lui demande trente baromètres.

Trente baromètres! Jamais une pareille demande ne lui a été faite! Il en a bien cinq cents; mais ils n'ont pas reçu la consécration du temps, et Lucien n'est pas un marchand, c'est un savant qui tient avant tout à sa réputation, au succès de son œuvre. Il a juré que jamais un instrument ne fera son entrée dans la circulation, sans avoir subi au moins trois mois d'observations journalières. Avec de l'adresse, il gagne du temps, et il arrive à s'exécuter dans les conditions que lui prescrit son amour-propre.

Voici ce qui avait donné lieu à cette commande. Un officier de l'Amirauté avait aperçu, en passant devant les vitrines de Dent, le baromètre de Vidie; il entre, il s'informe, et le vieil opticien lui raconte simplement comment il se trouve dépositaire des trois instruments. L'officier achète les trois baromètres, il les observe avec la froide et sérieuse attention d'un Anglais; puis, au bout de quelques jours d'expérimentation, il n'hésite pas à en demander trente.

Si nos souvenirs, ici, sont exacts, ces trente baromètres furent placés à bord des vaisseaux de la Compagnie des Indes, avec ordre de contrôler leur marche par le baromètre à mercure. Le temps s'écoula, et les épreuves furent sans réplique ; aussi la vente devint importante à Londres : MM. Dent et Lecomte de Fontainemoreau reçurent des commandes pour les États-Unis, la Suède, la Norwége, les Indes, et surtout pour tous les points de l'Angleterre.

Mais Lucien était ruiné !

Le désir de perfectionner sa découverte, ses frais d'outillage, une vente complétement nulle en France, l'avaient poussé jusqu'au bord du précipice. Il transféra son atelier dans un petit entre-sol, en face du boulevard Bonne-Nouvelle, et n'écrivit plus à personne, pas même à ceux qui l'affectionnaient sincèrement. Qu'était-il devenu ?

Un jour, quelqu'un qui le tenait en grande amitié, et qui était fort inquiet de sa position, arriva à Paris pour ses affaires personnelles, mais avec la ferme résolution de tout mettre en œuvre pour le découvrir. Deux jours après son arrivée, ce Monsieur cheminait dans la rue Montmartre, vers les dix heures du matin : il crut reconnaître Vidie dans une personne qui marchait rapidement devant lui ; cependant, un air de misère peu équivoque dans les vêtements de Vidie excitait ses doutes. Il presse le pas, appelle Lucien, qui fait des efforts évidents pour ne pas répondre à l'appel d'une voix qu'il reconnaît bien. Ce Monsieur l'accoste résolûment et lui serre la main ; puis, s'apercevant de l'émotion qu'il cause, il amène la conversation sur un terrain neutre, prend en temps opportun le bras de son ami, et l'entraîne, presque à son insu, déjeuner dans un restaurant de médiocre apparence. Cet ami sentit bien qu'il était impossible de songer à amener Vidie sur le chapitre de sa position : l'extérieur du pauvre inventeur, les callosités de ses mains, sa retenue pénible, disaient assez à quels travaux manuels la nécessité l'avait réduit, à quelles angoisses il était en proie; tout ce qu'il put obtenir au premier moment, ce fut que, pendant son court séjour à Paris, on prendrait ses repas en commun dans le restaurant à bon marché où l'on venait de déjeuner, et, qu'en dehors des repas, chacun irait librement à ses affaires.

A chaque entrevue, l'ami gagnait quelques pouces de terrain; néanmoins, il n'osait rien brusquer : un certain respect l'enchaînait devant une discrétion si formelle et cependant si empreinte de soucis. Au bout de cinq jours, le cœur de Lucien fit explosion : sa ruine était consommée. Trop jaloux de son honneur pour se laisser acculer jusqu'au point de compromettre l'argent des autres, il était arrivé à cette limite où les poursuites étaient imminentes. Il était résigné à vendre son atelier, ses *essais*, qui, pour lui, alors, étaient ses *secrets*, et il allait se trouver, dès le lendemain, dans l'impossibilité de faire face immédiatement à un paiement relativement énorme. Tous ses sacrifices passés allaient s'anéantir.

« Quand bien même, disait-il dans cet épanchement
» si longtemps contenu, j'aurais la satisfaction de
» m'acquitter, il ne me resterait pas même un denier
» pour continuer mon œuvre. Et pourtant le succès

» n'est pas douteux. On me raille en France ; mais on
» m'achète en Angleterre, en Chine, au Canada. »

Puis des sanglots étouffés mirent fin à la conférence. Toutefois, quelques heures plus tard, le chiffre à payer et le chiffre nécessaire pour continuer l'exploitation furent arrachés.

La somme était, comme on dit vulgairement, assez ronde. L'ami n'était pas riche ; mais il avait du crédit, et il appartenait à une famille aisée. Dès le lendemain, Lucien faisait face au plus pressé, et, quelques jours plus tard, il marchait à grandes guides dans ses opérations. Lorsque vinrent des jours meilleurs, Lucien ne perdit pas le souvenir de cette triste époque.

Que nos lecteurs veuillent bien croire que ces détails ne sont pas imaginés pour façonner une histoire intéressante. Nous avons en mains les preuves écrites des faits que nous avançons, et ces faits sont intimement connus de plusieurs hommes éminents.

Voilà donc Lucien sur le chemin de la gloire et de la fortune. Ses jours et ses nuits se passent presque entièrement en voyages de Paris à Londres et de Londres à Paris. A peine s'il peut satisfaire aux demandes qui lui sont faites. Chose incroyable et digne de méditation ! il a déjà livré plus de 5,000 baromètres à l'Angleterre, et la France n'en a pas acheté 100 !

Mais la contrefaçon l'attend au passage ! Il va perdre son temps dans les procès, dissiper ses profits dans les frais de procédure, absorber dans la chicane les ressources d'une puissante organisation, et consacrer à la guerre sourde qu'on lui fera les heures qu'il s'était tant promis d'appliquer à la science.

A son début, nous avons vu le baromètre anéroïde non-seulement flagellé par les ignorants, ce qui ne nous étonne pas, mais même condamné par les sommités de la science, qui ne pouvaient croire à l'immensité du pas franchi par Vidie. Jusque-là, c'était un fou, son instrument un rêve, et son œuvre, une lettre morte.

Mais le temps a marché, le temps a consacré l'invention par une expérience irrécusable; alors, un revirement complet va s'opérer dans les esprits : *Rien n'est plus simple que l'invention de Lucien Vidie ! — Mais ce n'est pas nouveau ! Il y a cinquante ans que Conté a trouvé ce baromètre; c'est dans le domaine public, et tout le monde a le droit de lui faire concurrence!* Ce sera un *tolle* général contre le studieux inventeur, et une lutte à mort, non pas seulement contre les profits légitimes de ses études, mais aussi contre l'honneur de sa découverte.

Laissons parler les débats, et voyons comment une surprise en police correctionnelle sera relevée six ans plus tard avec tant d'éclat par la justice civile.

Lorsque le temps aura couché dans leurs tombes tous les acteurs de ces tristes procédures, ce procès sera considéré comme une cause justement célèbre. Il demeurera acquis, pour l'honneur de l'instruction en France, qu'au milieu du XIXe siècle, juges, procureurs impériaux, avocats, appelés dans un procès éminemment scientifique, se sont trouvés d'emblée à la hauteur de leur honorable et difficile mission. En fait, ils ont éclairé la cause par la science elle-même ; en droit, ils ont prononcé avec la conscience d'un savoir profond ; en équité, ils ont répudié trois erreurs judiciaires, et rendu au génie dépouillé l'honneur de sa découverte.

CHAPITRE IV

Le Bourreau.	J'ai fait sauter sa tête.
Le Cadi.	Que disait Ben-Assan Devant ta hache prête ?
Le Bourreau.	Qu'il était innocent !
Le Cadi.	C'est un voleur honnête !
Le Bourreau.	Oh ! c'est embarrassant : Vingt témoins, par serment, Pleurant sur la victime, Accusaient de ce crime.....
Le Cadi.	Qui donc ?... Aurais-tu peur D'une légère erreur ?
Le Bourreau.	C'est Al-Dareck, le bon apôtre ! Et ce vieux mécréant, Entre les flatteurs est le vôtre. Que faire ?
Le Cadi.	Ah ! quel enfant !..... Eh !..... décapite l'autre !

(Les Assises du Cadi Faller, conte oriental.)

Les Procès.

Avant d'aborder la question des procès, il nous paraît utile d'examiner la situation que Lucien Vidie s'était faite, et d'éclairer le jour sous lequel il allait se présenter à la barre du Tribunal, pour réclamer la punition d'un délit.

Depuis sept années, il travaillait à son œuvre avec un courage homérique ; concentrant son esprit dans d'interminables modifications, il avait refusé de se prêter à toute communication qui pût lui attirer les avantages d'une honorable publicité. L'Angleterre s'était occupée de lui : de nombreuses brochures, une polémique savante, avaient donné dans ce pays du retentissement à la création de son baromètre ; cela lui suffisait. Mais la France, où il allait entamer un procès auquel se rattachait l'honneur de l'invention, la France ne connaissait pour ainsi dire que le baromètre et le manomètre de son adversaire, et cet adversaire, plus rompu aux affaires, avait répandu sa prétendue découverte dans les cercles scientifiques, parmi les sociétés savantes. Partout on lui en attribuait le mérite. Les journaux, les publications, lui décernaient à tout instant des éloges.

Lucien voyait et savait tout cela, sans vouloir démordre de son apathique isolement. A tout ce qu'on lui représentait sur les conséquences de cette fausse situation, il répondait imperturbablement que les Tribunaux lui rendraient justice.

Un fait singulier qui venait de se produire à l'Exposition universelle de Londres, eût dû cependant dessiller les yeux de notre ami.

Il se refusa obstinément à faire figurer, dans cette grande fête industrielle, son baromètre et son manomètre. M. de Fontainemoreau, qui se livrait à l'exportation du baromètre Vidie, comme les opticiens de Londres, révolté d'une telle opiniâtreté, joignit un anéroïde à ses autres objets d'exportation et se fit inscrire ainsi sur le catalogue de l'Exposition :

N° 326. — MOREAU (L.), Imp., 4, South street, Finsbury. Aneroïd-barometer.

Que se passa-t-il au sein de la Commission internationale de la Xe classe ? Contre l'usage, elle décerna la grande médaille à Lucien Vidie, le reconnaissant pour l'inventeur, bien qu'il ne fût pas exposant. Contre l'usage encore, elle ne lui demanda aucune explication sur son baromètre, et le Jury l'inscrivit d'autorité comme exposant, dans son rapport, et dans les termes suivants :

VIDI (N° 326, p. 446), *exhibits an aneroïd-barometer of the usual construction. This beautiful instrument, so recently invented by Mr Vidi, was rewardet by Council Medal.*

Eh ! bien, cette grande médaille devient pour notre cher inventeur la source d'une déconvenue peut-être sans exemple. Prenons dans les mémoires consultatifs qu'il publia lui-même à l'époque de ses procès, la narration d'un fait inouï dans les annales de la grande Chancellerie.

« Parmi les exposants français (à la grande exhibition de Londres), se trouvait un opticien nommé V...Y. Il fut porté au *Moniteur* dans la liste des grandes médailles, comme inventeur du baromètre anéroïde. M. Vidie écrivit pour demander des explications sur ce fait à M. le Ministre du Commerce. Celui-ci répondit que c'était le nom de Vidi qui était porté sur la liste anglaise des grandes médailles, et on fit rectifier plus tard la liste française.

» Un certain nombre d'exposants, choisis principalement sur la liste des grandes médailles, furent désignés pour la décoration. M. V...Y fut nommé. Attribuant, sans doute, ce fait à la position qu'il avait occupée momentanément par erreur sur la liste française des grandes médailles, il crut, comme d'autres le crurent, qu'on avait voulu nommer l'inventeur des anéroïdes. Il ne prit pas la décoration qui lui était offerte, ce qui prouve, en sa faveur, qu'il ne s'était donné aucun mouvement pour l'avoir, et que, par sa modestie, il en était plus digne que beaucoup d'autres. Mais, peu de temps après, les exposants décorés furent invités à l'Élysée, M. V...Y comme les autres.

» Messieurs, dira plus tard Me Sénard, pour reposer un moment l'attention de la Cour devant laquelle le procès criminel fut porté en appel, le port illégal de la décoration est un cas prévu et puni sévèrement par la loi, tandis qu'un dîner, c'est une bagatelle : le nouveau chevalier se passa cette fantaisie. Mais quelqu'un ayant remarqué parmi les convives un habit sans ruban, en demanda la raison à M. V...Y. Il avoua naïvement qu'il ne pensait pas que c'était à lui qu'on avait voulu donner la décoration. On la lui attacha. »

Que conclure de tout ceci? C'est qu'il n'est permis à personne, pas même à l'homme le plus modeste, de déserter ses intérêts. Et comment attribuer à l'Administration une faute qui se rattache à la généralité des faits, qui naît des circonstances fortuites? Comment pourrait-on accuser un homme qu'on pousse au ruban, qu'il n'a ni envié, ni sollicité, qu'il refuse même jusqu'au moment où on le place de force à sa boutonnière?

Pauvre Lucien! il est mort dans le même cercle d'idées où sa vie morale s'est trouvée enclavée! Il a compté toujours et toujours sur la justice des hommes, sans penser que cette justice devait être éclairée par celui qui y avait droit !

Et le sieur X, qui pesa si cruellement sur la carrière scientifique de Vidie, est-il le premier qui se présente ainsi dans l'histoire des inventeurs ?

Cet adversaire a rencontré chez lui, ou plutôt chez Schintz, une forme de baromètre qui diffère de la forme choisie de préférence par Lucien Vidie. Il croit ou il espère que cette nouvelle face du baromètre va lui faire une position à part, une réputation de savant. Il concourt à l'Exposition universelle de Londres; il s'appuie de l'autorité de la science française, il s'entoure de rapports élogieux, de recommandations puissantes; il pénètre au sein de la Commission internationale de la dixième classe à l'Exposition de Londres, et il obtient la mention suivante du Jury :

« X (France, n° 1108, p. 1231) has exhibited several barometers of an original construction. They consist of an elastic flattened tube of metal, exhausted completely of air, and bent very nearly in the form of a circle; they are in this state possessed of the property of expanding, a further separation of the ends being effected when the atmospheric pressure is diminished, a contrary or contracting effect taking place when the pressure increases. A lever is attached to the end of the tube by suitable mechanism, and connected to and index or hand, which traverses a divided dial-plate.

» The dial-plate is graduated by placing the instrument with a standard barometer within the receiver of an air-pump, and the points of coincidence determined by varying the pressure. These instruments are applicable for measuring the pressure of the atmosphere, gas, etc., to a range exceeding 500 lbs. on the square inch. They are well adapted for application to steam engines, etc. A Council Medal was awarded to M. X. »

Observons ici, et faisons bien ressortir que ce rapport, dont les minutieux détails révèlent les communications qui ont eu lieu entre la Commission et le sieur X, se garde bien de le déclarer inventeur du principe sur lequel il a établi ce baromètre d'une construction toute particulière. Les Anglais connaissaient et avaient apprécié depuis plusieurs années le baromètre anéroïde de Vidie; aussi, en classant d'autorité Lucien parmi les exposants anglais, le Jury le reconnaît pour l'inventeur (invented by M. Vidi). Cette particularité exceptionnelle échappera à tout le monde, au moment du procès en police correctionnelle. Ce qu'il y a de plus caractéristique encore, c'est qu'il n'est fait mention du manomètre que sur cette donnée générale : que le baromètre du sieur X est applicable à la mensuration des gaz, par conséquent comme manomètre sur les machines. Les Anglais savaient que le manomètre rentrait exclusivement dans le domaine de Vidie.

Ce fut une grande réparation envers Lucien; mais personne n'ignore, d'ailleurs, que les jurys et les gouvernements n'ont jamais pu ni voulu juger, dans les expositions, les questions d'invention et de priorité. Devant eux, il n'y a pas là-dessus de débat possible : ce qu'on y juge, c'est le produit; ce qu'on y récompense, c'est l'exécution. « Jamais, disait Vidie, dans un mémoire consultatif, cette vérité n'avait fait l'objet d'une controverse, et il ne faudrait pas fouiller bien loin dans le greffe correctionnel de la Cour de Paris, pour retrouver de nombreux exemples d'industriels *déclarés contrefacteurs*, au sortir d'expositions dans lesquelles ils avaient recueilli rapports honorables, médailles d'or, croix d'honneur, et, bien plus encore, le titre même d'*inventeurs*, décernés par des jurys qui avaient cru très-sincèrement qu'il y avait nouveauté et perfection dans le produit qu'ils avaient récompensé.

Toujours est-il que le pauvre Lucien, aveuglé par ses fausses idées du monde et des choses, ne reçut pas la grande médaille qui lui avait été décernée; lorsqu'il fut la réclamer au ministère, un chef de bureau lui objecta qu'il n'était pas inscrit sur la liste des exposants français, et Lucien se tint pour battu. Il n'eut pas davantage la croix, par suite d'une erreur de nom.

Son concurrent, prôné partout, jouissant de tous les priviléges qui se sont échappés des mains de Vidie, se présentera devant la police correctionnelle, rayonnant de tous ces avantages.

Lucien a bien cherché à entraîner son adversaire devant la juridiction anglaise; mais cet adversaire était trop habile pour accepter le débat dans un pays où la réputation de son antagoniste était faite : il refusa constamment de vendre ses baromètres sous son propre nom; il les faisait vendre par des opticiens anglais, ce qui ne permettait pas les poursuites au point de vue de la législation du pays.

Revenons donc un peu sur nos pas.

Nous ne fatiguerons pas l'attention de nos lecteurs par le récit de toutes les contrefaçons qui surgirent sous les pas de Lucien Vidie. En Angleterre, la Cour du Banc de la Reine entendit retentir dans son enceinte bien des plaintes et bien des arrêts prononcés en faveur de notre ami. Qu'obtenait-il ainsi? Des satisfactions d'amour-propre ; car il avait toujours affaire à des gens insolvables, ou qui étaient reconnus tels, et les frais du procès, que lui seul était obligé de payer, devenaient ses indemnités.

Arrivons donc directement aux procès sérieux qu'il eut à soutenir en France. Nous laisserons de côté les noms propres, qui n'ont plus rien à faire dans les résultats que nous avons à proclamer. Personne ne verra, sous cette abstention des noms, autre chose que notre dégoût pour les attaques personnelles, quelque méritées qu'elles puissent être ; si nous nous croyions un jour obligé d'entamer de nouveaux débats pour défendre l'œuvre et la gloire de l'ami que nous avons perdu, nous le ferions sans hésiter, tout aussi bien pour les biographes peu scrupuleux qu'envers les hommes qui exploiteront à leur profit le résultat de ses recherches, en s'attribuant des perfectionnements qui furent les siens. Ce point parfaitement éclairci, passons aux faits.

Au mois de juin 1849, le sieur X, dont nous avons déjà parlé au commencement de ce chapitre, prend un brevet, et ce brevet ne stipule d'autres principes que ceux énoncés dans les brevets de Lucien de 1844. Rien n'y est omis, ni dans les données scientifiques, ni dans les moyens d'exécution, ni dans les termes mêmes du Mémoire descriptif. Nous demandons pardon à nos lecteurs d'une allégation aussi absolue; il y avait un biais : dans ce nouveau brevet, le tube cylindrique à résistances inégales de Vidie perd sa forme droite, il s'allonge en ellipse, et, malgré ou à cause de ce changement, il conserve inévitablement sa qualité de résistances inégales. Or, Vidie a prévu toutes les formes d'un vase barométrique constituant la propriété de son brevet sur les résistances inégales. Entre mille variétés possibles, Vidie a préféré la forme cylindrique, parce que ce tube présente une action plus sérieuse ; elle ne donne pas le mouvement le plus sensible à l'œil, mais elle développe une puissance mieux raisonnée et la plus susceptible de revenir, sans altération de l'élasticité du métal, d'une extrême pression à son point de départ (1).

En lisant les termes descriptifs de ce brevet prétendu nouveau, notre ami tomba dans une stupéfaction complète; longtemps, il crut qu'il rêvait. Était-il supposable, en effet, de penser qu'avec les développements de la science dans la seconde moitié du xixe siècle, on eût l'espoir d'en imposer à l'autorité de cette même science d'une manière aussi étrange?

Lucien fait saisir, au domicile de son contrefacteur, les baromètres en voie de fabrication. Il met dans cette

---

(1) Lucien Vidie disait : « Qu'il faut moins considérer le mouvement que la puissance motrice, et que celle-ci est proportionnelle à la différence des volumes avant et après la compression. »

opération des formes si courtoises, que, lors de son dernier procès, il put craindre un instant de voir sa cause compromise. Enfin, il appelle le sieur X sur les bancs de la police correctionnelle.

Erreur profonde, qui définit merveilleusement le caractère de Vidie! Avec la fraude, il ne doute pas de la répression, et il joue sa fortune, son avenir, la gloire de sa découverte sur *la poursuite d'un délit*. Il n'hésite pas à traîner sur les bancs de la justice criminelle un habile mécanicien, un homme du monde qui a pénétré les arcanes de la science, un homme d'ailleurs distingué, décoré de la croix de la Légion-d'Honneur lors de la grande Exposition de Londres, pour le fait de ce baromètre qu'il avait exposé, et qui lui avait valu la grande médaille.

Il lui ferme ainsi toutes les issues possibles, l'accule et le contraint à se défendre. Admettons un instant que le sieur X ait cru trouver dans le brevet de l'ingénieur prussien Schintz, un procédé différent du procédé Vidie, même un moyen échappatoire. Devant la justice criminelle, dont les décisions pouvaient l'atteindre dans son honneur, il fallait qu'il se défendît. Le sieur X dut appeler à son aide les ressources les plus extrêmes, fouiller dans le passé afin d'exhumer des rêveries susceptibles de créer des antécédents, des priorités presque impossibles, pour illusionner ses juges, en obscurcissant la question. C'est ce qu'il fit. Traqué dans une impasse, peut-être la nécessité domina-t-elle sa conscience; si le débat eût été porté devant la justice civile, ou sa bonne foi, ou l'examen plus attentif du droit de son adversaire, l'eussent-ils porté tout simplement à se retirer de la lutte. Le sieur X comprit les graves dangers de sa position, et s'en tira d'abord en homme habile.

Devant le Tribunal de police correctionnelle, M⁰ Sénard, avocat de Vidie, déploya vainement les ressources d'une logique serrée. Il prouva jusqu'à l'évidence que le baromètre sans liquide était une merveilleuse découverte ; — que rien de semblable n'avait été antérieurement produit ; — que le brevet de Vidie consistait dans un vase clos, à résistances inégales, capable de conserver indéfiniment le vide, et reproduisant par l'élasticité de la matière les impressions variées de la pression atmosphérique ; — que ce brevet prévoyait toutes les formes qu'il était possible de donner à ce vase d'inégales résistances ; — qu'en conséquence, la contrefaçon était patente.

L'adversaire de Vidie avouait bien que son baromètre reposait sur le même principe, le cas n'était pas niable ; mais il invoqua les travaux du célèbre Conté, et prétendit que Conté avait trouvé le vase clos à résistances inégales : il produisit devant le Tribunal un bulletin de la *Société des Sciences philomathiques* de floréal an VI, où était décrite l'invention de Conté.

Vainement encore M⁰ Sénard s'efforça de faire comprendre que jamais Conté n'avait songé au vase clos des anéroïdes, et que Conté, y eût-il pensé, n'avait pu tirer aucun parti de sa tentative, puisque ce bulletin de la *Société des Sciences philomathiques* de floréal an VI, évoqué par l'adversaire, établit lui-même, en termes bien clairs, que Conté ne fut pas satisfait de ses essais, et qu'il y renonça.

Lucien Vidie perdit son procès. Il interjeta appel, et la Cour de Paris rendit un arrêt confirmatif du premier jugement, le 25 juillet 1852. Alors, Vidie se pourvut en cassation. L'affaire fut appelée le 7 janvier 1853. Les moyens présentés ne paraissant pas jeter de nouvelles lumières dans le débat, Lucien Vidie se leva, et adressa à la Cour les paroles suivantes :

« Si c'est bien sérieusement à un homme de l'autre
» siècle qu'on doit ces baromètres sans liquide qui
» n'ont jamais existé qu'au sortir de mes brevets, que
» ces brevets tombent, mais franchement et largement,
» au profit de tous. »

Cette abnégation si digne ne faisait pas le compte de son adversaire, ou plutôt de son contrefacteur; il s'éleva de tout son pouvoir contre une pareille idée : il soutint le brevet de Vidie, pour que le sien ne tombât pas. La Cour rejeta le pourvoi, et il ressortit de ces longs débats un jugement, « sorte de transaction
» bizarre entre les intérêts engagés dans la cause,
» attribuant l'idée à Conté, un moyen nouveau à
» M. Vidie, un autre moyen nouveau à M. X., et Lucien
» Vidie demeura breveté malgré lui (1). »

Cette sentence ravissait à Lucien l'honneur de sa découverte; aussi jamais homme ne fut-il plus cruel-

---

(1) Paroles de Me Sénard. Voir plus loin le procès des Anéroïdes en 1858 devant la justice civile.

lement blessé de l'injustice ou de l'ignorance des temps. Sa santé s'altéra, il prit la vie en dégoût, et s'isola plus complétement encore que par le passé. De temps à autre, son âme se mettait à nu dans les lettres qu'il adressait à son ami de Nantes, et les consolations de ce dernier retrempaient son énergie. Jamais il ne parla de son adversaire que pour signaler l'art avec lequel il avait su envelopper ses juges du prestige de ses allégations. Mais, à partir de cette triste époque, son caractère prit une teinte de singularité indéfinissable. Le coup avait porté. Sa constitution physique s'altéra ; il ressentit des atteintes fâcheuses : des oppressions fréquentes, des attaques de goutte signalèrent à ses yeux la précocité de sa vieillesse, et cependant il n'avait pas encore atteint ses cinquante ans.

Mais un homme éminent lui avait promis qu'un jour justice lui serait rendue. Un jour donc, après six ans d'angoisses, cet homme dit à Vidie : « Faites saisir » de nouveau des baromètres chez votre contrefacteur, » et nous demanderons à la juridiction civile ce que » nous a refusé la juridiction criminelle. » Cet homme, c'était Mᶜ Sénard.

Lucien eût hésité, s'il n'eût pas cru devoir s'incliner devant une telle autorité. Il obéit, et, le 10 juillet 1858, Mᶜ Sénard, son avocat, s'exprimait ainsi devant le Tribunal civil de la Seine, 3ᵉ chambre, présidée par M. Puissant :

AUDIENCE DU 10 JUILLET 1858.

Me Sénard :

Messieurs, je viens de nouveau vous saisir d'une affaire qu'en 1852 le Tribunal d'abord, puis la Cour, ont tranchée dans un sens contraire à la décision que je demande à votre justice. Il fut jugé, à cette époque, non pas que les brevets de M. Vidie, pour lequel je me présente, sont radicalement nuls, mais que cet homme, qui croyait avoir le droit de revendiquer une des plus importantes inventions du siècle, n'avait été que l'artisan d'une idée qui ne lui appartenait pas, et que si le mode d'exécution était à lui, la pensée était à un autre.

Ces décisions furent pour M. Vidie la cause d'une profonde douleur; il y perdait le fruit de ses longs travaux, et voyait s'anéantir l'espoir de toute sa vie. Pour moi, j'en gardai l'un des plus grands chagrins de ma carrière d'avocat. De toutes les affaires industrielles que j'eusse jamais plaidées, aucune ne m'avait inspiré un si vif intérêt; de toutes les inventions que j'eusse rencontrées, c'était, à mes yeux, la plus grande et la plus complète : car, d'ordinaire, là même où le génie se montre le plus, il y a eu un progrès antérieur, une voie indiquée d'avance, où l'inventeur a fait un pas de plus; mais ici la création était complète, la découverte sans précédents, sans indication, sans analogie, qui eussent pu l'inspirer et la conduire. Et cette invention, devant laquelle se sont inclinées la science, l'industrie, la marine, je l'ai vu arracher à celui dont elle était l'orgueil et la couronne, par un jugement et par un arrêt, au profit d'un homme qui n'a rien trouvé, rien inventé, et qui appartient, j'ose le dire, à la catégorie la moins excusable des contrefacteurs ; car il avait connu les procédés de mon client en travaillant pour son compte : c'est au sortir de ses ateliers qu'il est allé prendre un brevet pour une œuvre achevée par un autre depuis cinq ans. Et mon client, qui est bien le plus étrange, le plus retiré des hommes, qui n'avait pas même donné son nom à sa découverte, qui n'a ni journaux, ni réclames, s'est vu dépouiller par un homme qui possède d'immenses relations, qui connaît tous les industriels, tous les savants ; un homme charmant, vous dira-t-on, à qui s'intéressent messieurs tels et tels, opticiens ou membres de l'Institut, et qui, le plus adroitement du monde, et sans paraître même s'en occuper, trouve moyen de se faire faire des articles, des éloges, des rapports, même des livres et des traités de science, composés tout exprès pour graver son nom pour la postérité.

Alors pourtant, j'ai dit à M. Vidie : « Cette affaire ne peut pas être définitivement perdue. » Je m'occupais à cette époque d'un grand procès qui soulevait les questions d'art et de jurisprudence les plus graves, et qui, de plus, mettait en jeu des intérêts pécuniaires tels, qu'on pouvait, qu'on devait en suivre jusqu'au bout la solution. C'était l'affaire des turbines. Je dis

à M. Vidie : « Suivez cette affaire ; votre sort en dé-
» pend. »

Me Sénard explique ici toutes les péripéties de ce procès, jusqu'à l'arrêt qui a jugé d'une manière définitive en droit qu'un inventeur breveté qui a succombé devant la juridiction correctionnelle, dans une poursuite en contrefaçon, peut commencer, en vertu de son brevet, une nouvelle poursuite pour des faits nouveaux.

Ce jour-là, je dis à M. Vidie : « L'heure est venue. La lutte que Rohlf et Seyrig viennent de soutenir pendant cinq ans vous montre le chemin que vous devez suivre. » Et nous avons repris alors la même route qu'ils avaient parcourue, et nous venons demander au Tribunal civil, juge de tous droits et de toutes facultés, si notre brevet est valable, si nous avons qualité pour poursuivre. Non pas que je veuille ici traiter légèrement les décisions du Tribunal correctionnel et de la Cour; je ne dis pas qu'il faille les dédaigner.

Il y a un arrêt de justice que je respecte, mais pas de chose jugée. Il y a, si vous le voulez, un préjugé en faveur de l'adversaire; mais mes juges d'aujourd'hui ne sont aucunement enchaînés par l'opinion de mes juges d'autrefois, et je viens leur demander, comme ont fait Rohlf et Seyrig, si je ne suis pas un inventeur qui ait droit à la reconnaissance de la société.

L'invention de M. Vidie est la création d'un nouveau baromètre. Son brevet est du 19 avril 1844; en même temps, par extension du principe qui avait présidé à sa découverte, il a fait breveter des manomètres et divers moyens de mesurer le degré de compression du gaz. Si vous lisiez la publication que M. X a fait distribuer ce matin à votre audience, vous ne vous douteriez certainement pas que c'est un baromètre que M. Vidie a inventé. Car nous poursuivons pour le baromètre, et l'on nous répond manomètre! On ne prononce même pas dans cette note le mot de baromètre. Je dirai pourquoi tout-à-l'heure. Mais pour vous faire connaître l'invention de M. Vidie, voyons d'abord quel était l'état de l'industrie avant son invention.

Avant le 19 avril 1844, il n'existait qu'une seule espèce de baromètre, et scientifiquement une seule notion du baromètre, le baromètre à mercure. Sans prétendre à la science et sans vouloir faire autre chose que de vous rappeler ce que vous savez mieux que moi, j'ai besoin de vous dire, avant toutes choses et en courant, un mot du baromètre à mercure.

C'est Torricelli qui a inventé le baromètre. Depuis, il n'y a été fait aucun perfectionnement capital. Il y a bien un baromètre de Gay-Lussac, qui sert à quelques travaux scientifiques, mais l'instrument n'a jamais été modifié dans son essence et dans son principe, et il a gardé, à juste titre, le nom de Torricelli.

Torricelli était un disciple de Galilée, il ne fit qu'appliquer une notion recueillie par son maître. Cette notion, la voici : lorsqu'on a fait le vide dans un corps de pompe par l'enlèvement du piston, l'ascension de l'eau dans ce corps de pompe n'est point, comme on dit vulgairement, l'effet de l'aspiration ; encore moins s'explique-t-elle par le vieil adage : *Natura abhorret à vacuo*..... L'eau ne s'élève jamais, dans un endroit donné, au-delà d'une certaine hauteur. D'où Galilée a conclu que si l'eau monte dans le corps de pompe, c'est qu'elle cède à la pression de la colonne d'air atmosphérique, pression qu'aucun obstacle n'entrave dans un tube où le vide est fait, et que lorsque la colonne d'eau s'arrête, c'est que précisément son poids fait équilibre à celui de la colonne d'air. Le poids de la colonne d'air avait dès lors sa mesure toute trouvée.

Torricelli, messieurs, ne fit qu'appliquer cette notion : Si l'on renverse un tube plein de mercure dans un réservoir du même liquide, la portion supérieure du tube que le mercure n'occupe pas est absolument privée d'air, et, par suite, le poids de la colonne de mercure qui s'y balance donne le poids de la colonne d'air. Torricelli prit donc un tube de verre, le ferma par une extrémité d'une manière fixe, le remplit, et, en en bouchant momentanément avec le doigt l'autre extrémité, il le renversa dans un réservoir de mercure : il obtint ainsi une colonne liquide, invariable tant que le poids de l'atmosphère ne varie pas, mais sensible à ses moindres changements. En divisant le tube, en le graduant, il eut une mesure aussi merveilleusement exacte qu'elle est merveilleusement simple, de la pesanteur de l'air atmosphérique.

Les avantages d'un pareil instrument frappaient tous les yeux. Aussitôt la science s'en empare et observe, armée de ce nouveau secours. Pascal, avec lui, détermine la hauteur des montagnes : à chaque pas fait au-dessus du sol, correspond une diminution progressive de la colonne barométrique. Puis, l'usage se généralise. L'agriculture, la marine, y trouvent de précieuses indications. On remarque, en effet, que la plupart des variations météorologiques coïncident avec les variations du baromètre. Si la colonne atmosphérique, troublée par les vents, agitée par la tempête, devient plus légère, le baromètre s'abaisse. Si elle est plus tranquille, plus pesante, le baromètre remonte. C'est ainsi qu'à l'avance le marin est averti de ces variations soudaines du ciel et des vents qu'aucun autre signe ne pourrait lui faire prévoir.

Mais à ces avantages, le baromètre de Torricelli unit des inconvénients épouvantables : le premier de tous, c'est sa fragilité. Comment transporter sans d'extrêmes difficultés ce réservoir de mercure, que surmonte un long tube de verre? Et comment faire le tube autrement qu'en verre? Aussi, à M. de Saussure, qui l'emporte sur le sommet des plus hautes montagnes, il ne faut rien moins que deux ou trois guides pour transporter ses baromètres sans les briser. Appliqués à la marine, la tempête, qu'ils annoncent dès le temps calme, imprime au navire, quand elle est venue, des secousses violentes qui font osciller la colonne de mercure, et, quand elles ne brisent pas l'instrument lui-même, rendent du moins impossible la suite des observations.

Aussi, depuis 1644, date de la découverte de Torricelli, la préoccupation continuelle des savants a été de trouver un remède à ces inconvénients. On a tout essayé, mais toujours avec la donnée première d'un liquide. Il semblait qu'un liquide seul pût être doué d'une sensibilité assez vive pour subir toutes les pressions de la colonne atmosphérique et en indiquer les moindres variations. Aussi ces deux siècles se passèrent-ils en vaines tentatives.

M. Vidie, dont je n'ai pas à faire autrement l'éloge, est un homme laborieux, studieux (c'est tout ce qu'il m'a permis de vous dire); il avait de plus, en commençant ses recherches, un patrimoine suffisant pour les pousser assez loin. Plus de dix ans avant qu'il obtînt son brevet, il chercha, lui aussi, à corriger le baromètre liquide. C'est dans le cours de ces travaux, où il a mis son temps, sa vie, presque tout son avoir, qu'il vint à se dire : Mais il n'est pas un corps sur le globe qui ne soit soumis à la pression de l'atmosphère. Cette pression, nous la subissons tous, et toutes choses la subissent comme nous à la surface de la terre. Un corps solide qui serait assez compact pour être impénétrable à l'air et garder le vide, assez sensible pour que la pression atmosphérique pût en modifier la surface, et pourtant assez énergique pour lui résister, assez élastique, en un mot, pour qu'elle ne le déformât pas, et que les observations pussent être continuées, comme il le faut dans un instrument destiné non pas à recueillir une impression immédiate et passagère, mais à traduire une suite de phénomènes indéfinis, un tel corps serait certainement le plus parfait des baromètres.

Sur ce terrain nouveau où s'engageait M. Vidie, l'idée d'un corps métallique était la première à se présenter. Je me figurais par la pensée, dit M. Vidie, une sphère de métal dans l'intérieur de laquelle on eût fait un vide parfait, et dont les parois fussent extrêmement minces. Une telle sphère subirait certainement, d'une manière notable, la pression atmosphérique. Mais voici un singulier obstacle : chaque fois que toutes les parties d'un corps sont soumises au même effort et lui opposent une égale résistance, la diminution de volume qu'il peut subir se produit avec une uniformité désespérante. Si la sphère que j'envisage est parfaite, elle conservera, sous une pression égale, sur tous les points de sa surface, sa forme parfaitement sphérique ; il n'y aura pas de mouvement sensible.

Ce qu'il faut donc rechercher, c'est l'inégalité de résistance entre toutes les parois. La sphère ne la donne pas ; un cylindre, si mince qu'il soit, n'atteint pas mieux le but. Il faut donc arriver à une sphère aplatie, déformée, à un cylindre courbé, plissé ; voilà le corps qui présentera des résistances inégales. Voilà le vase clos, vide d'air, aux parois minces, qui subira la pression de la colonne atmosphérique, et qui la traduira par un mouvement de sa surface, multiplié par l'inégalité des résistances, et, par suite, assez sensible pour imprimer une impulsion observable à une tige placée à l'une des extrémités du vase.

Cela posé, cela trouvé, l'étude mécanique était bien facile : en mettant, par un système quelconque, la tige dont je viens de parler en communication avec une aiguille, on avait une mesure parfaite des modifications de l'atmosphère.

Telles furent, messieurs, les idées de M. Vidie, tels

en furent la marche et l'enchaînement. A ce point, il semble que le *baromètre anéroïde* soit inventé et que son système puisse se résumer dans une série de propositions très-simples. Ainsi : 1º employer comme baromètre les mouvements oscillatoires d'un corps élastique sous la pression de l'atmosphère ; 2º creuser ce corps, en amincir la paroi, y faire le vide complet : plus la paroi sera mince, plus le vide parfait, plus la flexion sera sensible à la surface ; 3º donner à cette enveloppe une forme d'où résultent des résistances inégales ; 4º enfin appliquer à ce *vase barométrique* un mécanisme multiplicateur et indicateur du mouvement.

Vous croyez que c'est tout ? Détrompez-vous. Les objections se présentent en foule. Première objection : Vous prenez un vase clos, avec des parois très-minces, où vous faites le vide, et ce vase est en métal. Mais le métal est doué d'une porosité qui ne lui permet pas de garder le vide long-temps : votre vase barométrique sera vide d'air pendant quelques mois peut-être, mais l'air finira bien par y passer. La théorie le démontre, tous les métaux sont notablement poreux : votre instrument est donc théoriquement impossible.

Et ce n'est pas tout : L'élasticité de la paroi amincie n'est pas moins contestée par la science. Il n'y a pas, dit-elle, de charge, si minime qu'elle soit, qui, se continuant sur une surface, quelque élastique qu'on la suppose, n'y produise une déformation définitive et nécessaire. Dans quelques mois, votre instrument sera déformé : il n'y a pas, dans la nature, des choses d'élasticité absolue.

Troisième objection enfin : Les métaux varient tous avec la température. Qu'elle s'élève ou s'abaisse, il s'ensuit fatalement, dans leur volume, une dilatation ou un retrait. Voilà une belle règle pour des variations aussi légères que celles qu'il s'agit de recueillir, que la règle fausse et frauduleuse que vous nous proposez ! Ne voyez-vous pas que vos observations sur la pesanteur de la colonne atmosphérique vont être à chaque instant troublées par les variations de la température ?

C'est aux prises avec ces difficultés qui semblaient de toutes parts se dresser contre son œuvre, que M. Vidie a passé les années, je dirais les plus douloureuses de sa vie, s'il n'y avait pas pour l'homme de travail et de pensée une douleur qui dépasse toutes les autres, celle de se voir arracher l'enfant de sa pensée et le fruit de ses veilles. Frappé de tout ce que la science élevait de dénégations sur sa route, M. Vidie tenta d'autres voies; il prit, laissa, reprit, abandonna le caoutchouc, les gaz même, pour revenir à la fin à sa première conception. Il se dit alors que, lorsque la science oppose aux recherches expérimentales l'absolutisme de ses théories, il faut savoir aller au rebours de la science et pousser jusqu'au bout l'expérience. Et M. Vidie a bien fait ; car il a ainsi reconnu que la porosité des métaux était, au point où on l'avait mise, non une réalité, mais une pure théorie. La négation de l'élasticité du métal était également une chimère. Ces deux lois, vraies en elles-mêmes, n'ont pu, en pratique, modifier sensiblement l'état de l'instrument, demeuré juste et inaltérable, en dépit de la science qui l'avait condamné.

Mais, à ce point, M. Vidie rencontrait une difficulté nouvelle. L'instrument était fait, l'homme avait foi dans son œuvre ; mais il fallait, pour la consacrer, une expérience longue, minutieuse, microscopique. Aussi, quatre années durant, on a contesté à M. Vidie sa découverte, on en a nié la possibilité.

Cette polémique dura quatre ans. Qui eût dit alors, tandis que tant de personnes niaient à M. Vidie son invention, qu'un jour viendrait où on lui en contesterait la nouveauté ? C'est qu'une seule classe de gens était capable de cette audace : les contrefacteurs.

M. Vidie a pris son brevet le 19 avril 1844 ; il est temps que j'en donne connaissance au Tribunal :

MÉMOIRE DESCRIPTIF.

« Le premier instrument qui a servi à démontrer la pression de l'atmosphère sera toujours le plus beau et le plus sûr moyen de la mesurer. Cependant, les inconvénients que présente sa construction pour l'usage habituel, entre autres sa hauteur et la difficulté de le transporter, ont beaucoup attiré l'attention des inventeurs.

» Trop préoccupés de l'idée de Torricelli, ils ne sont pas sortis de l'emploi des tubes et des liquides.

» On aurait pu songer que, la matière étant compressible et parfaitement élastique dans de certaines limites, tous les corps qui ne sont pas pénétrés par l'air se compriment ou se dilatent journellement sous ses tensions diverses : ce sont de vrais baromètres.

» Les changements de volume que les corps éprouvent de la sorte sont, il est vrai, si bornés, que tous les secours qu'on emprunterait à la mécanique pour les faire apprécier à la vue ne réussiraient pas dans la pratique, à moins qu'on ne donnât à l'instrument des dimensions si extravagantes qu'il serait ridicule d'en parler.

» Mais en examinant la résistance qu'une masse pleine de métal, par exemple, oppose à la pression qui s'exerce sur sa surface, on remarque d'abord que cette force est loin de mettre en jeu toute la course de l'élasticité des corps solides; qu'on pourrait donc, en le dégageant intérieurement, le faire céder bien davantage, sans cependant l'altérer.

» Substituons ainsi à une colonne pleine, d'un décimètre de diamètre, un tube semblable à l'extérieur, mais de un demi-millimètre seulement d'épaisseur, solidement fermé par les bouts : la section du métal à comprimer étant cinquante fois moins grande, on obtiendra de l'appareil une marche cinquante fois plus étendue, ou l'on sera libre de réduire d'autant sa hauteur. Elle devrait encore excéder de beaucoup celle des plus hautes montagnes, si l'on voulait que son sommet fût susceptible d'osciller comme celui de la colonne de mercure.

» Dans l'impossibilité de dépasser les limites de l'élasticité, deux moyens se présentent pour rendre ses effets plus sensibles.

» PREMIÈREMENT.

» Nous avons jusqu'ici fait marcher la matière directement sous la pression; nous avons additionné ses mouvements. On peut les multiplier en employant une forme d'inégale résistance, telle que celle d'une sphère creuse aplatie. Même en lui donnant des dimensions assez restreintes, quelques-unes de ses parties pourront se rapprocher d'une quantité très-notable, sans que néanmoins les molécules, dans leurs rapports vicinaux de cohésion, dépassent l'écartement au-delà duquel surviendrait une déformation permanente.

» On obtient ainsi un premier effet de levier sans pièces détachées, etc. »

Ce que je retiens de cette lecture, reprend Me Sénard, c'est, avant tout, la généralité des termes dans lesquels est conçu le brevet. La forme même que nous avons adoptée, la sphère creuse aplatie, n'est indiquée qu'à titre d'exemple : « *telle que,* » dit le brevet. Ce qui nous appartient, c'est *l'idée* d'une forme d'inégale résistance; quant aux moyens, nous ne faisons qu'en indiquer un ou deux entre tous ceux qu'on peut imaginer.

Une preuve, c'est le certificat d'addition qui a suivi de quelques mois le brevet du 19 avril 1844; il s'exprime ainsi :

« Le principe de ce baromètre consistant à éprouver la pression de l'atmosphère par le plus ou moins de contraction des parois d'un vase clos, résistant par elles-même, ou avec l'aide de ressorts, et à multiplier l'effet au moyen d'un mécanisme, il semblerait presque inutile d'ajouter que l'on pourrait substituer à une feuille de métal : du verre, de la baudruche, du caoutchouc, ou toute autre matière flexible et imperméable, soutenue sur une ou plusieurs rondelles, portant sur des ressorts. »

Suivent plusieurs figures à titre d'exemples. Notez, entre autres, pour l'instant où vous examinerez l'appareil de l'adversaire, ces lignes :

« Si ces appareils étaient de petit diamètre, on pourrait les placer parallèlement au cadran et les surmonter d'une crémaillère qui ferait, au moyen d'un pignon, tourner l'axe de l'aiguille. »

Vous lirez enfin le brevet de quinze années qu'a pris M. Vidie le 28 juillet 1845.

Tels sont, Messieurs, les brevets de M. Vidie.

Je vous l'ai dit : M. Vidie est d'un étrange caractère. Il n'a pas donné son nom à l'instrument, comme il en avait bien le droit ; il n'a pas voulu de publicité. Aussi, en France, accueillit-on son invention avec une grande indifférence ou une incrédulité profonde. Il en fut autrement en Angleterre : cela touchait de trop près aux intérêts de la navigation.

On s'occupa beaucoup des baromètres de M. Vidie ; on les étudia à l'observatoire de Greenwich, dans les expéditions lointaines, dans les possessions anglaises, où il était fort difficile de transporter des baromètres à mercure. Une polémique très-vive s'engage : on révoque en doute le mérite de l'invention, sa possibilité...

Enfin, au bout de deux ans, les constatations viennent de toutes parts, unanimes et décisives.

En France, les destinées de l'invention nouvelle débutèrent par un procès. M. Vidie commande à Paris cent de ses baromètres et les paie d'avance ; ils sont indignement faits. Un procès s'engage. Comme il n'y a jamais eu de baromètres faits que par des souffleurs de verre, le Tribunal nomme pour arbitre un souffleur de verre. M. Vidie sollicite, en appel, une nouvelle expertise. L'avocat adverse soutient que l'invention est une chimère. M. Vidie poursuit jusqu'en cassation, et il est condamné à prendre ces cent baromètres, qui gisent encore au fond d'une caisse, avec une perte de 4 à 5,000 fr.

Désespérant d'une fabrication qu'il ne serait pas maître de diriger, il prend un local, des ouvriers horlogers, des ferblantiers; il étudie leur travail, imagine des moyens d'accélérer la main-d'œuvre; il arrive enfin, après quatre années d'épreuves, à donner à sa découverte une existence industrielle.

Pendant ces quatre ans, notez-le bien, ce qu'on a contesté, c'est la possibilité de l'invention, ce n'est pas sa nouveauté. Après quatre ans, tous les obstacles sont vaincus, les expériences sont faites, la science et l'industrie sont dotées d'un magnifique auxiliaire. On ne trouve plus sur les vaisseaux que le baromètre anéroïde. Il a une sensibilité, une régularité égales à celles du baromètre au mercure. Au lieu de cet appareil impossible, transporté par Saussure avec tant de peine, on a une petite horloge qui s'emporte au sommet des montagnes, et que l'aéronaute peut placer dans sa nacelle.

A cette époque de grand succès vient se placer, Messieurs, un fait qui sera énorme pour vos consciences, au point de vue des faits de la cause, aussi bien qu'au point de vue du droit. M. Vidie, à la fin de 1848, se mit en rapport avec M. X..., mécanicien habile, et lui fit fabriquer des instruments destinés à régler les anéroïdes. J'ai là cette facture, signée de M. X... lui-même, sur papier à tête, de sa main. Vous y voyez énumérés tous les objets qu'il fabrique ou qu'il construit, mais pas un mot des baromètres. La facture contient ceci :

« Paris, le 23 décembre 1848.

» *Doit M. Vidie :*

» Un appareil pneumatique à soufflet en cuivre, plissé, avec fermeture à mouvement d'articulation et levier à robinet, *pour régler des baromètres anéroïdes :* le tout monté sur un support en fonte, y compris les diverses modifications qui ont été faites à l'appareil et *la réparation des tubes plissés.* . . . . 750 fr.

» Un établi en bois de chêne de 2 mètres de long sur 90 centimètres de large, avec rebord au pourtour, monté sur un bâti à quatre pieds, et consolidé par de fortes équerres en fer plat. 90
                                                              ———
                                                              840 fr.

» *Pour acquit :* X. »

Ainsi, dès le 23 décembre 1848. M. X... connaît

mon industrie ; il sait ce qu'elle est, ce qu'elle vaut ; il connaît par son nom même le baromètre anéroïde : il me vend des appareils « *pour régler des baromètres anéroïdes.* »

Vous vous demandez donc comment il ose, six mois plus tard, prendre un brevet sur le domaine même de mon invention. Il faut, pour vous l'expliquer, vous dire un mot du manomètre.

Le manomètre, c'est presque l'inverse du baromètre, à un point de vue; c'est, à un autre point de vue, l'application du même principe. Le Tribunal sait que cet appareil sert à mesurer la puissance de tension des corps passés à l'état de gaz. Quand il ne se produit dans l'intérieur d'une chaudière que ce qu'elle peut contenir de vapeur naturellement, sans pression aucune, cette vapeur est dénuée de toute force, de toute puissance. La force s'obtient en introduisant dans la chaudière deux fois, trois fois, quatre fois ce volume de vapeur qu'elle contenait d'abord, et la puissance ainsi produite s'appelle alors une, deux, trois atmosphères.

La vapeur accumulée de la sorte dans un vase fermé, possède donc une tension qui mesure le nombre de ses atmosphères. L'importance qu'il y a à connaître au juste cette tension, par sa mesure, à l'extérieur de la chaudière, est évidente, et l'on en a, de tout temps, cherché les moyens. Pour y parvenir, on en a passé par deux ou trois épreuves. En même temps que Watt inventait les machines à vapeur, il cherchait à se rendre compte de leur puissance. Il fit pour cela l'*indicateur* qui porte son nom. C'était un corps de pompe, placé sur le vase plein de vapeur, muni d'un piston et d'un ressort calculé pour résister à une tension connue. Le piston mettait en jeu une aiguille qui marchait sur un cadran, et l'on savait ainsi, tout au juste, quand la force prise pour unité était dépassée ou n'était pas atteinte.

On en vint aussi au manomètre à mercure. Ce n'est autre chose qu'un baromètre, à l'exception que c'est la vapeur, au lieu de la colonne atmosphérique, qui presse sur la cuvette. Aussi, la découverte du baromètre anéroïde devait-elle immédiatement conduire M. Vidie à prendre pareillement dans l'élasticité des métaux le principe d'un manomètre. Il y a des principes posés, vérifiés sur l'élasticité et ses limites, sur la manière de recueillir le mouvement d'un vase où les résistances sont inégales et de multiplier ce mouvement. Tout cela est acquis; tout cela fonctionne: il n'y a plus qu'à souffler dans le vase au lieu d'y faire le vide, à transporter la pression de l'extérieur à l'intérieur, pour avoir un parfait manomètre. Aussi, en même temps que le baromètre, nous faisions breveter un manomètre : c'est la seconde partie du premier brevet.

« Quoique le principal objet des recherches de l'in-
» venteur ait été la construction d'un baromètre sans
» liquide, les dispositions qui l'ont conduit à ce but
» sont néanmoins susceptibles d'autres applications.

Manomètre. (Figure 2.)

» *A* est un plateau sur lequel les vapeurs ou les gaz,
» pénétrant par la tubulure *b*, tendent à pousser une

» feuille de métal mince, plissée et légèrement bombée,
» qui est assemblée avec le plateau par ses bords et
» soutenue dans toute son étendue par des ressorts
» qui s'arc-boutent contre le couvercle *c*. Son centre,
» en cédant, élève une crémaillère qui fait tourner une
» roue dont l'axe horizontal fait, au moyen de deux
» roues d'angle, tourner un autre axe vertical qui
» porte une aiguille. Cet axe est constamment repoussé
» dans un sens à l'aide d'un ressort, pour éviter le
» ballottement des pièces, comme avec la vis précé-
» demment décrite, qui peut aussi s'appliquer ici. On
» pourrait remplacer la crémaillère et sa roue par
» une chaîne et une poulie, etc. »

Le Tribunal voit du même coup-d'œil ce qu'il y a de commun entre les deux appareils et en même temps ce qu'ils ont de dissemblable. Le baromètre repose sur une donnée qui n'est pas celle du manomètre : ce qui les distingue, c'est le *vacuum vase*, le vase barométrique.

M. Vidie n'avait mis le manomètre qu'en seconde ligne; il ne s'était presque occupé que du baromètre. Il avait négligé, pour les applications scientifiques, le côté lucratif de sa découverte. Il n'y a pas, en effet, une seule industrie à moteur à vapeur qui puisse se passer d'un manomètre. Mais pour exploiter cette mine opulente, il eût fallu se mettre en rapport avec trop de monde, avec des constructeurs et des industriels; c'était en dehors des habitudes et des possibilités du caractère de M. Vidie.

Mais, par contre, M. X s'était appliqué au manomètre, d'après les principes du brevet de M. Vidie. En 1849, il prend un brevet dont la date est précieuse. La facture que j'ai lue au Tribunal est du 23 décembre 1848. Son brevet est du 18 juin 1849.

M. X a, pour expliquer les origines de sa prétendue invention, une fertilité d'historiettes admirables. Il faut l'entendre raconter comment, des ressorts de voiture, il est arrivé au manomètre. Il est donc assez piquant de le voir, dès le 23 décembre, le pied dans nos ateliers, et sur la grande route qui menait à son brevet. Au lieu de convenir de la route qu'il a pu suivre pour aller de chez moi chez lui, M. X a eu le génie d'imaginer des chemins de traverse, oh! les plus curieux du monde. Il a mis ce joli travail dans une petite note autographiée, ornée de figures, qu'on vous a distribuée. Je lis :

« 1839, mai. — M. Raulin, ferblantier, rue Grange-aux-Belles, 3, à Paris, prend un brevet d'invention pour un nouveau système de ressorts applicables aux voitures et à d'autres usages. »

« Brevet d'addition du même pour des lentilles ou disques métalliques creux à parois élastiques et remplis d'air comprimé, applicables au même objet. »

Vous voyez qu'il s'agit de quatre petits coussins remplis d'air, qu'on superpose pour faire des ressorts de voiture plus doux. Quelle plaisanterie! Est-ce qu'on souffle là-dedans, est-ce qu'on recueille une pression, est-ce qu'on mesure la flexion de l'appareil? Quel rapport cela a-t-il donc avec le baromètre? Remplissez d'air tous les coussins du monde, aurez-vous un baromètre? Il y faut, grâce à Dieu, plus de façon; il y faut le vide, entendez-vous? Est-ce davantage le manomètre? Qu'y mettait-il, dans ses coussins, M. Raulin? Rien, vous le voyez bien. C'est pourtant le même ferblantier qui rend à M. X le service de présenter, dit la même note autographiée, « à l'Exposition de l'industrie (de 1839), un tilbury monté sur quatre ressorts fabriqués d'après un nouveau système. Le rapport du jury de l'Exposition, rédigé par M. le baron Charles Dupin, en fait mention à la page 140, tome II, année 1839. »

Ce qui suit est aussi sérieux :

« 1840, 8 octobre. — M. Sorel, rue des Trois-Bornes, 15, à Paris, prend un brevet d'invention pour un moteur à air dilaté, dans lequel il emploie une pile de lentilles métalliques à surfaces cannelées circulairement. »

Vous avez vu ce que M. Vidie cherchait : était-ce plus un moteur à air dilaté qu'un tilbury?

« 1843, octobre. — X construit un manomètre à lentilles métalliques, et en fait, pendant quatre mois, d'octobre 1843 à février 1844, l'application sur la chaudière à vapeur de son atelier. L'expérience est interrompue, en février 1844, par suite de la rupture d'une des lentilles. Après les avoir fait remplacer toutes par d'autres plus épaisses, il met une seconde fois l'appareil en communication avec sa chaudière à vapeur ; mais, le même accident s'étant reproduit au bout de cinq ou six mois de fonctionnement assez régulier, il est forcé d'interrompre de nouveau ses expériences sur ce système de manomètre.

» Les deux piles de lentilles appliquées à ce manomètre d'essai ont été fabriquées par M. Raulin, ferblantier, cité plus haut. On peut voir, pour assurer la date précise de fabrication, les deux factures de M. Raulin, mort depuis plus de quatre ans, le livre de caisse de M. X, qui en fait mention, et son livre d'atelier, pages 197 et 302. »

Ainsi, voilà M. X qui a introduit, dit-il, de la vapeur dans des disques superposés. Mais, dites-moi, de grâce, de quoi il s'agit entre nous pour le moment? De baromètre, n'est-ce pas? Nous verrons plus tard si nous n'aurons pas à plaider à propos du manomètre. Aujourd'hui, je ne parle que du baromètre, et voilà que vous me répondez manomètre! Suivons :

« 1844, 27 février. — Brevet d'invention de M. X, pour un manomètre à ressorts et à cadran, servant à indiquer la pression de la vapeur par le déplacement d'un piston faisant fonction de paroi mobile et comprimé par un ressort. »

Il s'agit d'un piston faisant fonction de paroi mobile, pas autre chose. Watt l'avait déjà pratiqué en 1785, M. X y revient en 1844. Il ajoute :

« Le manomètre de M. Vidie, breveté deux mois plus tard (19 avril 1844), ne diffère de celui-ci que par la substitution du cylindre en cuivre plissé, au cylindre à piston en verre. »

Vous imaginez-vous ces tours de force? Me voici, moi, qui ai mis des années à étudier l'élasticité des corps; moi qui ai trouvé dans l'inégalité des résistances le principe de la mesure des flexions, et l'on veut me ramener au piston qui va et vient dans un corps de pompe! Voilà ce qu'on soutient avec le plus imperturbable sang-froid! Entre les deux inventions, la sienne et la mienne, il n'y a pourtant de commun que le cylindre, et, dans l'une, c'est un cylindre avec piston; dans l'autre, c'est un cylindre ou plutôt une sphère aplatie, susceptible de flexion. Je poursuis :

« Le manomètre de M. Vidie, breveté deux mois plus tard (19 avril 1844), ne diffère de celui-ci que par la substitution du cylindre en cuivre plissé, au cylindre à piston en verre; mais, sur ce point, X a encore la priorité d'invention sur M. Vidie : car il est bien évident que le système de lentilles, employé en 1843 par X dans la construction de son manomètre, est tout-à-fait semblable à celui que M. Vidie a fait breveter en 1844. »

Après le ferblantier, le tilbury, les coussins à air comprimé, voilà ce qu'on fait de mon brevet.

On oublie seulement cette date précieuse du mois de décembre 1848, et cette facture de 840 fr. :

« 18 juin 1849. — Brevet de X, à Paris, pour un nouveau système de manomètre sans mercure, à tube métallique; ledit système également applicable aux thermomètres et aux baromètres. »

« 3 septembre. — Brevet d'addition au précédent. Description du baromètre, du thermomètre et autres appareils construits d'après le même principe.

» Description de diverses formes de tubes tordus, applicables aux mêmes usages que les tubes courbés. »

« 17 octobre. — Brevet d'addition aux précédents, relatif à un moyen de préserver les manomètres des accidents résultant de la gelée; et description de plusieurs perfectionnements aux instruments mentionnés dans les deux premiers brevets. »

Après avoir inventé tout cela, M. X s'est mis à construire des manomètres.

Tout en faisant des manomètres, M. X fait faire de petites publications; il vend, il fait de grandes affaires, il réalise des gains énormes, il jette les bases d'une fortune immense, et, pendant ce temps, M. Vidie est réduit à dire :

Hos ego versiculos feci, tulit alter honores,
Sic vos non vobis.

M. X fait plus, il sort de sa spécialité, et, à Londres, en 1851, tandis que M. Vidie n'expose pas et que ses baromètres figurent seulement, sous le nom d'*anéroïdes*, dans deux expositions d'opticiens, M. X a une exposition magnifique, qui s'annonce d'une manière pompeuse :

GREAT EXHIBITION IN LONDON. — 1851.

X... Patent metallic Steam-Gange.

(A NOVELTY IN SCIENCE.)

Une nouveauté dans la science (en 1851)! Suit la notice, que je traduis :

« Les attraits de l'Exposition universelle sont si nombreux, qu'il est plus que probable qu'un objet de beaucoup d'intérêt pour le monde scientifique, pour les ingénieurs et les mécaniciens, aura pu échapper à l'attention de beaucoup de personnes, quoiqu'il eût dû obtenir leur attention particulière. Nous faisons allusion à la collection d'instruments exposés par M. X, sous le titre de manomètres, baromètres, thermomètres, etc. Ces instruments, quant à leur usage, n'ont aucune idée de nouveauté remarquable; mais c'est *la loi de physique nouvellement découverte* par laquelle ces instruments agissent, qui excite notre attention, et nous pouvons ajouter notre admiration, pour l'habile et ingénieuse manière dont la découverte fortuite *(accidental)* de M. X a été en si peu de temps appliquée par lui. »

Les 3 et 9 juillet 1851, M. Vidie fit saisir les baromètres de M. X, et poursuivit devant la justice correctionnelle. Là, nous vîmes se produire, pour la première fois, le double système de la différence et de la non-nouveauté.

Quant à la différence, le contrefacteur n'avait pas, pour cette fois, beau jeu avec l'inventeur. Lorsqu'on a lu la théorie scientifique qui est dans les brevets de M. Vidie, lorsqu'on a compris son vase barométrique vide d'air, la prétendue différence n'est pas long-temps discutable. Il n'y a pas une forme irrégulière produisant des résistances inégales qui ne soit ma propriété exclusive. Mon invention, c'est le vase barométrique à résistances inégales; toutes les variantes rentrent dans mon domaine.

Le piquant, c'est que l'idée du tube recourbé, dont il se targue, n'est pas même à lui; elle appartient à M. Schinz, qui l'a employée avant lui, en Prusse, où nous n'avions pas de brevets. M. X répond que le brevet de M. Schinz est du mois de mars et que le sien est du mois de juin. Il en résulte d'abord que M. Schinz a l'antériorité. Nous avons une lettre de M. Schinz qui précise la date à laquelle il a courbé son tube. Peu nous importe, au fond; mais enfin il est curieux de voir que cet homme, qui a usurpé notre situation dans la science et dans l'industrie, n'a pas même inventé le changement insignifiant qu'il a fait à l'idée première.

Lettre de M. Schinz à M. James Richard, à Paris.

« Dirschau, le 9 avril 1852.

» Votre honorée lettre du 1er avril courant m'a trouvé
» ici, où je suis employé actuellement par le gouver-

» nement prussien à la construction du grand pont sur
» la Vistule, qui fera partie de la ligne de chemin de
» fer de Berlin à Kœnigsberg.

» Pour satisfaire vos désirs, par rapport aux mano-
» mètres à tubes, je vous envoie ci-joint, sous bandes,
» deux numéros du journal des chemins de fer alle-
» mands. Dans le n° 10, du 5 mars 1849, vous
» trouverez la notice, que déjà depuis l'été 1848 mes
» manomètres ont été employés sur les locomotives, et
» que le projet en a été conçu en 1846.

» Le n° 14, du 2 avril, renferme une description
» complète de l'instrument, avec dessin moitié de gran-
» deur naturelle, qui représente encore, à peu de mo-
» difications près, les derniers instruments construits.

» Agréez, etc. »

Voici, en effet, le journal cité par M. Schinz. Le plus curieux, c'est que la différence de forme introduite par M. X est détestable. Il l'a fait couvrir d'éloges par ses amis, et la Cour les a crus sur parole. Il n'est pas difficile de voir que ce cylindre aplati et courbé a plus de mouvement que notre cylindre plissé. Comme il est très-plat, et que le mouvement se recueille aux extrémités, il a une grande élasticité et une course plus grande que le nôtre.

Mais cette course a moins de force et produit sur l'aiguille une action moins énergique. Chez nous, le mouvement, plus contenu, est aussi plus décidé. Aussi le baromètre X n'est-il pas employé dans les sept huitièmes des grandes expéditions maritimes. Il a besoin d'être placé dans un endroit où il demeure immobile, et la moindre secousse trouble l'observation. Cela le rend aussi difficile à transporter que le baromètre à mercure. C'est pourquoi l'on y remarque une petite cale qu'on ôte lorsqu'il est arrivé à destination, et qu'on l'accroche immobile. Je n'en veux pour preuve que la notice même de M. X :

Baromètre métallique. Instruction pour le régler.

« Cet instrument est d'un transport facile; mais de
» violentes secousses peuvent le déranger. Pour éviter
» ces accidents, je place pour le transport par roulage
» une pièce d'arrêt très-facile à sortir... »

Pour réaliser à tout prix une différence, la belle, la merveilleuse invention! Parlez donc de votre cylindre à piston, de votre cylindre courbé. Vous avez tant de course, que votre instrument ne supporte pas même le transport par roulage. Supposez-le donc dans un navire!

L'avocat de X : A quoi tend votre argument? A prouver que nous ne vous faisons pas concurrence.

Me Sénard : Tous les contrefacteurs font comme vous, ils se cachent derrière l'infériorité de leur invention. Vous demandez où tend mon argument? A ce que vous n'éblouissiez pas la justice comme vous l'avez fait autrefois; je ne vous permets même pas de dire que vous avez trouvé quoi que ce soit qui vous donne droit à la reconnaissance de la société. Votre différence n'est qu'une différence de contrefacteur.

Voyons maintenant la non-nouveauté.

Ah! l'invention de M. Vidie n'a, dites-vous, rien de nouveau. Où était le baromètre sans liquide avant 1844? Trouvez avant cette époque, dans un livre de science, une notion qui pût y conduire! Ce qui distingue cette invention de toutes les autres, c'est qu'elle est une création complète. Ce n'est pas un progrès qu'un progrès antérieur ait préparé. Ce n'est pas un hasard, un de ces *hasards observés*, comme disait M. Biot, à qui il faut, pour être aperçu, l'homme de génie pour témoin. Je l'ai dit : c'est une création. Mais enfin *nil sub sole novum*. Il s'est trouvé un fantaisiste qui a découvert une antériorité à nous opposer, sous le nom de Conté. Messieurs, il y a des gens qui, soit pour railler, soit sérieusement, s'en vont répétant et développant ce fameux *nil sub sole novum*. J'ai là une collection qu'on appelle le *Vieux neuf :* c'est une série d'articles de journaux, œuvre d'un homme de beaucoup d'esprit, M. Édouard Fournier. M. Édouard Fournier a fait des recherches sur les inventions que nous croyions les plus incontestables, et il leur a fait voir à toutes qu'elles n'étaient que des plagiats. Vous croyiez les aérostats d'invention nouvelle ? Écoutez l'auteur du *Vieux neuf :*

« Parmi les nombreuses inventions attribuées au Tarentin Archytas, on cite surtout celle d'une colombe volante ainsi faite, d'après Aulu-Gelle, qui suivait lui-même la description qu'en avait laissée le sophiste Favorinus. Elle était de bois *(è ligno)* et tenue par un contre-poids *(libramentis suspensum)* ; elle volait et s'agitait dans l'air, grâce à un air subtil dont son corps était rempli *(aura spiritus inclusa atque occulta concitum)*. N'est-ce pas là tout-à-fait un petit ballon, ou plutôt une petite montgolfière, et ne serions-nous pas en droit de dire : Les anciens ont connu les aérostats ! Puis, n'aurions-nous pas quelque motif d'écrire sous les noms de Montgolfier et de Charles, qui les inventèrent : *Contrefaçon ! contrefaçon.* »

Allez un peu plus loin : vous apprendrez que la machine à vapeur remonte à sept ou huit siècles plus haut que cela, car la Grèce l'a connue. Mais peut-être le paratonnerre vous fait penser à Franklin ? Vous avez tort, le voici avec Numa Pompilius, avec Tullus Hostilius, foudroyé pour n'avoir pas su s'en servir, avec les Celtes ; voici le paratonnerre du temple de Jérusalem... Le télégraphe électrique vous touche ? Eh bien, il date du dix-septième siècle... Il n'y a pas jusqu'aux escargots sympathiques qu'on ne retrouve en 1762. Allez donc ! dépouillez les inventeurs, au nom de la colombe d'Archytas, du *parafoudre* de Numa, annulez les brevets, faites des grands hommes des contrefacteurs ; dites à tout le monde que le nommé Franklin n'a trouvé qu'*un mode d'exécution* d'une *idée* déjà connue... Cela vous fait rire ; eh bien, c'est une bouffonnerie de moindre valeur qui a tué M. Vidie.

Édouard Fournier lit ce que tout le monde peut lire ; il fouille l'histoire, il exhume les chroniques. Un vieux bibliothécaire anglais, qui lit ce qui ne se lit pas, a trouvé, dans les annales oubliées d'une société inconnue, ce qu'il fallait à M. X. On voit, dans les comptes-rendus de la *Société philomathique*, qu'en l'an VI, le physicien Conté essaya un baromètre métallique et ne trouva rien à faire de ce côté. Ce souvenir fut exhumé dans la polémique que l'invention du baromètre sans liquide a soulevée en Angleterre. Qu'était-ce que cette tentative ? N'y avait-il là qu'un de ces *avortons* qu'Arago qualifiait si bien, quand il s'écriait : « Arrière, à vous qui n'avez pas servi la société ! » et qui faisaient dire, dans un procès du même genre, à M. Renault d'Ubexi, procureur général à Douai, « que parmi ces hommes illustres du passé, dont on jetait les noms et les idées à la tête des inventeurs, il y en avait de deux espèces : les uns, obscurs avortons dont on voudrait se servir *pour tuer ce qui a vécu*; les autres, gloires très-publiques et très-connues sans doute, mais dont les travaux n'avaient pu fournir aux inventeurs le moindre précédent. »

Conté, Messieurs, appartient à la seconde espèce. C'est un de ces hommes illustres dont les travaux sont tellement connus que, si quelqu'un essayait de leur attribuer ce qui ne leur appartient pas, la science toute entière se lèverait pour protester. Conté est un des plus savants physiciens de la fin du siècle dernier. Chimiste de premier ordre, mécanicien des plus habiles, c'était une des colonnes du corps scientifique qui fut attaché à l'expédition d'Égypte. Le gouvernement consulaire le fit directeur de l'école aérostatique de Meudon. C'est lui qui a inventé les fameux crayons de mine de plomb qui portent encore son nom. Il y a peu d'hommes plus populaires, peu d'hommes dont les travaux soient plus connus. Il mourut en 1805. Conté a eu quatre biographes. Chacun d'eux a énuméré dans de longues pages tous ses travaux, toutes ses études. L'un est M. Jomard, de l'Institut, un membre de la famille de Conté ; l'autre est M. Biot, qui s'y connaît, j'imagine, en physique, et qui, plus que personne, a été tourmenté par les inconvénients du baromètre. Lié avec Gay-Lussac, avec lequel il alternait pour le cours de physique de la Sorbonne en 1816 ou 1817 (il m'en souvient encore), il ne pouvait certainement rien ignorer de Conté.

Il y a enfin M. Thénard, qui prononça un discours à l'inauguration de la statue de Conté, que sa famille a fait représenter un crayon à la main. Certes, quelque utile que soit le crayon, c'est avec un baromètre qu'on l'eût figuré si, dans ce merveilleux instrument qui vient de conquérir sa place dans la science, dans les expéditions lointaines, dans la marine, il avait eu sa part de découvertes. Mais non, personne ne l'avait jamais dit, et, dans les travaux longs et minutieux que je viens de citer, il n'est pas dit un mot, pas un seul mot, du baromètre métallique.

Ce n'est pas même un travail personnel de Conté qu'a recueilli la Société philomathique, c'est un bulletin de floréal an VI, aussi inconnu que la Société même, et, je le déclare, parfaitement inintelligible pour qui n'a pas présent à la pensée le baromètre anéroïde réalisé par M. Vidie, pour qui ne l'aurait pas vu et bien compris. Qui donc, à propos de ce procès, s'est avisé de l'exhumer? A la fin de 1851, mon client fut averti par un de ses correspondants d'avoir à se défier d'une certaine publication que l'on attribuait à Conté. En effet, M. *** faisait entrer dans le dernier numéro de 1851 de son journal les *Publications industrielles*, un article où il rendait hommage à M. X et à son génie, et il prenait soin d'y glisser le nom de Conté, qui fit ensuite dans cette matière sa première apparition.

« BAROMÈTRE MÉTALLIQUE.

» Sur cette disposition de manomètre, M. X a établi d'autres instruments connus sous le nom de baromètres, et fonctionnant par le vide, au lieu de marcher par la vapeur ou un gaz quelconque... M. X remplace les baromètres à mercure, si généralement employés pour indiquer l'état de l'atmosphère, par des baromètres métalliques, d'une construction analogue à celle que nous venons de décrire... Ces instruments, exécutés avec beaucoup de soin et presque entièrement en cuivre, sont d'une élégance recherchée qui plaît généralement, et, occupant peu de place, ils ont le mérite de se poser partout, dans les endroits apparents. Nous ne craignons pas de le dire (vous allez voir comme c'est hardi, ce qu'il va dire!), ces nouveaux baromètres sont non-seulement préférables aux nouveaux systèmes de baromètres à mercure, mais encore aux baromètres métalliques *inventés par M. Conté*, il y a près d'un demi-siècle, *et perfectionnés plus tard par M. Védy.* »

Védy ! On ne lui laisse pas même son nom !...
Notez que la saisie était de juillet 1851, et c'est au cours de la poursuite qu'il vient ainsi, du dehors, des avertissements officieux où l'on rappelle l'invention de Conté, perfectionnée par un nommé Vidie.

A la même époque, il paraissait un Traité de Physique, sous le nom de M..... C'est une fraude que nos juges de 1852 ne pouvaient deviner, mais dont j'ai maintenant la preuve. C'est un livre, Messieurs, un vrai livre.

Traité élémentaire de Physique expérimentale et appliquée..... par M......, professeur de mathématiques et de physique.

BAROMÈTRE ANÉROÏDE.

« Depuis quelques années on s'est beaucoup occupé
» d'un baromètre sans mercure, connu sous le nom
» de *baromètre anéroïde*, qui est *construit* par M. Vi-
» die et dont l'idée première paraît due à Conté, sa-
» vant français qui fit partie de l'expédition d'Egypte. »

Comme cela paraît simple, et quelle est la tranquillité d'âme du professeur... ! N'est-il pas tout naturel qu'avec la science toute entière il attribue à Conté le baromètre sans mercure ? Il poursuit :

« Le baromètre anéroïde est très-sensible et très-

» portatif. Mais le nombre de ses pièces est très-con-
» sidérable. Nous ferons connaître, à l'article « Mano-
» mètre, » un nouveau baromètre, aussi sans mer-
» cure, d'un très-petit volume et plus simple que le
» précédent. »

Et, en effet, à l'article Manomètre :

« Nous donnons le nom de *manomètre* X, du nom
» de son *inventeur*, mécanicien à Paris, au manomè-
» tre représenté dans la figure 82. Cet instrument, qui
» est entièrement métallique et sans mercure, est basé
» sur le principe suivant, *découvert* par M. X : lors-
» qu'un tube à parois *flexibles et légèrement apla-
» ties sur elles-mêmes*, est enroulé en hélice dans le
» sens de son plus petit diamètre, toute pression inté-
» rieure sur les parois tend à les dérouler, et, au con-
» traire, toute pression extérieure tend à les enrouler
» davantage... M. X est l'*inventeur* d'un baromètre
» métallique fondé sur le même principe, etc., etc. »

Maintenant, voulez-vous la preuve que le Traité de
M. ..... a eu, au moins dans cette partie, uniquement
pour but de venir en aide à M. X, et que tous ces articles étaient faits pour venir miroiter devant la Cour...

L'avocat de M. X : Je ne les ai pas lus devant la
Cour; je ne les connaissais pas.

Me *Sénard* : Je les ai lus, moi ; vous les connaissez donc. Et l'on a bien su les faire lire et relire aux magistrats. Ce qui est arrivé, le voici. Le procès fini, il n'y avait plus besoin des articles de M. ..... J'ai lu tout-à-l'heure dans l'édition de 1851 ; dans celle de 1855, que voici, tout l'article relatif au baromètre de M. Vidie et à Conté est supprimé net. On passe de suite à M. X. Conté et M. Vidie sont enterrés d'un trait de plume. Voici la jeunesse française instruite par le professeur..., qui va passer sans transition de Galilée et Torricelli à M. X.

Mais enfin, il faut lire la notice de Conté et voir comme il a inventé le baromètre métallique. Messieurs, la télégraphie électrique en 1636, le paratonnerre de Servius Tullus et la colombe d'Archîtas, ont des titres plus sérieux à détrôner leurs successeurs.

« *Extrait du* Bulletin des Sciences, *par la Société philomathique de Paris (floréal an VI de la République, n° 14).*

» *Mémoire sur un nouveau baromètre, au moyen duquel on*
» *mesure* IMMÉDIATEMENT *les changements de densité de l'air*
» *par le poids du mercure, par le citoyen Conté.* »

Est-ce sous un pareil titre que vous vous attendez à trouver le baromètre sans mercure. Le titre seul le démontre : Conté ne cherchait alors qu'une expérience immédiate sur la densité de l'air, et non un instrument qui donnât cette densité d'une manière continue. Et, chemin faisant, il a passé par ce que j'appelle les hémisphères de Magdebourg : vous allez voir si je me trompe.

« Le citoyen Conté, directeur de l'école aérostatique

établie à Meudon, s'est occupé depuis longtemps de construire un baromètre plus portatif et plus sensible que ceux dont on a fait usage jusqu'à ce jour. Il décrit dans son Mémoire les divers instruments qu'il a conçus et exécutés successivement, avant d'arriver à celui qu'il présente à l'Institut. La forme du premier de ces instruments est à peu près celle d'une montre. On en voit le dessin dans la figure 9 : *a b c* est une calotte très-solide de fer ou de cuivre, sur les bords de laquelle *s'appliquent très-exactement* ceux d'une autre calotte d'acier, *a f c*, mince et flexible. Celle-ci s'appuie contre le fond de la première au moyen des ressorts *r r*. La queue renferme un canal qui fait communiquer la capacité *a b c* avec l'air extérieur, *et qui peut être* fermé hermétiquement par un bouchon. Au-dessous de la calotte *a f c* est un cadran, percé dans son milieu par un canon portant une aiguille, le tout recouvert d'un verre.

» On conçoit que, si l'on fait le vide dans l'espace *a b c f*, la calotte *a f c*, se trouvant chargée de tout le poids de l'atmosphère, rentrera sur elle-même et comprimera les ressorts qui la soutiennent, et elle se relèvera lorsque la pression diminuera. Par un mécanisme très-simple, placé dans le canon, le mouvement de la plaque se communique à l'aiguille, qui indique, par les arcs qu'elle parcourt, les variations de la pesanteur de l'air. »

Ainsi, Conté avait fait une petite montre, et il voulait recueillir la pression de l'air à sa surface. Mais, pour mille raisons, ce n'est pas là l'idée de M. Vidie. Il y a bien une calotte très-forte sur laquelle s'applique une calotte mince et flexible. Qu'en résultera-t-il ? C'est que, si l'on fait le vide dans la petite montre de Conté, il y aura une flexion produite par la pression extérieure. Cela prouve que Conté savait que la colonne atmosphérique pèse sur tout ce qui est à la surface de la terre ; mais quand il pensait qu'en rendant la partie supérieure de la montre mince, il pourrait recueillir une flexion, il faisait fausse voie ; aussi, ne trouvant rien, il passa outre.

Ce n'est pas là, Messieurs, le vase barométrique de M. Vidie. Ces deux calottes assemblées bord contre bord, c'étaient simplement ces deux hémisphères de Magdebourg, si connus dans les cabinets de physique et que Conté avait toujours sous la main ; quand on y a fait le vide, la pression extérieure les fait adhérer l'un contre l'autre avec une énergie qui les rend inséparables pendant quelque temps. Conté s'est dit : Je les rapprocherai, mais après avoir affaibli la paroi d'un des deux ; puis, avec un ressort intérieur, je solliciterai un ressort extérieur qui fera marcher une aiguille, et j'aurai l'indication de la flexion de l'appareil.

Les deux calottes étaient soudées, dira M. X. Je le nie ; car, en soudant les bords, en les rendant rigides, on rendait la flexion impossible. Aussi Conté parle-t-il de bords *appliqués* contre les bords.

En somme, plus on étudie cette tentative, plus on est convaincu qu'il n'a passé dans son esprit que le plus vague concept, l'idée la plus fugitive. Au point de vue de la loi, est-ce quelque chose? M. de Barthélemy, rapporteur de la loi, a répondu, lorsqu'il a dit qu'il faudrait quelque chose ayant un corps, laissant une trace, et dont on puisse profiter. Que pouvait-on faire, je vous le demande, de la montre de Conté?

Aussi, lorsqu'en Angleterre le lord-président a dit à M. Vidie : « Déclarez, sous la foi du serment, si vous connaissiez l'invention de Conté. — Le serment m'est bien facile, a répondu M. Vidie; car si j'avais pu savoir que Conté, l'homme le plus habile et le plus ingénieux du monde, lui dont les mains réalisaient sur l'heure et sans effort tout ce qu'avait conçu sa pensée, lui qui avait à sa disposition une école tout entière, avait tourné les yeux vers le but que je poursuivais, mais avait désespéré de l'atteindre, j'aurais tout abandonné, jugeant après cela le problème impossible. »

Maintenant, qu'a dit le jugement correctionnel? Qu'a dit l'arrêt?

Le Tribunal a renvoyé M. X des fins de la plainte en contrefaçon, et condamné M. Vidie à 500 francs de dommages-intérêts.

L'arrêt est ainsi motivé :

« Considérant que Lucien Vidie a pris, aux dates des 19 avril, 8 octobre 1844 et 28 juillet 1845, tant en son nom qu'au nom de Fontainemoreau, dont il est cessionnaire, des brevets d'invention, d'addition et de perfectionnement pour un mode de construction de certains appareils pneumatiques;

» Que ces brevets ont principalement pour but l'invention d'instruments servant à mesurer la pression de l'air, la vapeur, les gaz, les liquides, par la flexion des parois d'un vase clos pressé en dedans ou en dehors, résistant par elles-mêmes ou avec l'aide de ressorts accessoires et munis d'un mécanisme multiplicateur des mouvements et indicateurs de la pression;

» Considérant qu'antérieurement aux brevets ci-dessus, Conté avait, dans un Mémoire présenté à l'Institut et analysé dans le *Bulletin des Sciences* de la Société philomathique, publié en floréal an VI, décrit et exposé l'idée de mesurer la pression atmosphérique au moyen d'un vase clos en métal, à résistances inégales, à parois flexibles, et dans lequel le vide est pratiqué;

» Qu'il y avait indiqué la forme du vase à employer, l'usage des ressorts et les effets combinés avec le vide du poids de l'atmosphère, dont les variations devraient être marquées par une aiguille placée sur un cadran;

» Considérant que, par la publicité donnée à ce Mémoire, l'idée de mesurer la pression atmosphérique au moyen d'un vase clos, avait été divulguée;

» Que, dès lors, les procédés brevetés au profit de Vidie ne constituent, au point de vue de l'appareil principal, ni une invention, ni une découverte, ni même l'application nouvelle d'un moyen connu, puisque Vidie n'a fait que reproduire, dans les mêmes conditions, la boîte barométrique décrite par Conté, appliquée au même usage et produisant le même résultat;

» Considérant que Vidie a, comme moyen d'appliquer et de mettre en pratique cette idée, inventé un système d'appareil destiné à opérer le plus ou moins de contraction des parois d'un vase clos, et qu'à cet effet il a décrit l'emploi de ressorts, comme étant le principal agent à l'aide duquel il obtenait le résultat qu'il se proposait d'atteindre;

» Considérant que X, en prenant en 1849 des brevets qu'il a exploités pour un système de manomètre sans mercure, dit manomètre métallique, et applicable aux baromètres et thermomètres, a eu, comme Vidie, pour point de départ, l'invention de Conté, dans le but d'arriver à mesurer la pression atmosphérique au moyen d'un vase clos;

» Qu'à cet effet, il a appliqué toutes les propriétés du métal dans son élasticité; qu'il a indiqué, comme moyen principal, l'emploi d'un tube métallique recourbé dont la section est de forme irrégulière, plus aplatie dans une partie que dans l'autre, et dont les extrémités se rapprochent ou s'écartent, suivant que la pression augmente ou diminue;

» Considérant que si X a eu en vue le même résultat que Vidie, il est constant, d'après la lecture des brevets et l'examen des instruments produits par la partie civile ou de ceux qui ont été saisis, que ces appareils diffèrent pour l'exécution et l'application du mécanisme, et que, dès lors, X n'a porté aucune atteinte aux droits de Vidie;

» En ce qui touche les dommages-intérêts réclamés pour X, pour réparation du préjudice causé par la saisie :

» Adoptant les motifs des premiers juges,

» Met l'appellation au néant, ordonne que ce dont est appel sortira son plein et entier effet; condamne l'appelant aux frais de son appel. »

Cet arrêt, Messieurs, nous faisait une situation singulière. M. Vidie avait dit lui-même à la Cour : « Si c'est bien sérieusement à un homme de l'autre siècle qu'on doit ces baromètres sans liquides qui n'ont jamais existé qu'au sortir de mes brevets, que ces brevets tombent, mais franchement et largement, au profit de tous. » Mais M. X a résisté; il a soutenu notre brevet, pour que le sien ne tombât pas. Et nous avons eu ce jugement, sorte de transaction bizarre entre les intérêts engagés dans la cause, attribuant l'idée à Conté, un moyen nouveau à M. Vidie, un autre moyen nouveau à M. X. Et nous sommes restés brevetés malgré nous!

Eh quoi! M. Vidie n'est qu'un constructeur ingénieux de la boîte inventée par Conté! Conté, il est vrai, a décrit une boîte barométrique; mais il n'a pas eu le même but et n'a pas atteint le même résultat que M. Vidie. Il cherchait seulement un moyen *immédiat* de recueillir la pression atmosphérique par une flexion du métal, et, n'y pouvant parvenir, il s'est contenté de l'indiquer par un écoulement de liquide. Et le résultat, c'est qu'il a mis la boîte dans sa poche et n'y a plus songé, déclarant que cela ne pouvait mener à rien; et il a eu une idée claire, précise, du vase barométrique, à résistances inégales, de M. Vidie! Vous voyez que son vase était à résistance inégale, parce qu'une des parois était plus mince que l'autre ; que l'une était dure et l'autre flexible? Vous ne comprenez rien au principe de M. Vidie : ce qui fait les résistances inégales, c'est l'irrégularité des formes.

Le plus curieux, c'est qu'on a laissé à M. Vidie *le mérite de l'exécution* quand, dans un pareil système, sa modification ne serait plus, en réalité, qu'une différence de forme insignifiante. Pour sauver les brevets de M. X, on a fait deux ouvriers de M. Vidie et de M. X.

Et le prétendu principe découvert par M. X, d'où naît entre nous la différence ?.... M. X a trouvé qu'en introduisant un liquide ou en insufflant un gaz dans un tube courbé, fermé par un bout, de manière à exercer une pression sur les parois intérieures, on redresse la courbure : *risum teneatis!* Mais qui ne sait cela, et qui ne sait même que, la pression cessant, si le tube est élastique, il reprend sa première forme? C'est le fait le plus connu, le plus puéril du monde. Et on l'a donné pour une invention; et la Cour a écouté, ce qui devait être la vertu du magistrat mise à l'épreuve ; et elle a fait les honneurs de son arrêt à cette prétendue *découverte scientifique !*

Maintenant que j'ai tout mis sous vos yeux et devant vous discuté tous les moyens, n'ai-je pas le droit de dire que l'idée de Conté n'est pas la mienne, et que mon idée ne peut pas être là où on ne trouve pas un vase susceptible de garder le vide, de fléchir notablement sous la pression sans toutefois se déformer sous cette pression? Que si j'ai réalisé cette double condition, quelque imparfaits que puissent être, d'ailleurs, mes moyens d'exécution, j'ai conquis une idée qui désormais fait partie de mon domaine.

Je ne crains pas de dire, Messieurs, que la comparaison des deux décisions avec les faits constatés du procès doit vous entraîner à accorder à M. Vidie la réhabilitation qu'il vous demande. Vous la lui donnerez, Messieurs, et vous me prouverez que j'ai bien fait de lui promettre qu'un jour justice lui serait rendue.

Après la réplique de l'avocat de M. X, réplique digne du mérite de cet éloquent conseil, et digne surtout d'une meilleure cause, M. l'avocat impérial Jousselin prit les conclusions suivantes, le 31 juillet :

M. L'Avocat impérial Jousselin :

Messieurs, l'avocat de M. X vous le disait à votre dernière audience avec une convenance, une modération de langage qu'on ne saurait trop louer, tant elle est rare aujourd'hui : la cause qui vous est actuellement soumise est de celles qui, grâce aux intérêts scientifiques qui s'y débattent, ont l'heureux privilége de se pouvoir juger elles-mêmes, abstraction faite des personnes qu'elles concernent, et sans le secours de ces personnalités, toujours regrettables, qui peuvent bien blesser un adversaire, égayer un auditoire, mais qui, à coup sûr, ne sauraient amener la conviction dans l'esprit du juge.

Toutes ces personnalités, toutes ces récriminations, nous semblent, à nous, autant de pierres jetées par des plaideurs dans le champ de la discussion, avec l'espoir, sans doute, que, grâce à l'habileté d'un avocat, grâce au prestige de sa parole, elles prendront aux yeux du Tribunal des proportions contre lesquelles se brisera la cause adverse.

Heureusement, Messieurs, vous êtes très-habitués à ne voir dans les choses que ce qu'elles contiennent réellement, à les ramener à leur exacte valeur; et, quant à nous, nous nous complaisons trop dans les régions scientifiques où ce procès nous a conduit, pour être tenté d'en sortir, et pour aller sur le terrain de la discussion relever toutes les inutilités dont on a pu l'encombrer.

C'est assez dire que nous n'examinerons pas ce qu'a de plus ou moins fondé, de la part de M. Vidie, l'allégation que M. X n'a pu devenir, dès 1849, son contrefacteur que grâce à une commande relative aux instruments en litige, émanée de M. Vidie lui-même, et constatée dans une facture du 23 décembre 1848.

Nous ne suivrons pas davantage M. X dans la route qui, à l'en croire, l'aurait conduit, au milieu de ses recherches et de ses travaux mécaniques, à exécuter d'abord un manomètre fondé sur le même principe que les instruments brevetés de M. Vidie, et ensuite le baromètre argué de contrefaçon par M. Vidie.

Nous ne discuterons pas non plus jusqu'à quel point il est vraisemblable, jusqu'à quel point il est prouvé que certaines personnes nommées dans les plaidoiries aient été dans cette contrefaçon les auxiliaires de M. X, et en quelque sorte ses complices.

Nous nous en rapportons à vos souvenirs et à vos consciences du soin de vous faire apprécier exactement toutes ces allégations, et notre part dans ces débats se bornera à discuter la véritable question du procès, question complexe ; car, pour apprécier si M. X a contrefait l'œuvre de M. Vidie, il faut examiner : 1º quelle est l'œuvre de M. Vidie, ce qu'il a fait breveter en 1844, et ce qui, par suite, depuis cette époque, compose son domaine privatif; 2º ce qu'a fait breveter en 1849 M. X, en quoi consiste l'invention pour laquelle il a pris ses brevets; 3º ce qui, avant M. Vidie, composait le domaine public.

En examinant successivement ces trois points, nous serons amené à préciser ce qui peut être justement revendiqué par chacun de ces Messieurs, par M. Vidie et par M. X, comme invention ; car c'est une vérité sur laquelle, dans leurs Mémoires respectifs, ils se sont mis d'accord, que *le plus sûr moyen de juger ce qui appartient à un inventeur et ce qui ne lui appartient pas, c'est de déterminer ce qui existait avant lui et ce qui existe après.*

En premier lieu, voyons donc ce qu'a fait M. Vidie ; quel est le résultat ou le produit industriel nouveau pour lequel il s'est fait breveter en 1844.

Il y a d'abord un fait certain, c'est qu'avant M. Vidie : 1º on croyait à la *porosité des métaux* ; 2º on doutait de leur élasticité. La porosité de la matière et la pénétrabilité des métaux, c'est une croyance que la science proclame dès les premières pages de tous ses traités élémentaires, et que nous ont enseignée tous nos professeurs de physique, dès leurs premières leçons. Dans quel livre, en quel chapitre voit-on indiquée la possibilité de *tenir indéfiniment le vide* dans une boîte mince en métal ? Nulle part, assurément ; car le vide n'est possible qu'avec un métal impénétrable, et cette impénétrabilité, la science n'y croyait pas.

Elle ne croyait pas davantage à l'élasticité des métaux ; et ce qui le prouve, c'est que, même après les brevets pris par M. Vidie, et dans l'exposé desquels il affirme qu'en certains cas, dans de certaines conditions, les corps sont parfaitement élastiques, un savant présentait, en 1845, à l'Académie des Sciences, un Mémoire fondé sur de nombreuses expériences et d'après lequel il fut admis que *l'élasticité parfaite était une utopie*.

M. Vidie, quand il cherchait un baromètre métallique qui pût rendre les services du baromètre à mercure de Torricelli, tout en étant moins fragile et plus portatif, se trouvait donc en présence de deux difficultés à résoudre, de deux objections capitales de la théorie, la prétendue porosité des métaux et leur défaut d'élasticité parfaite.

Cette double difficulté, M. Vidie, à force de recherches et d'études, a cru l'avoir résolue, et il est arrivé à constater deux faits pratiques, contraires à la théorie scientifique, et qui peuvent se formuler ainsi : 1º un vase métallique clos, à parois très-minces, est susceptible de garder le vide ; 2º l'élasticité de ce vase peut être parfaite, à la condition que ses parois présentent des résistances inégales. Ainsi disposé, le métal, après avoir cédé à la pression de l'atmosphère, pourra reprendre sa forme primitive.

Ces deux points ainsi acquis et constatés, M. Vidie considéra comme étant dès lors constitué le *baromètre anéroïde* ou *sans liquide*, qui faisait l'objet de ses recherches, et, le 19 avril 1844, il prit un brevet dont il est utile de remettre, au moins pour partie, le texte descriptif sous les yeux du Tribunal, pour que le Tribunal connaisse bien exactement les droits privatifs que le brevet entend revendiquer.

« En examinant, dit-il, la résistance qu'une masse pleine, de métal, par exemple, oppose à la pression qui s'exerce sur sa surface, on remarque d'abord que cette force est loin de mettre en jeu toute la course d'élasticité du corps solide ; qu'on pourrait donc, en le dégageant intérieurement, le faire céder bien davantage sans cependant l'altérer.

» Substituons ainsi, à une colonne pleine, d'un décimètre de diamètre, *un tube* semblable à l'extérieur, mais d'un demi-millimètre seulement d'épaisseur, solidement fermé par les bouts : la section du métal à comprimer étant 50 fois moins grande, on obtiendra de l'appareil une marche 50 fois plus étendue, ou l'on sera libre de réduire d'autant sa hauteur. Elle devrait encore excéder de beaucoup celle des plus hautes montagnes, si l'on voulait que son sommet fût susceptible d'osciller comme celui de la colonne de mercure.

» Dans l'impossibilité de dépasser les limites de l'élasticité, deux moyens se présentent pour rendre ses effets plus sensibles.

» 1º Nous avons jusqu'ici fait marcher la matière directement sous la pression ; nous avons *additionné ses mouvements*. On peut *les multiplier* en employant une forme *d'inégale résistance*, telle que celle d'une sphère aplatie. Même en lui donnant des dimensions assez restreintes, quelques-unes de ses parties pourront se rapprocher d'une quantité très-notable, sans que, néanmoins, les molécules, dans leurs rapports vicinaux de cohésion, dépassent l'écartement au-delà duquel surviendrait une déformation permanente.

« On obtient ainsi un premier effet de levier sans pièces détachées. »

Après l'indication de divers moyens de développer encore le mouvement, l'exposé général se termine ainsi :

« Arrivés à ce point, il nous est facile, à l'aide de vis ou d'engrenages, de transmettre les mouvements à une aiguille qui donnera des indications sur un cadran. »

Ainsi, aux termes de l'article 2 de la loi sur les brevets, l'invention de nouveaux moyens et l'application nouvelle de moyens connus pour l'obtention d'un résultat ou d'un produit industriel, formant l'objet du brevet de M. Vidie, consistent principalement :

1° A se servir, pour la construction de baromètres, *du mouvement oscillatoire qu'éprouve tout corps élastique* sous les changements de la pression atmosphérique;

2° A *évider le corps intérieurement*, pour obtenir plus de flexion à la surface;

3° A donner à cette enveloppe continue, élastique, *une résistance inégale*, afin d'obtenir dans de certaines parties un mouvement plus étendu encore;

4° Enfin, à appliquer à ce corps, ou vase barométrique, *un mécanisme multiplicateur du mouvement, et indicateur de la pression.*

Tels sont les points fondamentaux de l'invention; ainsi indiqués, ils suffisent pour faire apprécier au Tribunal l'importance de l'invention brevetée, puisqu'en définitive ce n'était rien moins que la substitution d'un principe à un autre. M. Vidie, à la mesure de la pression atmosphérique par le liquide, substituait le principe de l'élasticité des corps, propriété connue, sans doute, d'une manière générale, dès avant 1844, mais que l'on ne croyait pas absolue, et que, par suite, on n'avait pas songé à appliquer à la mesure de la pression atmosphérique et à l'exécution d'un instrument destiné à cette mesure.

Voici donc dès à présent, bien déterminé, bien précisé, le domaine dont M. Vidie entend, comme inventeur, se réserver la jouissance exclusive; lui seul désormais, en vertu de son brevet du 19 avril 1844 et de celui du 28 juillet 1845, aura privativement le droit de mesurer la pression atmosphérique au moyen d'*un vase métallique clos d'une forme quelconque*, d'inégale résistance, à parois flexibles, dans lequel on a fait le vide et qui le garde indéfiniment; lui seul aussi, car ses brevets le disent positivement, aura, par extension du principe breveté pour les baromètres, droit d'appliquer ce principe à tout instrument, comme le manomètre, destiné à mesurer, sans le secours du liquide, la pression des gaz et notamment de la vapeur.

Aussi, grande fut la surprise de M. Vidie quand il vit, en 1849, arriver sur le domaine privatif de son invention, c'est-à-dire sur le terrain de l'exécution de baromètres fondés sur le même principe que les siens, et en passant, il est vrai, par une voie inverse, celle qui du manomètre conduit, par extension, au baromètre, un soi-disant inventeur, M. X, dont il faut bien, c'est là le second point que nous nous sommes proposé d'étudier, examiner les prétentions et analyser les brevets.

M. l'avocat impérial donne ici lecture du Mémoire descriptif qui précède le brevet de M. X du 18 juin 1849; puis, analysant ce Mémoire et aussi celui du brevet d'addition du 17 novembre 1849, il continue ainsi :

Ce qui dans ces textes frappera le Tribunal, et frappera quiconque les rapprochera de ceux des brevets Vidie, ce sont les nombreuses similitudes qu'ils présentent les uns et les autres non pas seulement dans les moyens décrits, mais encore dans les expressions employées pour les décrire. Un des Mémoires de M. Vidie a fait ce rapprochement en mettant en regard les textes qui chez lui et chez son concurrent, M. X, résument le principe d'invention posé dans ces brevets. Après M. Vidie, et après avoir toutefois contrôlé l'exactitude des citations, nous faisons pour le Tribunal le même rapprochement, qui lui fournira, ce nous semble, de précieux éléments d'appréciation.

M. VIDIE	M. X
DANS SON DEUXIÈME BREVET	DANS SON BREVET D'ADDITION
Du 28 juillet 1845.	*Du 17 octobre 1849.*
Il avait été dit *que le principe*.	Si on a bien compris la description qui accompagne mon brevet du 18 juin dernier, on doit se rappeler *que le principe général*. . . . . . .
. . . . du baromètre et des *manomètres*	. . . sur lequel repose mon système de *manomètre* métallique, et qui, comme je l'ai dit, est applicable à d'autres instruments. . . . .
. . . *consistait* dans l'application d'un mécanisme multiplicateur et indicateur *à la flexion* des parois *élastiques* d'un vase clos.	. . . *consiste* dans le *mouvement* que peut produire. . .
. . . *pressé en dedans ou en dehors*, ces parois résistant par leur propre *élasticité* ou	. . . la *pression* d'un liquide ou d'un gaz exercée *soit à l'intérieur*, soit *à l'extérieur*

par celle de ressorts accessoires, de gaz, de vapeur ou de matières analogues renfermées à l'intérieur.

(Brevet de 1844.. Substituons à une colonne pleine... *un tube*... fermé par les bouts. ... Nous avons jusqu'ici fait marcher la matière directement sous la pression ; nous avons additionné ses *mouvements;* on peut les multiplier en employant une *forme d'inégale résistance,* telle que celle d'une sphère creuse *aplatie.*)

d'un tube de métal ou d'autre matière *élastique*. . . . .

. . . lorsque ce *tube* a subi une *déformation* quelconque, c'est-à-dire lorsque, de droit qu'il était, on l'a courbé ou roulé en cercle, en S ou de toute autre manière, ou bien encore lorsqu'on l'a *déformé* en *l'aplatissant* ou en le tordant.

Le Tribunal voit donc que, par l'examen comparatif de ces brevets, on est amené à conclure que la pression de l'atmosphère, qu'on n'avait jamais mesurée que par le poids d'une colonne de liquide, M. Vidie imagine de la mesurer par le plus ou moins de contraction qu'éprouvent les corps élastiques sous la tension de l'air qui les entoure.

M. X la mesure par le plus ou moins de contraction qu'éprouve un corps élastique sous la tension de l'air qui l'entoure.

M. Vidie propose, à cet effet, d'établir un vase hermétiquement clos, un tube en métal, par exemple, fermé par les bouts, et de faire le vide à l'intérieur.

M. X établit un vase hermétiquement clos, un tube en métal, fermé par les bouts, et il fait le vide à l'intérieur.

M. Vidie démontre qu'on n'obtiendra un effet suffisant d'un semblable appareil qu'en lui donnant une forme d'inégale résistance, aplatie.

M. X donne à son tube une forme d'inégale résistance, aplatie, et recommande ces deux conditions presque à chaque phrase de ses brevets.

M. Vidie, pour rendre plus appréciable à la vue la flexion des parois de ce qu'il appelle *un vase barométrique*, y adapte des leviers, des engrenages, et enfin une aiguille indicatrice.

M. X, pour rendre plus appréciable à la vue la flexion des parois d'*un vase barométrique*, y adapte des leviers, des engrenages, et enfin une aiguille indicatrice.

M. Vidie commence par la description du baromètre, et applique ensuite ses idées au manomètre.

M. X applique d'abord ce principe au manomètre, et passe ensuite au baromètre.

En présence de ce qu'il considérait comme une atteinte portée aux droits privatifs résultant de ses brevets, M. Vidie a saisi les Tribunaux correctionnels de sa plainte en contrefaçon contre M. X; cette plainte n'a pas été accueillie; M. X est sorti vainqueur de la lutte qu'il a eu à soutenir devant trois juridictions. Et depuis, des faits nouveaux de fabrication et de vente de baromètres métalliques s'étant produits, M. Vidie a songé alors à user du bénéfice d'une jurisprudence pleine de garanties protectrices pour les inventeurs, celle posée par l'arrêt Rohlf et Seyrig : il a résolu de soumettre à la juridiction civile, sous la forme d'une demande de dommages-intérêts, motivée par la contrefaçon dont il se prétend victime, la question déjà appréciée pour d'autres faits par les Tribunaux correctionnels, et c'est ainsi, Messieurs, que cette question se présente devant vous pour être jugée entière et sans les entraves ni même l'influence d'une exception de chose jugée, qu'on ne saurait sérieusement invoquer.

Vous connaissez la demande de M. Vidie et les griefs qui la causent, les droits d'inventeur breveté qui en sont la base ; voyons maintenant comment M. X entend y répondre.

Le système de défense de M. X consiste, comme au surplus celui de bien des gens accusés de contrefaçon, en deux moyens qui permettent de résumer ainsi son langage : 1º il existe entre mes instruments et ceux de M. Vidie des différences notables, essentielles, et qui en font deux inventions bien distinctes; 2º les seuls points communs qu'ils aient, je les ai pris non pas chez M. Vidie, mais bien ou chez moi qui les avais avant lui, ou dans le domaine public.

Voyons d'abord le premier moyen, celui qui consiste à alléguer des différences entre les instruments; M. X le soutient ainsi dans un de ses Mémoires :

« Le vase à parois flexibles de M. Vidie est une sorte de boîte ronde fermée par deux diaphragmes obéissant à la pression, soit intérieure, soit extérieure, suivant une *ligne droite perpendiculaire à la surface*, et dont le mouvement infiniment petit et multiplié est transmis à l'aiguille indicatrice de l'instrument par des dispositions de leviers très-compliquées.

» A cet inconvénient s'en joint un autre non moins grave, c'est que l'étendue de la course des diaphragmes décroît très-rapidement à mesure que leur convexité va croissant, car c'est la conséquence naturelle de la tension progressive que le métal éprouve en cédant à la pression : aussi ces organes ne peuvent-ils fonctionner qu'en les armant de ressorts en acier à l'aide desquels la pression se trouve à peu près équilibrée.

» Le tube métallique qui fait l'objet de mon brevet est tout à fait différent, tant sous le rapport de la forme que sous celui du principe.

» C'est une sorte d'anneau creux, à section ellipsoïde, dont les deux extrémités s'éloignent ou se rapprochent *circulairement*, suivant qu'on y exerce une pression ou qu'on y fait le vide.

» Il réunit au plus haut degré toutes les conditions essentielles pour s'appliquer de la manière la plus avantageuse à la construction des instruments manométriques et barométriques :

» 1º De fournir directement un mouvement considérable sans fatiguer le métal et sans altérer son élasticité ;

» 2º De n'exiger l'emploi d'aucun ressort, par la raison que c'est le tube lui-même qui en fait les fonctions ;

» 3º De se développer toujours de quantités égales pour des accroissements de pressions égaux dans une étendue de parcours considérable ;

» 4º De pouvoir donner des indications directes sans le secours d'aucune pièce dont la pesanteur ou le frottement puisse nuire à la sensibilité et à l'exactitude de l'instrument ;

» 5º De présenter à la fois la forme la plus résistante et la plus facile à obtenir pour une bonne et rapide fabrication.

» Ce sont, dit M. X, ces propriétés particulières qui font de ce système de tubes métalliques un organe précieux et tout à fait nouveau pour la construction des instruments destinés à mesurer la pression des gaz, des vapeurs et des liquides, et qui doivent établir nettement la différence bien tranchée qui existe entre l'invention de M. Vidie et la mienne. »

Pour que M. X parle ainsi dans ses Mémoires ou dans sa plaidoirie, il faut, Messieurs, qu'il ait oublié complétement et le texte des brevets de M. Vidie et la nature, l'étendue des droits privatifs qu'ils lui confèrent. Et, en effet, si l'on revient au certificat d'addition pris par M. Vidie le 28 juillet 1845, on y voit qu'il est pris pour un vase clos destiné à mesurer la pression atmosphérique, et dont les parois flexibles résistent par *leur propre élasticité* ou par celle *de ressorts accessoires*; donc, en cela, pas de différence entre l'instrument exécuté par M. X et celui qu'avait fait breveter M. Vidie.

La différence résulterait-elle de la forme même de l'appareil, du vase clos, et de ce que ce vase, qui, dans les baromètres de Vidie, se compose tantôt de diaphragmes cannelés circulairement, tantôt d'un cylindre plissé circulairement, est remplacé dans les instruments de X par un tube métallique méplat et recourbé, sur lequel la pression intérieure du gaz aurait une influence et déterminerait des effets que M. X prétend n'avoir pas été soupçonnés de M. Vidie, et qui, suivant M. X, constitueraient à son profit une invention brevetable tout à fait distincte de l'invention Vidie?

Pour répondre à cette question, il suffit de se reporter aux textes que nous comparions tout-à-l'heure, et l'on y verra que ce que M. Vidie a fait breveter, ce qu'il s'est, par conséquent, d'une façon privative assuré le droit de faire, ce n'est pas seulement le droit d'employer, pour mesurer la pression atmosphérique, un vase clos dont la forme serait exclusivement et uniquement, soit celle d'un cylindre plissé circulairement, soit toute autre non prévue, non énoncée même aux brevets, qui se bornent à en citer et à en indiquer une comme exemple, *telle que celle d'une sphère creuse aplatie,* mais c'est encore, pour reproduire les expressions mêmes du brevet, la faculté d'obtenir ce résultat en employant comme vase métallique *une forme d'inégale résistance.*

Donc le tube méplat et recourbé qui semble à M. X tellement ingénieux qu'il en veut faire la base de son invention, ce tube méplat et recourbé qu'on dit d'ailleurs avoir été trois mois avant M. X, en mars 1849, breveté au profit d'un ingénieur prussien, M. Schinz (à qui, par parenthèse, M. Vidie aurait très-bien pu faire un procès en nullité), ne saurait constituer une différence opposable par M. X à M. Vidie, puisque ce tube n'est lui-même qu'*une forme d'inégale résistance*, et que M. X ne saurait, même en vertu de son brevet de 1849, l'employer sans passer au travers des droits privatifs conférés à M. Vidie par ses brevets de 1844 et 1845.

Ce moyen des prétendues différences étant donc jugé pour le Tribunal, et, nous l'espérons, écarté, voyons l'autre moyen, qui, de la part de M. X, consiste à dire : Les seuls points communs que présentent mes instruments avec ceux de M. Vidie, je les ai pris non pas chez M. Vidie, mais chez moi, qui les avais avant lui, ou bien dans le domaine public.

Chez M. X, d'abord, trouvons-nous avant les brevets Vidie, avant 1844, l'emploi d'un vase clos (car M. X convient bien que c'est là le point qu'il a en commun avec M. Vidie), d'un vase clos dans lequel on fait le vide, et dont les parois flexibles, présentant des résistances inégales, mesurent par leur élasticité la pression des gaz ou de la vapeur ?

M. X essaie de le faire croire, et voici comment il l'essaie dans un Mémoire produit devant la huitième chambre :

« 1º Dès 1837, dit-il, je m'occupai sérieusement
» de combiner un système de manomètre dans lequel
» je m'attachai particulièrement à supprimer le tube
» de verre et de mercure, et à réduire l'instrument aux
» dimensions les plus convenables pour le transport et
» les observations. Ce manomètre se composait d'un

» petit *cylindre* en cuivre muni d'un *piston* sur lequel
» la vapeur exerçait sa pression. La tige de ce piston
» portait une crémaillère engrenant avec un pignon
» denté qui faisait mouvoir une aiguille indiquant, sur
» un cadran divisé, les divers degrés de la pression.
» Deux lames d'acier, formant *ressorts* à pincettes, re-
» cevaient la pression du piston, et, par leur flexion
» plus ou moins considérable, déterminaient un dépla-
» cement de l'aiguille, proportionnel à la tension de la
» vapeur. »

Et M. X s'écrie, à la page 12 de ce Mémoire :

« Qu'était-ce donc que *mon cylindre* de 1837, si ce n'est un vase clos, à paroi mobile, supporté par des ressorts ? »

D'abord, ce que M. X appelle ainsi *son* cylindre, n'est autre chose que l'indicateur connu de tous les mécaniciens, décrit dans le traité de Tredgold, que Watt, son inventeur, a fait breveter en 1785, et qu'apparemment, sans y réussir, M. X cherchait, en 1837, à perfectionner. C'est un manomètre particulier que Watt appliquait spécialement aux cylindres des machines à vapeur, pour indiquer le degré du vide ou de la pression.

Il se composait et se compose toujours de trois pièces essentielles : d'un petit *cylindre* en cuivre, d'un *piston* sur lequel s'exerce la pression, et d'un ressort auquel est attachée la tige du piston.

Puis, ce n'est pas sérieusement qu'on voudrait comparer un pareil vase, ce cylindre avec son piston, au vase clos à parois continues, flexibles et élastiques de M. Vidie.

Passons donc à une autre allégation. Mais, dit M. X, ce qui prouve qu'avant avril 1844 on avait proposé de construire des manomètres et des baromètres sans liquide, fondés sur l'emploi d'un vase métallique à parois flexibles résistant à la pression, soit intérieure, soit extérieure, par leur propre élasticité, ou par celle de ressorts auxiliaires, c'est que, dès le mois d'octobre 1843, j'avais fait fabriquer et j'avais expérimenté dans mon atelier un manomètre composé de six lentilles flexibles en cuivre, recevant intérieurement la pression de la vapeur et transmettant l'indication de cette pression à une aiguille placée sur un cadran divisé, et cette date est établie tant par la facture de M. Raulin que par la note et la correspondance de M. Leplay, ingénieur en chef des mines, pour lequel l'instrument était exécuté.

Sans même examiner jusqu'à quel point ces pièces pourraient prouver l'antériorité de la date qu'on invoque, il suffit, Messieurs, de jeter les yeux sur la figure de cet appareil, qui n'était rien autre chose qu'un ventimètre à soufflet en cuivre, pour apercevoir bien vite qu'il n'y avait rien de commun, au point de vue du principe, entre ce soufflet en cuivre, destiné à mesurer la pression dans les conduits de vent des hauts-fourneaux et des forges, et le vase métallique clos, dans lequel M. Vidie fait le vide, et qui lui sert à mesurer, par la flexion de ses parois élastiques, les variations du poids de l'atmosphère.

Faute d'avoir établi dans sa personne l'antériorité qu'il allègue de l'usage du vase clos, M. X prétend qu'en tous cas le vase clos, employé comme moyen pour mesurer la pression atmosphérique, existait dans le domaine public, où l'avaient mis en 1758 un ingénieur russe, M. Zeiher, et en 1798 Conté, ce savant Conté que l'Empereur trouvait bon à tout, et qu'il attacha si utilement à l'expédition d'Égypte.

Examinons d'abord la prétendue antériorité Zeiher :

« M. Zeiher, dit l'extrait qu'on rapporte des nouveaux Mémoires de l'Académie des Sciences de Saint-Pétersbourg, années 1758 et 1759, a imaginé de pouvoir mesurer l'élasticité de l'air par un cylindre creux, absolument vide d'air, dont les bases sont mobiles; dans le vide du cylindre et entre ses bases est placé un ressort qui les tient écartées, et qui résiste tellement à la pression de l'air extérieur que la tension de ce ressort est toujours en équilibre avec cette pression; lorsque la force élastique de ce dernier se trouve augmentée, les bases se rapprochent davantage l'une de l'autre, au lieu qu'elles s'écartent quand cette force est diminuée; par conséquent, la distance qui se trouve entre ces bases fait connaître la pression de l'air. »

Y a-t-il là, Messieurs, le principe et l'idée réalisable du vase clos dont M. Vidie fait un baromètre? Évidemment non. On en sera bien vite convaincu pour peu qu'on lise attentivement ce texte de l'*Encyclopédie méthodique*. Le cylindre Zeiher, grâce à ses parois mobiles, bien différentes des parois flexibles de M. Vidie, grâce à ses parois mobiles se mouvant comme des pistons dans un corps de pompe, est incapable de garder le vide; il ne contient donc pas l'idée du baromètre anéroïde, et M. X, qui nous entend, est trop habile physicien pour le soutenir sérieusement, si sur ce point nous faisons appel à sa bonne foi, à sa loyauté.

Si Zeiher n'a pas inventé le principe de l'anéroïde, peut-on attribuer à Conté l'honneur de cette invention?

Sans doute, personne autant que lui, autant que le directeur de l'École aérostatique de Meudon, n'avait de motifs pour désirer un baromètre plus portatif et moins fragile que celui de Torricelli. Donc, qu'il ait désiré, qu'il ait cherché même un instrument comme l'anéroïde, cela est probable; mais qu'il l'ait inventé, qu'il en ait conçu et, comme on le prétend, exécuté l'idée, et qu'il ait légué cette invention au domaine public, c'est ce qu'il s'agit d'examiner.

Si la conception du baromètre anéroïde nous a été laissée par Conté, qui, suivant l'expression de Monge, avait toutes les sciences dans la tête et tous les arts dans la main, assurément la science, qu'il a enrichie de tant d'ingénieuses découvertes, lui rendra la justice de mentionner une aussi considérable invention, ses biographes n'auront pas manqué d'en parler. Consultons à cet égard et la science et les biographes de Conté.

La science, c'est dans ses traités, c'est dans les Mémoires des corps savants qu'on la peut consulter.

Ouvrons un traité que ni M. Vidie ni M. X n'ont cité dans leurs plaidoiries, dont ils n'ont ni l'un ni l'autre invoqué le témoignage : c'est déjà pour nous une raison de croire à son impartialité; quant à son autorité, elle ne saurait être douteuse: nous voulons parler du *Traité de Physique* de Péclet, l'ancien inspecteur général de l'Université, l'un des fondateurs de l'École centrale, que malheureusement une mort prématurée a, dans ces dernières années, enlevé à la science. Certes, s'il eût été là, M. Péclet, qui nous honorait de son amitié (que le Tribunal nous permette ici ce souvenir et ce regret personnels), aurait pu nous fournir de précieux renseignements sur les questions scientifiques qui nous occupent, comme aussi sur ce qu'en fait de baromètres on peut légitimement attribuer d'invention à Conté.

Assurément, si Conté a eu, a laissé quelque idée du baromètre anéroïde, nous la retrouverons énoncée dans ce *Traité de Physique* de Péclet. Nous y voyons bien rappelés tous les essais infructueux qui ont été faits pour perfectionner le baromètre.

« Les baromètres à large cuvette, dit M. Péclet, ceux de Gay-Lussac, de Fortin et celui à cadran, sont seuls en usage; mais, depuis la découverte de Torricelli, on a modifié les baromètres d'une infinité de manières, soit pour obtenir de plus grandes variations, soit pour rendre constant le niveau du mercure dans la cuvette, soit enfin pour rendre l'instrument plus parfait; mais tous ces essais ont été infructueux, parce qu'ils entraînent des inconvénients, et sont à peu près oubliés. Cependant, plusieurs présentent des dispositions ingénieuses qui peuvent recevoir d'autres applications; et d'ailleurs il est utile de les connaître, afin que ceux qui tenteraient de perfectionner le baromètre ne retombent pas dans des dispositions déjà proposées inutilement. Nous donnerons la description succincte des plus remarquables. »

M. Péclet décrit ensuite en autant de paragraphes le baromètre d'Amontons, le baromètre de Descartes, le baromètre de Hook, le baromètre de Fahrenheit; viennent ensuite Dominique Cassini, Daniel Bernouilli, puis les baromètres inclinés, les baromètres à niveau fixe, les baromètres à cuvette indépendante; mais de Conté, pas un mot.

Cherchons maintenant dans les nombreuses biographies de Conté.

Pour n'en citer qu'une seule, voyons celle que son ami, M. Jomard, membre de l'Institut, a écrite, et qu'il a dû faire avec tous les documents qu'on réunit en pareil cas, et particulièrement, sans doute, avec ceux qu'a pu lui fournir la fille de Conté, Mme veuve Humblot.

« Conté, dit M. Jomard, présenta, le 11 germinal an VI, à l'Institut, un baromètre presque absolument nouveau pour la conception. Frappé de l'inconvénient que présente le baromètre ordinaire pour sa fragilité, il imagina de substituer, à la mesure prise sur l'échelle de la colonne de mercure, le poids du mercure qui peut s'écouler quand la colonne atmosphérique diminue, ou, en d'autres termes, de substituer à la mesure de la colonne de mercure le poids de mercure même qui sort lorsque le baromètre descend. Déjà des expériences avaient été faites en présence de Guyton, Leroy et Tessier. L'instrument consiste dans un tube de fer cylindrique d'environ 9 décimètres de longueur. Il est fermé en bas par une espèce de robinet; une ouverture d'un très-petit diamètre sert à l'écoulement du mercure lorsque le baromètre vient à descendre; une cuvette s'adapte au tube en s'y vissant. Avant d'opérer, on dévisse la cuvette et on la pèse; puis, si l'on se transporte sur un lieu élevé, on laisse couler le mercure; quand l'écoulement a cessé, on pèse de nouveau la cuvette : la différence des deux quantités indique le poids et par conséquent la hauteur de la colonne d'air existant entre les deux stations. La classe des sciences physiques et mathématiques nomma des commissaires, Charles, Leroy et Lefebvre-Gineau, pour lui en rendre compte : ils trouvèrent à ce baromètre des avantages précieux, surtout sa solidité et la facilité du transport; mais, à la date du rapport, le 11 prairial an VI (effectivement, le 11 prairial an VI, la classe des sciences physiques de l'Institut a, sur ce sujet, entendu le rapport de ses commissaires), l'instrument avait cessé d'être à leur disposition par suite d'un événement imprévu, d'une circonstance extraordinaire. »

Cet événement extraordinaire, Messieurs, dont parle M. Jomard, n'était rien moins que l'expédition d'Égypte, dans laquelle Conté emporta son baromètre; car ce fut, dit-on, avec cet instrument qu'il mesura, et d'une façon tout-à-fait conforme aux constatations géométriques, la hauteur de la grande pyramide de Gysèh.

Voilà donc bien ici la trace d'un baromètre à mercure, presque entièrement nouveau pour la conception, comme le dit avec raison le biographe; mais d'un baromètre sans liquide que Conté ait imaginé, dont il ait après lui laissé l'exécution possible, il n'en existe pas le moindre indice.

Mais si les traités les plus complets de physique, si les biographes les plus amis de Conté ne disent pas un mot de ce baromètre anéroïde dont il aurait eu l'idée, les recueils scientifiques en parleront peut-être, et puisqu'on fait dériver ses titres à cette invention du contenu d'un mémoire présenté à l'Institut, le 11 germinal an VI, mention sans doute en sera faite dans les travaux soumis à l'appréciation de l'Institut.

Or, l'Institut, dans les volumes qu'il publiait à cette époque, avait une partie ouverte aux idées utiles, sous ce titre : *Liste des Mémoires que la classe a jugés dignes d'être imprimés dans le volume des savants étrangers.* Dans ces mêmes volumes, il y avait une autre partie ouverte aux idées réalisées, sous ce deuxième titre : *Liste des machines, inventions et préparations approuvées par la classe.*

Nous y voyons bien notée, parmi les découvertes dues à l'esprit ingénieux de Conté, celle de ces crayons qui ont popularisé son nom et enrichi sa famille, mais nous n'y rencontrons aucun indice de baromètres anéroïdes. La *Société d'encouragement* pour l'industrie nationale, dont Conté était membre et fondateur, garde le même silence sur cet objet. Enfin un troisième corps, moins connu, sans doute, mais dont les membres et les travaux attestent cependant l'importance, la *Société philomathique*, relate un essai de baromètre sans liquide, qui ne satisfit point Conté; et c'est dans le Mémoire présenté devant elle que M. X croit trouver la description d'un instrument qui contiendrait, suivant lui, le principe et l'idée du baromètre métallique qu'a fait breveter, en 1844, M. Vidie.

Il faut donc, Messieurs, puisque c'est sur ce point que M. X insiste et porte tous les efforts de sa défense, il faut remettre sous vos yeux le texte de ce Mémoire, et voir si les éléments constitutifs du baromètre anéroïde se trouvaient contenus dans les indications de ce Mémoire. Pour cela, nous rapprocherons successivement du texte même de ce Mémoire la boîte barométrique que M. Vidie dit avoir exécutée ou fait exécuter, en suivant les indications de Conté, et celle qu'à son tour M. X produit devant le Tribunal comme exécutée conformément à ces indications, et nous rechercherons si l'une ou l'autre contient les éléments d'un baromètre sans liquide, fondé sur le principe qu'invoque et qu'a fait breveter M. Vidie.

(Ici M. l'avocat impérial donne lecture de la partie du Mémoire qui décrit la montre barométrique de Conté, et il entre, au sujet des divers instruments qui sont entre ses mains, et dont il explique la construction et le fonctionnement, dans une discussion scientifique qui ne se pourrait utilement reproduire sans la vue des instruments mêmes ou des planches qui les figurent.)

Résumant cependant cette discussion, M. le substitut pense que vraisemblablement le vase formé par les deux calottes que M. Vidie a construites, indépendantes l'une de l'autre, exposées aux mouvements de va et vient de deux calottes que n'unit pas un troisième corps, ne peut être conforme à la pensée de Conté; le texte même du Mémoire repousse comme invraisemblable une construction pareille, puisqu'il dit : *Cet instrument que l'on pourrait porter dans sa poche*, et la montre barométrique de Conté, que produit M. Vidie, ne saurait se mettre dans la poche sans un dérangement immédiat de deux calottes qui la composent et dont le Mémoire veut, pour composer un instrument, que les bords se joignent très-exactement.

C'est donc là, dit M. l'avocat impérial, de la part de M. Vidie, une démonstration par l'absurde, comme on n'en doit guère employer quand il s'agit d'une œuvre, et même d'un essai, si infructueux qu'il puisse être, d'un homme comme Conté, et, à ce point de vue-là, M. X nous semble, dans l'exécution de la montre barométrique qu'il présente, s'être conformé davantage aux indications du Mémoire.

Les bords d'une de ses calottes s'appliquent exactement, ainsi que le veut le Mémoire, sur ceux de l'autre, et la queue de cette montre, puisqu'ainsi permet de l'appeler l'expression employée par le Mémoire pour désigner sa forme, renferme un canal *qui fait communiquer la capacité intérieure avec l'air extérieur, et qui peut être fermé hermétiquement par un bouchon.*

Mais ainsi constitué et avec l'avantage d'être, plus que celui produit par M. Vidie, conforme aux indications du Mémoire, cet appareil de démonstration de M. X contient-il l'idée du baromètre anéroïde, et est-il fondé sur le même principe ? Évidemment non, Messieurs, et de courtes explications suffisent à le prouver.

Le baromètre anéroïde de M. Vidie, qu'on ne l'oublie pas, c'est un vase clos dans lequel on a fait le vide et dont les parois élastiques doivent par leur flexion indiquer les variations atmosphériques.

Or, c'est méconnaître les notions les plus élémentaires de la physique, que de voir un vase clos dans l'appareil auquel a songé Conté et que décrit le Mémoire.

En effet, qui dit *vase clos*, dit une enveloppe continue, dans laquelle on a fait le vide, et qui doit, une fois qu'il est fait, le garder indéfiniment et rester impénétrable à l'air.

La montre barométrique de Conté présente-t-elle ces conditions ? Nullement, car les deux calottes dont elle se compose, si exactement appliquées qu'elles soient l'une sur l'autre, laisseront à un moment quelconque l'air pénétrer par les interstices de leurs bords juxtaposés. Pour rendre de ce côté-là le passage de l'air impossible, il faudrait que Conté eût dit, non pas seulement que les bords de l'une des calottes s'appliqueraient exactement sur ceux de l'autre, mais qu'ils seraient *soudés*, c'est-à-dire qu'un troisième corps, comme le corps gras qu'on emploie généralement dans la soudure, aurait pour mission de joindre complétement les deux autres, de manière à n'en former plus qu'un seul et même corps. Conté, qui, chaque jour, à l'École aérostatique de Meudon, avait occasion de faire fonctionner les hémisphères de Magdebourg, et qui, entre ces deux hémisphères, a pu souvent intercaler le corps destiné à les faire, sous l'influence du vide obtenu par la machine pneumatique, adhérer autant et aussi fortement que possible, n'a pu vouloir faire avec sa montre barométrique un appareil d'expérimentation qui n'aurait servi qu'à un moment donné, et à la condition de faire chaque fois le vide avec une machine pneumatique. Ce qu'il a cherché évidemment, c'est un instrument permanent d'observations, portatif même dans sa poche, et dont on pût suivre et recueillir les constatations sans le secours d'un autre instrument aussi peu portatif, surtout dans les ascensions, que l'est une machine pneumatique.

Seulement la montre barométrique qu'il a imaginée n'était pas dans des conditions capables de remplir le but qu'il se proposait, pas plus que ne le sont les hémisphères de Magdebourg, avec lesquels M. Vidie lui trouve une certaine analogie, nous devrions même dire: encore moins que ces hémisphères qu'on prend soin de souder, et qui, même ainsi soudés, peuvent, sous l'effort d'une main quelconque, laisser bientôt rentrer assez d'air pour ne tenir le vide qu'un temps bien court et bien imparfaitement.

Comment Conté, dont l'esprit était si ingénieux, si fertile en inventions, n'a-t-il pas vu que cette montre barométrique était incapable de tenir le vide ? C'est ce qu'on cherchera vainement à s'expliquer peut-être ; mais ce qui est certain, d'un autre côté, c'est que la montre, telle qu'il l'a imaginée, telle qu'il l'a laissée exécutable, ne saurait, quoi qu'on fasse et si exactement qu'on ajuste une de ses calottes sur l'autre, équivaloir au vase clos de M. Vidie, c'est-à-dire à une enveloppe continue du vide.

Ce qui achève encore de lui ôter toute vraisemblance et même toute analogie physique avec le vase clos, qui est l'organe essentiel du baromètre anéroïde et qui est le principe de l'invention Vidie, c'est l'existence même de cette queue renfermant un canal qui fait communiquer la capacité intérieure avec l'air extérieur, et qui peut être fermé hermétiquement par un bouchon. (Mémoire de l'an VI.)

Car, du moment que l'appareil contient un moyen de faire communiquer son intérieur avec l'air du dehors ; du moment que, sous l'influence de la première volonté venue, cette communication peut se faire, comme aussi cesser en fermant hermétiquement ce canal de communication par un bouchon qu'une volonté contraire suffira pour ouvrir ensuite, il n'y a évidemment plus de vase clos, plus d'enveloppe continue, dans laquelle on fait une fois le vide et qui le garde indéfiniment : c'est-à-dire, il n'y a pas de baromètre anéroïde possible, puisque la première condition de l'anéroïde est celle d'un vase clos, dans lequel on fait le vide.

Donc, assimiler la montre barométrique de Conté avec ses deux calottes juxtaposées, laissant, à un moment quelconque, le passage à l'air, avec son canal, par lequel, suivant qu'on en ôte ou qu'on y maintient le bouchon qui le ferme hermétiquement, on permet ou on empêche la communication de l'air extérieur ; assimiler un appareil conçu et laissé ainsi exécutable par Conté, au vase clos à parois flexibles et d'inégales résistances inventé par M. Vidie, c'est assimiler deux choses complétement différentes et séparées l'une de l'autre par l'intervalle immense qui distingue la tentative, la recherche infructueuse, l'idée irréalisable et qui ne peut aboutir, du résultat industriel, du nouveau produit industriel obtenu.

C'est pourtant, Messieurs, l'erreur dans laquelle sont successivement tombées les juridictions qui, jusqu'à ce jour, ont donné gain de cause à M. X et l'ont renvoyé de la poursuite en contrefaçon dont il était l'objet ; elles ont admis avec lui, tantôt, comme la 8e chambre du Tribunal, que Conté avait laissé l'idée d'un vase clos où le vide était fait, sans avoir donné les moyens de mesurer ainsi la pression atmosphérique ; tantôt, comme la Cour impériale, que Conté avait laissé non-seulement l'idée, mais même les moyens d'exécution, dans lesquels pourtant M. X avait su mettre assez de différences pour que son invention devînt distincte de celle de M. Vidie.

L'erreur commune du Tribunal correctionnel et de la Cour, et qui se produit dès le premier considérant de leurs décisions, a consisté à regarder comme un vase clos un vase qui, par sa formation même et par la faculté qu'on a de l'ouvrir ou de le fermer au passage de l'air extérieur, n'est pas un vase clos, n'est pas une enveloppe continue du vide. Et c'est ainsi qu'on a fait à Conté l'honneur d'une invention dont il peut sembler, au premier abord, s'être approché, mais dont il est cependant resté aussi loin qu'en physique et dans les sciences exactes l'est une idée fausse d'une idée vraie, une idée inexécutable d'une idée réalisable industriellement ; et il est si vrai, Messieurs, que Conté n'a pas eu et que le Mémoire de la Société philomathique n'indique pas comme venant de lui l'idée réalisable d'un baromètre anéroïde ; il est si vrai que cette petite montre barométrique de Conté, telle que, d'après les indications du Mémoire, M. X l'a fait exécuter dans ses ateliers, ne contient pas le principe et l'idée d'un baromètre anéroïde comme celui de M. Vidie, que nous en trouvons la preuve sous la plume même de M. X, et dans un de ces nombreux documents dont chaque jour (et il peut être assuré que nous en avons pris une très-complète connaissance), il croyait nécessaire d'éclairer notre religion.

Aussitôt après les plaidoiries, comme le Tribunal le pense bien, nous avons prié chacune des parties de faire remettre en notre cabinet les instruments dont il s'agit, et notamment les montres barométriques, système Conté, fabriquées pour les besoins de leurs démonstration devant vous ; nous éprouvions le besoin de faire de cette montre barométrique surtout l'objet de nos méditations, de nos études, et, en quelque sorte, de vivre avec elle en la portant aussi dans la poche, comme, en l'an VI, faisait le citoyen Conté, et c'est alors que M. X nous déposa sa boîte, en y joignant une lettre d'envoi sur laquelle nous appelons toute l'attention du Tribunal, tant elle nous paraît contenir un aveu précieux dans la cause;

« Monsieur, dit-il, le 21 juillet, conformément à votre demande, j'ai l'honneur de vous faire remettre le petit baromètre, système Conté, que j'ai fait faire dans mon atelier, d'après les indications contenues dans le journal de la Société philomathique. Les leviers qui transmettent le mouvement à l'aiguille n'étant pas indiqués sur le dessin, j'ai dû y suppléer par une disposition que j'ai imaginée pour rendre appréciable à la vue les mouvements de la plaque lorsqu'on souffle ou qu'on aspire l'air par l'embouchure en ivoire.

» Cette embouchure ne sert que pour démontrer le jeu de la plaque flexible lorsqu'on fait varier la pression.

» Si l'on voulait en faire un baromètre complet, il faudrait faire le vide dans la boîte métallique, puis boucher hermétiquement l'orifice. »

Eh bien, oui, M. X est lui-même, par la force des choses, conduit à le reconnaître : l'appareil de démonstration que voici ne saurait faire un baromètre complet ; il n'en contient même pas l'idée réalisable, puisqu'il n'est pas un vase clos, et que, vînt-on même à faire le vide en cette boîte métallique et à en boucher hermétiquement l'orifice, on n'en fera pas pour cela, on n'en fera jamais, ce qui est indispensable à la constitution d'un baromètre anéroïde, un vase clos impénétrable à l'air, dans lequel on a fait le vide et destiné à le garder indéfiniment.

Donc, et nous croyons l'avoir très-complétement démontré, ce point commun, que dans ses instruments M. X reconnaît avoir avec M. Vidie : celui du vide fait dans un vase clos, n'avait pas été avant M. Vidie mis dans le domaine public, ni par Zeiher, ni par Conté.

Donc, M. X ne l'a pas pris ailleurs que chez M. Vidie, et sur le domaine primitif que font à ce dernier ses brevets de 1844 et de 1845.

Nous avons, Messieurs, dans une question de cette nature, non-seulement pris connaissance des Mémoires et documents scientifiques invoqués par les deux parties ; mais nous avons, c'était notre droit et aussi le devoir de notre expérience en ces matières spéciales, emprunté les lumières de savants, d'hommes spéciaux, toujours empressés d'éclairer le magistrat qui les consulte ; nous nous sommes transporté dans les ateliers de M. X, et là, en présence de M. Vidie, nous avons vu successivement les baromètres que l'un et l'autre ont fondés sur le même principe, celui du vide fait dans un vase clos et à parois flexibles, présentant des résistances inégales. Nous y avons encore, et par occasion, vu avec un grand intérêt les applications ingénieuses qu'en habile mécanicien M. X fait de ce principe, et c'est ainsi, Messieurs, que nous sommes arrivé à l'opinion que nous avons eu l'honneur de développer devant vous.

Pour la résumer, cette opinion, nous dirons à M. X, non pas qu'il est un odieux contrefacteur, comme il se l'est entendu reprocher un peu amèrement peut-être ; mais nous lui dirons que, soit par une route, soit par une autre, soit même, si l'on veut, par le simple hasard de deux esprits qui se rencontrent en marchant vers le même but, il a été amené à faire, depuis 1849, ce que M. Vidie, depuis 1844 et jusqu'à l'expiration, d'ailleurs très-prochaine, de ses brevets, se trouve avoir seul et privativement le droit de faire : l'application d'un principe breveté, et que, par la contrefaçon constatée, il s'est rendu, vis-à-vis de M. Vidie, passible de dommages-intérêts, sur la fixation desquels nous nous en rapportons à la sagesse du Tribunal.

Le Tribunal a statué conformément à ces conclusions.

JUGEMENT.

« En ce qui touche l'exception de la chose jugée :
» Attendu que si le jugement du Tribunal correctionnel de la Seine (3e chambre), du 17 mars 1852, confirmé par l'arrêt de la Cour de Paris du 23 juillet suivant, a renvoyé X de la plainte exercée contre lui par Vidie en contrefaçon du baromètre métallique sans mercure, dit Anéroïde, par ce motif que l'appareil saisi chez X, le 3 juillet 1851, reposait sur des observations et sur des moyens différents de ceux appartenant à Vidie, cette décision ne saurait s'étendre au-delà du fait incriminé, et qu'elle ne peut dès lors être invoquée comme ayant l'autorité de la chose jugée dans le procès que Vidie suit aujourd'hui devant le Tribunal civil, en réparation du dommage que X lui aurait causé par la fabrication et la vente de nouveaux appareils de même nature, saisis chez *** le 26 janvier dernier ; qu'au surplus, cette exception ne saurait être opposée par ***, qui n'était point partie au procès correctionnel ;

» En ce qui touche la question du fond :

» Attendu que, par le ministère de Drion, huissier, Vidie a, le 26 janvier 1858, fait saisir dans les ateliers de ***, cessionnaire des brevets de X, un certain nombre de baromètres métalliques confectionnés, qu'il soutient n'être qu'une contrefaçon de ses baromètres anéroïdes ;

» Attendu que les baromètres tant de Vidie que de X, consistent en un vase métallique, élastique, non déformable, hermétiquement clos, gardant le vide pendant un temps indéfini, et dont les minces parois, douées, par leur forme irrégulière, de résistances inégales, mesurent d'une manière permanente, par leurs oscillations, les variations de la pression atmosphérique ;

» Attendu dès lors qu'il s'agit de rechercher si ce système de baromètre a été inventé, comme le prétend X, soit par Zeiher, soit par Conté, dans la moitié du siècle dernier, ou si, au contraire, il a été inventé par Vidie en 1844 ;

» Attendu que, d'après l'*Encyclopédie méthodique* (1er volume du *Dictionnaire de Physique*, publié en 1793 par Monge, Cassini, etc., page 127 de la lettre B), qui paraît reproduire textuellement, sur ce point, les mémoires de l'Académie des sciences de Saint-Pétersbourg, année 1758, 1759, Zeiher avait imaginé de substituer au baromètre ordinaire un cylindre creux et vide d'air, dont les bases mobiles, tenues écartées au moyen d'un ressort intérieur résistant à la pression extérieure de l'atmosphère, mesuraient cette pression par le degré variable de leur écartement ;

» Attendu que cet appareil de Zeiher n'était point un cylindre flexible, mais à bases mobiles, se mouvant comme des pistons dans un corps de pompe; qu'il n'était pas en état de garder le vide, et qu'il ne saurait, dans aucun cas, être confondu dans son principe avec le vase clos, élastique et à résistances inégales, de l'anéroïde ;

» Attendu que Conté n'a laissé ni description ni modèle de son appareil ; qu'on sait seulement par le *Bulletin des Sciences de la Société philomathique*, sous la date, à Paris, de floréal an VI, que sa forme était à peu près celle d'une montre ; qu'il se composait d'une calotte très-solide de fer ou de cuivre, sur les bords de laquelle s'appliquaient exactement ceux d'une autre calotte d'acier mince et flexible ; que celle-ci s'appuyait contre le fond de la première au moyen de ressorts; que la queue de la montre renfermait un canal faisant communiquer la capacité avec l'air extérieur et pouvant être fermé hermétiquement par un bouchon ;

» Attendu que cet appareil ne saurait, pas plus que celui de Zeiher, être confondu avec le baromètre anéroïde ; qu'en effet, d'une part, la calotte flexible de Conté avait la forme sphérique, qui n'est pas la forme d'inégale résistance; que, d'autre part, en admettant, ce qui est incertain, que les deux calottes fussent soudées l'une sur l'autre pour former ainsi un seul et même corps, leur ensemble ne constituait point le vase clos de l'anéroïde, puisque la queue de la montre renfermait un canal faisant communiquer habituellement l'intérieur du vase avec l'air extérieur, et, comme l'indique le mot *pouvant* de la description, ne se fermant qu'à l'occasion ; que, dès-lors, cet appareil, ne gardant le vide que momentanément, n'était destiné à fonctionner qu'entre les mains d'un physicien, dans un moment donné, et avec le concours d'une machine pneumatique qui y eût préalablement fait le vide ; qu'il différait donc essentiellement de l'anéroïde, qui est un baromètre permanent, marchant de lui-même, indiquant à tout venant et sans opération préalable la pression actuelle de l'atmosphère, à quelque instant qu'on le regarde ; que si Conté, dont l'habileté mécanique paraît avoir été des plus remarquables, n'avait qu'un pas à faire pour passer de sa montre à l'anéroïde, il est certain qu'il n'a pas fait ce dernier pas qui sépare l'essai infructueux de l'invention utile ; que le *Bulletin des Sciences de la Société philomathique* dit expressément que Conté ne fut point satisfait de son instrument, et qu'il l'abandonna pour se livrer à d'autres essais de baromètres à mercure demeurés également infructueux ; que cet abandon par son auteur même prouve surabondamment que la montre de Conté, quelque ingénieuse qu'elle fût, n'était pas un nouveau produit industriel, mais uniquement une curiosité de cabinet de physique ; que la science a porté contre l'appareil de Conté la même condamnation que son auteur, puisque les savants biographes et les Mémoires de l'Académie des Sciences, ainsi que les Mémoires de la *Société d'encouragement* dont Conté était membre, ne l'ont même pas mentionné parmi ses titres à la reconnaissance publique et n'ont jamais parlé que de son essai infructueux de baromètres à mercure ;

» Attendu que Vidie est réellement l'inventeur du baromètre anéroïde, pour l'exploitation duquel il a pris, soit sous son nom, soit sous celui de Lecomte de Fontainemoreau, trois brevets d'invention, addition et perfectionnement, aux dates des 12 août et 31 octobre 1844, et 25 août 1845, lesquels brevets ne sont pas encore expirés ; qu'au surplus, ce fait paraît avoir été reconnu par l'Académie des Sciences, dont les comptes-rendus présentent, sous la date de 1847, une note commençant par ces mots : *M. Vidie présente un baromètre construit sur un principe nouveau ;*

» Attendu que le baromètre métallique, pour lequel X a pris lui-même des brevets d'invention, addition et perfectionnement, les 18 juin, 3 septembre et 17 octobre 1849, est fondé sur le même principe que celui de Vidie ; qu'il n'en diffère qu'en un seul point, la forme du vase clos, à résistances inégales, qui, de tube cylindrique plissé ou de sphère aplatie et cannelée circulairement dans le baromètre Vidie, devient, dans le baromètre X, un anneau creux à section ellipsoïde, dont les extrémités sont distantes l'une de l'autre de quelques centimètres ; que ce changement de pure forme, en admettant qu'il ait été imaginé par X et non par Schinz, ingénieur, qui s'était fait breveter antérieurement à cet égard, en Prusse, ne saurait autoriser X à s'approprier l'invention de Vidie ;

» Que, d'ailleurs, Vidie n'a point entendu limiter son brevet à l'une des deux formes qu'il a adoptées dans sa fabrication, puisque le Mémoire descriptif, joint au brevet du 12 août 1844, se borne à énoncer que le vase clos consiste en un tube revêtu d'une forme d'inégale résistance, et qu'il ne cite la sphère creuse aplatie que comme un exemple;

» Attendu que si l'anneau creux adopté par X présente, sous la pression de l'atmosphère, des oscillations assez considérables pour pouvoir être mesurées directement, tandis que les oscillations plus faibles de la sphère aplatie de Vidie semblent exiger dans la pratique l'adjonction d'un mécanisme multiplicateur qui les rende plus sensibles, X ne saurait se prévaloir de cette simplification de procédé, constituât-elle de sa part, comme il le prétend, un perfectionnement, pour ravir à Vidie le privilége d'une invention tout-à-fait indépendante des moyens d'exécution;

» Attendu qu'il résulte de ce qui vient d'être dit la preuve que X et *** ont construit, sous le nom de *baromètres métalliques*, des instruments qui ne sont autre chose qu'une contrefaçon du baromètre dit *anéroïde*, que Vidie avait seul le droit de construire;

» Attendu que X, en se faisant passer, à tort, pour l'inventeur du baromètre métallique, a causé à Vidie un dommage moral et matériel considérable; qu'en outre, X et ***, en construisant et débitant jusqu'au jour de la saisie 9,400 baromètres contrefaits, ont encore augmenté ce préjudice, à raison duquel ils lui doivent une réparation qui peut être évaluée à la somme de 25,000 fr.

» Par ces motifs :

» *Dit que les baromètres construits par* *** *sous le*

nom de baromètres Métalliques, sont la contrefaçon des baromètres dits Anéroïdes, que Vidie a seul le droit de construire ;

» En conséquence, déclare bonne et valable la saisie opérée dans les ateliers de *** ; ordonne que les instruments et pièces préparées décrits au procès-verbal de saisie, seront remis à Vidie ;

» Condamne, en outre, X et ***, conjointement et solidairement, et par toutes les voies de droit, même par corps, à payer à Vidie la somme de 25,000 fr. à titre de dommages-intérêts ; fixe à deux ans la durée de la contrainte par corps ;

» Condamne X et *** en tous les dépens. »

M. X interjeta appel de ce jugement, et, dans l'audience du 6 décembre 1859, Me Sénard s'exprima ainsi :

Messieurs, le premier et le plus important des brevets sur lesquels la Cour est appelée à statuer est arrivé à son terme; la question d'honneur reste seule. Permettez-moi de vous le dire : M. Vidie n'en a jamais plaidé d'autre à toutes les phases de ce long débat.

Les plus belles années de sa vie se sont usées dans les travaux, les essais, les angoisses attachés à la poursuite d'un grand problème, et, plus tard, dans les douleurs qui suivent trop souvent le jour du succès.

Lorsque, heureux et fier des résultats dus à sa persévérance, il a fait connaître la solution qu'il avait obtenue, il n'a rencontré que la critique, la raillerie, les dénégations; et quand l'évidence du fait a dominé les théories contraires admises jusque-là par la science, et que l'heure est venue de recueillir les fruits de cette laborieuse invention, la contrefaçon est venue lui dire hautement qu'il n'avait rien fait de nouveau; et tandis qu'il soutenait une lutte douloureuse pour garder au moins la propriété de cette œuvre qu'on avait si longtemps prétendu n'être qu'une chimère, un autre l'exploitait avec une habileté merveilleuse, et en recueillait à pleines mains le fruit et les honneurs.

M. Vidie a accepté toutes ces choses comme un chapitre de plus à ajouter à la triste histoire des inventeurs; mais il a obstinément défendu, et jusqu'à sa dernière heure il défendra son droit! Il l'a défendu sans avoir jamais eu recours aux réclames, aux sollicitations, aux corps savants. Il n'a fait appel qu'aux Tribunaux.

Vaincu une première fois, il a recommencé la lutte dès qu'il lui a été permis de le faire. La justice ne s'est pas méprise sur son mobile; et en déclarant contrefacteur un homme que l'exploitation de l'invention a conduit à une immense fortune, elle n'a prononcé que 25,000 fr. de dommages-intérêts, marquant ainsi qu'elle n'entendait que rendre hommage au principe et consacrer le droit. M. Vidie s'incline avec respect devant cette sentence; il n'a pas voulu interjeter appel incident. Il avait pris des conclusions nouvelles à raison de la continuation des travaux depuis le jugement, mais il ne veut pas employer le temps à débattre les questions incidentes qu'on y a rattachées; il déclare donc n'y pas insister et ne vouloir occuper la Cour que de la question du procès.

La Cour m'approuvera d'abord très-certainement de laisser de côté le bruit qu'on a fait ici des notices des expositions, des rapports des jurys, et même des récompenses décernées.

Pour que ces choses pussent avoir un intérêt réel dans l'appréciation de la question soumise à la Cour, il faudrait qu'elles exprimassent des opinions prises en connaissance de cause et entre deux intérêts également représentés.

Or, aux expositions, devant les commissions, devant les jurys, vous trouverez M. X partout, faisant grand bruit et grand étalage, et vous n'apercevrez jamais M. Vidie nulle part.

Si, sur une page du cahier des grandes médailles, vous trouvez M. X pour le baromètre métallique, et M. Vidie pour le baromètre anéroïde inventé par lui, sachez que la mention qui concerne M. Vidie provient d'une exposition à laquelle il avait été personnellement étranger. Sachez même que la grande médaille *anglaise,* qui lui avait été accordée à ce titre d'inventeur, fut annoncée au *Moniteur* sous le nom un peu semblable au sien d'un des opticiens de Paris : première erreur qui put en entraîner une autre.

La Cour trouvera au dossier deux lettres de M. Vidie au *Moniteur* et au Ministre du commerce, et une réponse du Ministre, qui, en l'édifiant pleinement sur ces faits, lui feront parfaitement connaître le caractère et les habitudes de M. Vidie, et écarteront de la manière la plus complète tous les arguments que M. X a cherchés en dehors des véritables éléments de décision du procès.

Les questions de brevets, Messieurs, peuvent s'examiner à deux points de vue très-distincts, par les magistrats aussi bien que par les gens du monde, et cet antagonisme a donné plus d'une fois l'explication des variations de la jurisprudence.

Les uns voient dans le brevet et dans son privilége la récompense d'un service rendu à la société; ils s'attachent donc surtout à rechercher si, au moment où le brevet a été pris, la société était ou n'était pas en possession de ce que le breveté prétend lui avoir apporté.

D'autres ne veulent voir l'invention que dans la nouveauté absolue. Pour peu qu'ils rencontrent la trace de l'idée, même non réalisée, même non réalisable, le brevet leur paraît manquer de base.

Si les Cours se sont quelquefois laissé entraîner à cette théorie qui fausse la loi, et qui découragerait les plus belles comme les plus utiles inventions, il est juste de reconnaître que la Cour de cassation a constamment lutté contre ces tendances; elle s'est toujours refusée à admettre comme antériorité, des aperçus purement théoriques ou des efforts impuissants vers un but non atteint. Les principes de la jurisprudence sur ce point sont nettement posés dans son arrêt Elkington du 13 août 1845.

« Attendu, en droit, que toute nouvelle application

industrielle, même d'un procédé déjà connu ou d'une idée déjà publiée, dote la société d'une industrie qu'elle ne possédait pas auparavant, et est, par conséquent, un objet valable de brevet; qu'en effet, celui qui, le premier, parvient à tirer d'une découverte antérieure certains produits et résultats pratiques non obtenus avant lui et susceptibles d'être livrés au public, qui n'en jouissait pas encore, est véritablement inventeur, quant à ces produits et résultats, et a droit aux avantages conférés, en vertu de la législation sur les brevets, à ceux qui étendent, par des créations de leur intelligence, l'action et le domaine de l'industrie..... »

Cette jurisprudence, Messieurs, c'est la vôtre aussi ; vous avez souvent proclamé cette théorie. Permettez-moi de vous rappeler seulement deux considérants de votre arrêt Decoster (11 janvier 1859):

« Considérant que le rapprochement de divers fragments d'invention recueillis dans les publications de brevets expirés, et dont la Compagnie forme, pour le besoin de la cause, des modèles, ne peuvent constituer des antériorités sérieuses aux brevets de Decoster ;

» Qu'il n'est pas de brevets qui pussent résister à un tel mode d'examen ; qu'on trouverait toujours dans les choses précédemment imaginées des analogies et des approximations qui se rapprocheraient plus ou moins des mécanismes brevetés ; qu'admettre un tel système d'appréciation serait prononcer l'annulation générale de tous les brevets..... »

Messieurs, j'ai été deux fois heureux en entendant cet arrêt; je voyais triompher les droits d'une importante invention, attaquée par une ligue formidable, et j'entendais proclamer, dans leur plus pure expression, les vrais principes de la matière. Oh! laissez-moi vous remercier de nous avoir donné cette formule; vous remercier d'avoir si énergiquement condamné la défense habituelle des contrefacteurs, leur système d'exhumation, et leurs combinaisons déloyales!

Messieurs, je garderai toujours dans mon souvenir deux affaires qui se suivirent de près, et qui eurent à peu près les mêmes fortunes : le procès des turbines, pour la purgation du sucre, et celui des baromètres anéroïdes. La chambre des appels de police correctionnelle de Paris avait annulé le brevet des turbines, et la rédaction de l'arrêt, toute en fait, fit échouer le pourvoi. Peu de temps après, M. Vidie succombait devant la même chambre, qui attribuait à une tentative vague de Conté, et condamnée par lui-même, la valeur d'une antériorité.

Ce que je regardais comme une double injustice fit naître dans mon esprit la pensée, l'espoir d'une révision.

Me Sénard rappelle ici les phases diverses du nouveau procès de MM. Rohlfs et Seyrig, qui recommencèrent les poursuites contre le contrefacteur, acquitté; la Cour de cassation décida que le contrefacteur, ayant à répondre de faits nouveaux, ne pouvait s'abriter sous l'autorité de la chose jugée, et renvoya les parties devant la Cour de Paris, qui, par arrêt du 4 janvier 1858, condamna le contrefacteur à 30,000 fr. de dommages-intérêts, et à d'énormes confiscations, le contrefacteur même auquel l'arrêt correctionnel avait accordé 15,000 fr. de dommages-intérêts contre le breveté.

Je dis alors, reprend Me Sénard, à M. Vidie, qui avait suivi cette lutte si longue, et que l'énormité des intérêts engagés avait seule rendue possible : « Votre brevet, grâce à Dieu, n'a pas péri; poursuivez de nouveau, et saisissez la juridiction civile. »

Le ministère public (et dans toutes ces affaires j'ai toujours eu la fortune d'avoir son appui et de triompher, à la fin, avec lui), le ministère public et le Tribunal ont jugé que M. Vidie avait eu raison d'agir ainsi, et ils ont condamné son adversaire.

Quoique l'invention de M. Vidie vienne d'être bien habilement attaquée, j'ai la conviction qu'elle sera reconnue par la Cour comme par le Tribunal de première instance; et ce qui me rassure plus que tout le reste, c'est la rédaction du jugement que j'ai à défendre. La lumière ne s'est pas faite seulement dans les débats; elle a été recueillie et brille dans une décision où tous les moyens, tous les documents ont été discutés, appréciés avec une merveilleuse précision.

Il ne peut y avoir pour moi de méthode plus sûre et meilleure que de suivre pas à pas cette sentence : c'est l'ordre le plus lumineux de discussion.

Le jugement commence par écarter l'exception de chose jugée; mon adversaire veut encore s'en prévaloir, et, tout en acceptant la jurisprudence de la Cour de cassation, il prétend qu'elle ne doit pas s'appliquer à M. X, qui n'aurait jamais plaidé la déchéance et ne se serait défendu que par la non-identité.

Cet argument est faux en fait et en droit.

En effet, vous avez nié que l'idée fût à moi ; vous m'avez découronné et réduit à n'être qu'un artisan ; vous n'avez échappé à la peine des contrefacteurs que parce que vous avez plaidé et fait admettre que l'idée ne m'appartenait pas. Car il n'est pas douteux que, si le principe est à moi, votre procédé est une contrefaçon. Vous n'avez donc pas restreint et vous ne pouvez limiter le débat à une question d'identité.

Maintenant, en droit, comment comprendre la distinction à l'aide de laquelle on croit éluder l'application des principes et de la jurisprudence? La démarcation entre la juridiction criminelle et la juridiction civile a été solennellement posée ; elle se résume en une de ces idées qu'il suffit de formuler : la justice correctionnelle ne statue que *sur le fait* qui lui est déféré ; elle ne s'occupe que du passé ; ses regards sont tournés en arrière. La justice civile, seule, est juge des droits et des facultés ; à elle seule appartient de régler ce qui constituera l'avenir. Le juge correctionnel apprécie les exceptions, mais comme moyens de défense, et dans les limites seulement de l'action ; sa décision, qui porte sur cette question : Y a-t-il ou non un délit dans tel fait consommé, dans la fabrication de tel corps certain ? est souveraine sur ce point, mais de ce point elle ne peut sortir !

La lecture faite par mon adversaire de l'arrêt Rohlfs

et Seyrig est la meilleure démonstration de ces idées ; il suffit de rappeler quelques motifs de ce remarquable monument de jurisprudence :

« Considérant que les délits dont la répression est déférée aux Tribunaux correctionnels résultant de faits consommés, l'appréciation du juge est limitée par l'objet de la poursuite;

» Que, conséquemment, si de nouvelles actions sont intentées, ayant pour base des faits postérieurs à l'acquittement, et par là distincts et séparés de la première accusation, fussent-ils de même nature, et la défense dût-elle invoquer les mêmes exceptions, le premier jugement n'a pas l'autorité de la chose jugée ;

» Considérant que ce principe général du droit criminel est expressément consacré par la loi du 8 juillet 1844... »

Il ressort, Messieurs, de cette disposition, que l'exception, quelle qu'elle soit, n'est qu'un moyen de défense; qu'elle se lie comme élément de solution à la poursuite, et que la décision renfermée dans le cercle du débat, l'existence ou la non-existence du délit, ne peut s'étendre aux faits à venir.

C'est donc en vain que M. X cherche un refuge dans la chose jugée; il a lu à la Cour les trois sentences qu'il a obtenues dans son premier procès, et même l'arrêt de cassation. Il a bien fait, car les décisions de la justice portent toujours avec elles une grande autorité morale; mais permettez-moi de vous rappeler que, dans l'affaire des turbines, on m'a combattu avec les mêmes armes, et que les arrêts d'acquittement obtenus par les contrefacteurs de Rohlfs et Seyrig, et qu'on avait lus aussi à l'audience, ne vous ont pas empêchés de reconnaître l'erreur commise par la juridiction criminelle.

Je continue, en suivant le jugement.

Il se pose deux questions :

1º M. Vidie est-il inventeur quant à l'idée, quant à l'application?

2º M. X est-il contrefacteur, ou bien s'est-il placé, par une invention distincte, en dehors du droit de brevet?

D'abord, M. Vidie est-il inventeur?

Pour étudier cette question, nous suivrons la marche que nous enseignent vos arrêts.

Vous constatez l'état de la science au moment où l'invention se produit, vous recherchez l'impression, l'effet qu'elle a causé, et alors seulement vous examinez les antériorités, et vous étudiez comment elles sont venues, quel avait été leur sort, quelle en est la valeur.

Il n'y a pas d'autre ordre possible, et je veux m'y attacher.

Que mon adversaire, qui a intérêt à tout confondre, commence son exposé par des faits ou des notes de 1758 et de l'an VI, restés alors et depuis complétement inconnus et qui n'ont été exhumés que depuis le procès, libre à lui ; mais moi, je suivrai la route qui vous a toujours menés à la découverte de la vérité.

Le brevet de M. Vidie est pris en 1844, après de longues années de travaux persévérants, d'essais infructueux, de sacrifices énormes; et, à entendre M. X, il n'y avait qu'à se baisser pour ramasser l'invention qu'a fait breveter M. Vidie. Où donc en était la science alors?

J'ouvre tous les livres de physique : je les résume. Ils racontent l'origine de l'invention du baromètre : des fontainiers de Florence observent que l'eau ne peut pas monter dans des tuyaux au-dessus de trente-deux pieds; Galilée se trouve là, pour dire : C'est l'atmosphère qui pèse sur la colonne d'eau et lui fait équilibre. Il détruisit ainsi le vieux préjugé de l'horreur du vide.

Cette importante découverte de Galilée ne devint une *invention* qu'entre les mains de son disciple Torricelli; celui-ci songea à en faire un instrument pour peser l'atmosphère.

Il eut l'idée très-ingénieuse de prendre un autre liquide que l'eau, le mercure, qui est environ quatorze fois plus pesant. La colonne de trente-deux pieds devait alors se réduire à vingt-huit pouces. Il prit un tube de verre fermé par un bout, le remplit de mercure, et, bouchant momentanément l'ouverture avec le doigt, il le renversa dans une cuvette également remplie de mercure, et il vit la colonne se soutenir dans le tube à la hauteur qu'il avait prévue. Pascal, à son tour, songea que le mercure devait s'abaisser dans le tube à mesure qu'on s'élèverait sur les montagnes; et, dès lors, le baromètre servit à mesurer les hauteurs, d'après les différences de densité de l'air.

Mais cet instrument avait de graves inconvénients : excellent dans un cabinet de physique, il était incommode dans les ascensions et les voyages; sa fragilité était extrême, le mercure pouvait s'échapper. De plus, l'expérience découvrit une nouvelle et précieuse application qui montra mieux ses imperfections. Une de ses utilités les plus pratiques, c'est de servir à conjecturer le temps : on remarqua, en effet, qu'à l'approche de la pluie, le baromètre baisse, et qu'il s'élève, au contraire, quand le beau temps revient; dès lors, il devint un moyen d'observation météorologique. De toutes les applications auxquelles cette faculté le rend propre, une surtout, la plus importante, se présente à votre esprit. Quand un navire est au milieu des mers et que la tempête le menace, il faut qu'il soit averti, qu'il sache s'il doit avancer ou attendre. Eh bien! c'est à ce moment même où le baromètre serait le plus précieux et quand ses prédictions intéressent le salut de l'équipage, c'est alors que la secousse des flots va le faire osciller, l'agiter, peut-être même le briser en éclats.

Aussi, Messieurs, ne faut-il pas s'étonner que pendant deux siècles, presque tous les grands physiciens, à commencer par Descartes et à finir par Gay-Lussac, attachent leurs noms à des efforts du perfectionnement du baromètre à mercure. Mais toujours, jusqu'à M. Vidie, on ne songeait qu'à des baromètres à liquides; nulle trace, ni dans la science ni dans la pratique, d'un essai tenté dans un autre ordre d'idées ; si un homme se fût avisé de parler de baromètre sans liquide, l'opticien n'aurait pas compris, et le savant se serait écrié : Chimère! folie!

La preuve de cette vérité va résulter de l'examen des traités de physique contemporains de la découverte de M. Vidie :

Voici les livres de MM. Pouillet, Biot, Péclet ; ils ne parlent que de baromètres à liquides. Vérifions, et ouvrons Péclet, 3e édition, 1838 : il expose l'histoire et les principes du baromètre, les perfectionnements successifs ; il énumère et décrit des baromètres d'Amontons, de Descartes, d'Huyghens, de Hok, de Fahrenheit; les baromètres à tubes inclinés, à cuvette indépendante, etc. (pages 196 et 197); c'est-à-dire qu'on y trouve toutes les variétés, toutes les modifications possibles du baromètre à liquide, mais rien que cela.

En 1838, la science n'était donc en possession que du baromètre à liquide. Déjà depuis longtemps M. Vidie était à l'œuvre. Destiné au barreau par la volonté de son père, tout en faisant ses cours de droit à Paris, il avait suivi d'autres études avec plus d'ardeur. Il fit ensuite son stage; mais sa vocation était ailleurs, et son père finit par lui permettre de se livrer à son goût pour la physique et la mécanique.

Il s'occupa de bateaux à vapeur ; mais l'étude du baromètre avait été, dès sa jeunesse, une de ses préoccupations. Il conçut le plan d'un baromètre fort original, et il s'empressa de le soumettre à Gay-Lussac. Le savant l'accueillit avec bienveillance ; mais cet instrument eût été d'une exécution beaucoup trop difficile et surtout trop coûteuse pour qu'il pût être admis.

Après d'autres tentatives avec les liquides et sans

plus de succès, M. Vidie comprit qu'il fallait porter ses efforts dans d'autres directions, dans la recherche d'un baromètre complétement nouveau.

Il se demanda pourquoi la pression atmosphérique, qui s'exerce indistinctement sur tous les corps, ne pourrait pas être recueillie et mesurée sur autre chose que des liquides, sur les métaux, par exemple; non pas, sans doute, sur un boulet de canon en fer plein, mais sur une sphère creusée à l'intérieur et dans laquelle on ferait le vide.

Cette idée toute nouvelle fut le point de départ de longues expériences, de nombreuses déceptions; mais M. Vidie était sur la voie.

Il trouva sans peine dans les métaux la sensibilité et l'élasticité dont il avait besoin; mais comment recueillir le mouvement? Sur une sphère, c'est impossible: la pression agit sur tous les points à la fois et également, partout aussi la résistance est égale à la pression. En supposant même une pression énorme, la sphère ne subira qu'une réduction, mais aucune déformation; et cette réduction, d'ailleurs peu sensible, ne pourra jamais être traduite aux yeux, quel que soit l'organe d'indication qu'on imagine, quelque mécanisme multiplicateur que l'on crée.

Cette observation conduisit M. Vidie à l'idée fondamentale de son invention : l'idée des surfaces à résistances inégales. Il avait échoué avec la sphère, avec le cylindre, mais cet insuccès lui avait fait apercevoir la loi : il fit des sphères aplaties au lieu de sphères parfaites, et immédiatement la pression de l'atmosphère exerça une déformation, et M. Vidie recueillit le mouvement au moyen d'un appareil très-simple.

De plus, pour augmenter la sensibilité des surfaces, il imagina de plisser le métal, et l'expérience prouva, en effet, que cette disposition facilitait encore plus la flexion.

(Ici, Me Sénard montre à la Cour un appareil de démonstration où se trouvent réunis des vases barométriques de toutes formes, et il fait voir que, sous une même pression, la sphère ne subit aucune modification, tandis que les vases de forme d'inégale résistance se déforment très-sensiblement.)

Mais plusieurs difficultés, ou plutôt des impossibilités se présentaient : la première, c'était la porosité des métaux; la science affirmait la porosité, la perméabilité à l'air de tous les métaux. S'il en était ainsi, M. Vidie ne pouvait faire le vide; la porosité indéfinie le mettait à la discrétion de l'air, d'autant plus qu'il fallait se servir de lames très-minces. Il ne poursuivait donc qu'une chimère!

Et les déclarations des physiciens étaient bien nettes. Pour n'en citer qu'un seul, M. Pouillet, dans ses *Éléments de physique expérimentale*, 3e édition, 1837, s'exprime ainsi, à la page 28 (tome Ier) :

« Enfin, les métaux eux-mêmes donnent des preuves sensibles de porosité. Une boule d'or remplie d'eau et soumise à une grande pression laisse apercevoir sur tous les points de sa surface des gouttelettes semblables à celles de la rosée. Cette expérience fut faite, pour la première fois, en 1664, par les académiciens de Florence; elle a été depuis très-souvent répétée sur des métaux différents, et toujours avec le même succès.

» Il résulte de ces divers exemples de porosité qu'un grand nombre de corps sont assez poreux pour se laisser pénétrer par les fluides, dès qu'ils sont en contact avec eux; enfin, qu'il s'en trouve, comme le verre, qui se laisseraient briser plutôt que de se laisser pénétrer. »

M. Poncelet, dans sa *Mécanique industrielle*, 1841, 2ᵉ édition (p. 9), constate le même principe de la porosité indéfinie.

M. Vidie devait donc s'arrêter, ou bien entrer en lutte avec la science. Il alla droit contre le vent, suivant sa propre expression; car, jusqu'au jour du succès, il lui a fallu combattre non-seulement les difficultés de la matière, mais les principes les plus accrédités de la physique. Il était convaincu qu'il y avait erreur dans la science. Il travailla, il expérimenta, il fit construire des vases barométriques. Quelques-uns se laissèrent pénétrer, parce que les soudures étaient mauvaises ou le métal défectueux; mais il y en eut qui résistèrent. Enfin, après mille expériences, il parvint à convaincre la science d'erreur, et à obtenir des vases métalliques conservant indéfiniment le vide absolu.

Cette première victoire n'était rien encore. Les physiciens doutaient de l'élasticité absolue des métaux. Sans doute, lorsque la pression a cessé, le métal reprend sa forme première; mais, à la longue, peut-être la force du métal se perd, et alors la déformation serait inévitable. Si quelquefois cette déformation n'a pas été observée, n'est-ce pas parce que les observations n'ont pas été assez minutieuses, ni suivies pendant un temps suffisant? Voilà ce que devait se dire M. Vidie.

J'en suis encore à vous raconter les longs, les héroïques efforts de l'inventeur, et je n'ai pas fini cette douloureuse histoire. Il avait encore à vaincre une difficulté qui paraissait insurmontable : les dilatations du métal sous l'action de la chaleur, et la difficulté de vérifier les mouvements barométriques. On le raillait; on lui disait : Votre baromètre fera un thermomètre; votre métal va traduire, avec une sensibilité extrême et une exactitude parfaite, toutes les variations de la chaleur! On haussait les épaules.

Nous avons vu jusqu'ici l'état de la science avant le brevet de M. Vidie; voyons maintenant l'état de l'industrie.

En 1843, M. Vidie, songeant à prendre un brevet en Angleterre, chargea un agent de consulter un opticien sur le parti qu'on pourrait tirer de cette invention. M. Pritchard, l'un des plus habiles opticiens de Londres, répondait en ces termes :

« 27 juillet 1843.

« Je suis d'opinion que le baromètre décrit dans le dessin et la spécification qui l'accompagne est nouveau; et, en outre, que si les indications sont reconnues applicables, par des expériences, c'est-à-dire si elles peuvent être rendues évidentes quand elles sont mises en fonction par l'atmosphère, il est sujet et matière d'un brevet d'invention d'une grande valeur; mais je ne conseillerai pas les frais d'un brevet, jusqu'à ce que d'autres expériences soient faites pour connaître la portée de l'instrument.

» Andrew PRITCHARD. »

M. Vidie continue ses expériences. Enfin, le 19 avril 1844, il prend un brevet. Ici, je dois relever une plaisanterie sur laquelle j'ai été étonné d'entendre tant insister mon adversaire. M. Vidie, étranger aux affaires, s'était adressé à M. Fontaine-Moreau, le plus connu des agents de brevets, pour remplir les formalités nécessaires ; c'est au nom de M. Fontaine-Moreau que le brevet a été délivré pour l'invention de M. Vidie. Prenant texte de cette circonstance, mon adversaire a affecté de parler toujours du brevet Fontaine-Moreau, comme si Fontaine-Moreau était l'inventeur, et Vidie un cessionnaire ; on aurait pu croire même que ce brevet était une antériorité qu'on nous opposait, et la Cour se demandait : Quand donc viendra le brevet Vidie ? et quel est-il ?

Cependant M. X sait aussi bien que moi que Vidie est l'inventeur et M. Fontaine-Moreau le mandataire. Quittons donc ce badinage, qui pourrait induire la Cour en erreur, et voyons le brevet de M. Vidie.

Me Sénard donne lecture à la Cour des extraits suivants, pris dans les spécifications jointes aux divers brevets Vidie :

MÉMOIRE DESCRIPTIF.

« Le premier instrument qui a servi à démontrer la pression de l'atmosphère, sera toujours le plus beau et le plus sûr moyen de la mesurer.

» Cependant les inconvénients que présente sa construction pour l'usage habituel, entre autres, sa hauteur et la difficulté de le transporter, ont beaucoup attiré l'attention des inventeurs.

» Trop préoccupés de l'idée de Torricelli, ils ne sont pas sortis de l'emploi des tubes et des liquides.

» On aurait pu songer que, la matière étant compressible et parfaitement élastique, dans de certaines limites, tous les corps qui ne sont pas pénétrés par l'air se compriment ou se dilatent journellement sous ses tensions diverses : ce sont de vrais baromètres.

» Les changements de volume que les corps éprouvent de la sorte sont, il est vrai, si bornés, que tous les secours que l'on emprunterait à la mécanique pour les faire apprécier à la vue ne réussiraient pas dans la pratique, à moins qu'on ne donnât à l'instrument des dimensions si extravagantes, qu'il serait ridicule d'en parler.

» Mais, en examinant la résistance qu'une masse pleine de métal, par exemple, oppose à la pression qui s'exerce sur sa surface, on remarque d'abord que cette force est loin de mettre en jeu toute la course de l'élasticité du corps solide ; qu'on pourrait donc, en le dégageant intérieurement, le faire céder bien davantage sans cependant l'altérer.

» Substituons ainsi à une colonne pleine, d'un décimètre de diamètre, *un tube* semblable à l'extérieur, mais d'un demi-millimètre seulement d'épaisseur, *solidement fermé par les bouts ;* la section du métal à comprimer étant cinquante fois moins grande, on obtiendra de l'appareil une marche cinquante fois plus étendue, et l'on sera libre de réduire d'autant sa hauteur. Elle devrait encore excéder de beaucoup celle des plus hautes montagnes, si on voulait que son sommet fût susceptible d'osciller comme celui de la colonne de mercure.

» Dans l'impossibilité de dépasser les limites de l'élasticité, deux moyens se présentent pour rendre ses effets plus sensibles.

» Premièrement : nous avons jusqu'ici fait marcher la matière directement sous la pression ; nous avons additionné ses mouvements. On peut les multiplier en employant *une forme d'inégale résistance*, telle que celle d'une sphère creuse aplatie. Même, en lui donnant des dimensions assez restreintes, quelques-unes de ses parties pourront se rapprocher d'une quantité très-notable, sans que néanmoins les molécules, dans leurs rapports vicinaux de cohésion, dépassent l'écartement au-delà duquel surviendrait une déformation permanente.

» On obtient ainsi un premier effet de levier sans pièces détachées... »

Le 8 octobre suivant, il prend un certificat d'addition, notamment pour la cannelure des tubes. Il importe d'en lire le préambule; il résume de la façon la plus lumineuse le premier brevet :

« Le principe des baromètres consistant à éprouver la pression de l'atmosphère par le plus ou le moins de contraction des parois d'un vase clos résistant par elles-mêmes ou avec l'aide de ressorts, et à multiplier l'effet au moyen d'un mécanisme, il semblerait presque inutile d'ajouter que l'on pourrait substituer à une feuille de métal, du verre, de la baudruche, du caoutchouc... »

C'est donc le principe général qui est breveté, et ces mots : *résistant par elles-mêmes ou avec l'aide de ressorts*, ne laissent pas de refuge à M. X. Il ne peut plus se défendre en disant : « Je vous laisse vos ressorts. » Non, tout est à M. Vidie : car l'idée lui appartient, quel que soit le mécanisme d'application ; et, bien plus, il indique même que les ressorts ne sont pas nécessaires.

Vous croyez que M. Vidie peut alors jouir du fruit de ses veilles? Hélas! une dernière, une terrible épreuve l'attendait encore. Il avait fait reposer son invention sur le principe de l'élasticité absolue ; ses expériences l'avaient autorisé à y croire. Mais il s'est trompé, l'Académie le déclare et tout est à refaire.

En effet, à la fin de 1844, l'Académie des Sciences examine deux mémoires de M. Wertheim, intitulés :

Recherches sur l'élasticité, et nous lisons dans les comptes-rendus de l'Académie :

P. 923. « Il s'agissait de résoudre les questions suivantes, qui étaient restées indécises jusque-là... 5° Y a-t-il une vraie limite d'élasticité parfaite, et quelle est sa grandeur pour les différents métaux ?...

P. 927. « L'auteur arrive aux conclusions suivantes :

P. 928. « 8° *Il n'existe pas de vraie limite d'élasticité.* Si l'on n'observe pas d'allongement permanent pour les premières charges, c'est qu'on ne les a pas laissées agir pendant assez de temps, ou que les verges soumises à l'expérience sont trop courtes relativement au degré d'exactitude de l'instrument qui sert aux mesures.

P. 932 : « Les conclusions de ce rapport sont adoptées... »

On juge du désespoir de M. Vidie : il avait donc mal ou pas assez observé, et son baromètre était impraticable !

Il recommence de nouveaux travaux : pour parer à la déformation, il imagine de soutenir les parois par des gaz, par des liquides, etc., et, le 28 juillet 1845, il prend un nouveau brevet.

Cependant, il est dominé par l'idée fixe que l'Académie a dû se tromper. Il commande à un très-habile horloger, M. Rédier, cent baromètres avec ressorts : la moitié de ces baromètres ne tenaient pas le vide, les ressorts étaient cassants, la fabrication était détestable pour la destination spéciale. Il refuse de prendre livraison : le Tribunal de commerce commet M. Bunten, fabricant des baromètres et des thermomètres de l'Institut. L'expert trouve l'invention absurde, et déclare que la livraison est toujours assez bonne.

A la Cour, à cette barre, M. Vidie se présente en personne et soutient son appel. Me Emmanuel Arago, son adversaire, le raille de chercher l'élasticité absolue et l'imperméabilité à l'air, et le jugement est confirmé : c'était justice, car alors l'élasticité absolue était une chimère condamnée par l'Institut.

M. Vidie, dans l'impossibilité de trouver un fabricant, se fait fabricant et s'enferme dans un atelier avec des ouvriers. Il s'acharne, avec la foi qui mène au succès, à son invention qu'on bafoue comme une folie, et que bientôt on voudra lui arracher, sous prétexte que c'est une vieillerie.

Cependant en Angleterre (et il est triste à dire que c'est de l'autre côté du Détroit qu'on commença à comprendre M. Vidie), il s'était fait un grand mouvement autour de cette invention ; elle avait été accueillie avec empressement, et les physiciens la saluaient comme une grande et utile découverte. La marine royale anglaise adopta le nouvel instrument : on le soumit à des expériences officielles et permanentes à l'Observatoire royal de Greenwich, à la date du 10 novembre 1848. Six mois plus tard, M. Airy rendait compte à l'inventeur des constatations faites et de la concordance de marche du nouvel instrument et de l'ancien. Un savant du même observatoire, M. Belville, publiait à la même époque un *Manuel des Baromètres à mercure et anéroïdes*.

L'attention publique s'occupe de cette invention; plusieurs autres publications paraissent. Des discussions s'engagent dans les journaux scientifiques sur la valeur de l'instrument, relativement surtout à la dilatation. M. Vidie, pour couper court à des dénégations persistantes, offre, dans le *Mining Journal*, un pari de 10,000 fr. pour des expériences de comparaison à faire entre le baromètre à mercure et l'anéroïde. Le défi n'est pas relevé.

Enfin M. Vidie est donc arrivé à l'heure du succès et de la fortune : la découverte est reconnue et proclamée par la science. Jusqu'alors, elle avait été niée, raillée; maintenant, M. Vidie va subir un autre genre de persécution : la contrefaçon commence, dès que la routine est vaincue.

Un bibliothécaire anglais trouve dans ses recherches l'essai de Conté ; il croit entrevoir une analogie, et s'amuse à faire une petite notice : c'était une petite querelle innocente, une fantaisie d'érudit; mais la contrefaçon s'empara de cet inoffensif opuscule, et voulut s'en faire une arme.

Dans un des procès que M. Vidie eut à soutenir en Angleterre, un contrefacteur lui contesta la nouveauté de son invention, en s'appuyant sur cette notice. Le juge fut requis d'interpeller M. Vidie sur la question de savoir s'il n'avait pas connu l'essai de Conté; M. Vidie fit une réponse bien remarquable, que je vous prie de recueillir : « Je ne l'ai jamais connu; car si j'avais jamais su qu'un si grand savant, si ingénieux, si habile dans l'exécution, avait échoué dans cette recherche, je n'aurais jamais eu la présomption ni le courage de poursuivre un résultat qu'il n'avait pu atteindre. »

Certes, Messieurs, si jamais invention peut se glorifier d'être nouvelle, c'est celle que la science et la pratique entière avaient d'avance déclarée impossible, de telle façon qu'aux premiers travaux de l'inventeur, tous ont crié : Chimère! et que la période des expériences même s'est poursuivie au milieu des dénégations de l'incrédulité universelle.

Mais enfin nous sommes vainqueurs. Les contestations sont réduites au silence, la polémique est éteinte. Le savant directeur de l'Observatoire de Rome, qui naguère envoyait à l'Académie des Sciences la description d'un nouveau baromètre à mercure qui devait remplacer les anéroïdes si bizarres, si incertains, disait-il, écrit à Paris pour demander des baromètres anéroïdes, avec ces mots notables : « *Il va sans dire que je veux la construction Vidie, et non celle de X, qui ne vaut rien.* » Bien avant ceci, une série d'observations faites à bord des vaisseaux de l'État avait constaté l'excellence de l'anéroïde.

La Cour me permettra de lui lire, dans un feuilleton scientifique du 24 mars 1851, l'analyse d'un rapport adressé par M. Bailleul, capitaine de vaisseau, commandant le *Jupiter*, à l'Académie des Sciences :

« M. Bailleul, capitaine de vaisseau, commandant le vaisseau le *Jupiter*, pendant une campagne de près de deux années, dans les mers du Levant, a fait une série d'observations météorologiques, qui ont été recueillies avec une grande exactitude. Entre autres remarques intéressantes que vient de signaler à l'Académie des Sciences M. le capitaine Bailleul, se trouve l'indication des avantages que lui a présentés le baromètre anéroïde, comparé au baromètre marin habituellement en usage à bord des vaisseaux. Le baromètre anéroïde dont s'est servi M. Bailleul avait été soigneusement réglé, à Toulon, d'après un excellent baromètre de Bunten : il différait, à l'état normal, d'un millimètre et demi d'un baromètre marin provenant du port de Rochefort ; cette différence était de deux millimètres en la comparant à un autre baromètre venant du port de Brest.

» Cette concordance, observée toutes les fois que l'état de la mer n'occasionnait aucun mouvement à la colonne barométrique, était moins rigoureuse dans les changements brusques de pression, parce que, alors, le frottement éprouvé par le mercure contre les parois du tube, pendant son élévation ou son abaissement, change la forme de la surface qui termine la colonne de mercure, et lui donne ou la configuration saillante d'une portion de sphère, ou la forme opposée, celle d'une cavité. On conçoit donc que cette circonstance ne permet pas d'apprécier rigoureusement alors le niveau absolu, ni même les très-petites modifications de pression qui peuvent survenir.

» L'anéroïde, au contraire, manifeste les plus légers changements ; il permet, par tous les temps, d'apercevoir une différence de pression représentée par deux ou trois dixièmes de millimètre, ce qui est souvent d'une très-grande importance pour les navigateurs.

» Un autre avantage bien appréciable du baromètre anéroïde, c'est qu'il n'est pas influencé par les agitations du vaisseau, ni même par les commotions de l'artillerie. Ainsi, pendant les exercices à feu et à boulet qui ont été exécutés durant la campagne du *Jupiter*, ce baromètre n'a jamais paru subir les plus légères influences des secousses imprimées au vaisseau, même dans une circonstance où le tir avait lieu par demi-batteries, c'est-à-dire quand quarante pièces de canon détonnaient à la fois. »

C'est en cet état, Messieurs, c'est quand l'excellence de la découverte est proclamée par les meilleurs juges, que la pensée surgit de s'attaquer à sa nouveauté, et d'assigner une vieille origine aux hardiesses que naguère on renvoyait aux chimères! Mais de quelles armes se sert cette contradiction nouvelle? De deux notes qui avaient passé inaperçues du monde entier, et qui sont restées oubliées dans les cartons de deux compagnies savantes, notes qui n'ont trait à rien d'exécuté, et, je puis ajouter, à rien d'exécutable.

Mais, avant tout, il convient d'examiner d'où viennent les prétendus éléments de non-nouveauté, et de déterminer leur date. Le plus ancien est une note extraite des comptes-rendus de l'Académie de Saint-Pétersbourg de l'année 1758; l'autre est un bulletin de la Société philomathique de Paris, du mois de floréal an VI. L'un et l'autre sont restés où le hasard les avait placés ; aucun ouvrage ne les a recueillis, aucun ne les a cités. Quand on a exhumé le bulletin de floréal an VI, il reposait dans la poussière des cartons de la Société philomathique. Ce ne pouvait être qu'un objet de curiosité, qu'un alinéa de plus pour un livre récent, qui s'intitule le *Vieux Neuf*. C'est un livre étrange, où un homme d'infiniment d'esprit, M. Édouard Fournier, s'est proposé de démontrer qu'il n'existe rien au monde d'inédit, de nouveau.

C'est ainsi que dans un ouvrage fort singulier, édité en 1760, sous le titre de la *Giphantie*, par Tiphaigne de la Roche, M. Édouard Fournier lit en toutes lettres la description de la photographie, non de celle-là seulement qui ne saisit que les formes des choses, mais de celle, si souvent rêvée, qui les déposerait sur le métal ou sur le papier, avec toutes leurs couleurs. De sorte que, Messieurs, si Niepce et Daguerre avaient eu à poursuivre des contrefacteurs, on eût pu, avec autant de droit que M. X dans la cause, opposer aux inventeurs cette page de Thipaigne, et les repousser comme des plagiaires.

Ces jeux d'esprit de M. Édouard Fournier ont été, de la part de M. Figuier, dont la Cour connaît les excellentes vulgarisations scientifiques, l'occasion de réflexions bien judicieuses.

« Quelques lignes, dit-il, d'un écrivain obscur, retrouvées et péniblement commentées par un érudit de notre temps, font peut-être ressortir la science de l'auteur de cette recherche ; mais ce serait une pitié de prétendre qu'elles consacrent l'existence de cette découverte à l'époque dont il s'agit.

» Quand vous nous transcrivez une page du livre d'un utopiste ignoré, du nom de Tiphaigne de la Roche, la *Giphantie*, imprimée en 1760, et quand vous prétendez retrouver dans ce passage la découverte de la photographie, je vous demande si vous accusez sérieusement Niepce et Daguerre d'avoir lu la *Giphantie* et d'avoir voulu dépouiller le grand Tiphaigne ? »

La Cour va voir si ces paroles, si fortes de bon sens, ne semblent pas avoir été écrites pour la cause. Pour les exhumations qui nous sont opposées, prenons d'abord Zeiher.

M. l'avocat impérial Jousselin, dans le réquisitoire remarquable qu'il a prononcé en première instance, réglait le compte de Zeiher en ces termes :

« Y a-t-il là, Messieurs, le principe et l'idée réalisable du vase dont M. Vidie a fait un baromètre ? Évidemment non. On en sera bien vite convaincu, pour peu qu'on lise attentivement ce texte de l'*Encyclopédie méthodique*. Le cylindre de Zeiher, grâce à ses parois mobiles, bien différentes des parois flexibles de M. Vidie, grâce à ses parois mobiles se mouvant comme des pistons dans un corps de pompe, est incapable de garder le vide ; il ne contient donc pas l'idée du baromètre anéroïde, et M. X, qui nous entend, est trop habile pour le soutenir sérieusement, si sur ce point nous faisons appel à sa bonne foi, à sa loyauté. »

S'il faut dire toute ma pensée, je crois que M. X tient peu à Zeiher, et qu'il ne l'a mis au procès que pour n'y pas laisser Conté aussi isolé qu'il l'était dans les débats correctionnels.

Me Sénard, passant à Conté, fait remarquer d'abord qu'aucune des biographies si savantes et si bien renseignées de Conté ne mentionne même l'essai dont on veut faire une antériorité; puis il explique que Conté n'a fait qu'une expérience analogue à celle des hémisphères de Magdebourg, et il pose le dilemme suivant: ou les calottes de l'appareil de Conté étaient soudées, et alors, grâce à leur forme sphérique, pas de flexion possible; ou bien elles étaient simplement appliquées; dans ce cas, la pression atmosphérique aurait peut-être fait aplatir la calotte, mais cet effet ne se serait produit que par le glissement des bords, et l'air fût inévitablement rentré. Cet instrument donc n'était destiné qu'à une expérience instantanée, et n'a pu constituer un baromètre permanent. Enfin il est constaté que Conté a lui-même condamné cet essai fugitif, en l'abandonnant et en y renonçant sans retour.

J'ai donc le droit de le dire, continue l'honorable avocat : c'est à M. Vidie, à M. Vidie seul qu'appartient l'invention. De longues années de lutte et de traverses ont fondé et consacré son droit. Mais, en 1849, l'heure de la moisson était venue. C'est alors que M. X entre en scène. La date de son brevet est significative, 13 juin 1849. Que contient-il? Tous les éléments de notre découverte. Un vase clos à enveloppe continue et dont les flexions mesurent les variations de la pression atmosphérique. Seulement, au lieu d'une boîte, c'est un cylindre recourbé. Nous réclamons, et M. X de nous dire : Laissez-moi vivre en paix. Je vis à côté de vous et différemment; nos deux routes sont parallèles, elles ne se confondent ni ne se contrarient. Oui, sans doute, vous vivez bien différemment de nous : nous arrivons usé par le travail et la lutte sur le terrain où vous venez recueillir les profits. Mais la justice est là pour reconnaître et déclarer le droit.

Ce qui est à M. Vidie, c'est le baromètre sans mercure, sa pensée première et la plus générale. Ce qui est à M. Vidie, c'est le vase clos à enveloppe continue, à forme de résistance inégale et dont les mouvements traduisent la pression atmosphérique. Quelque forme donc que vous ayez prise, mon brevet l'atteindra : car ce qui constitue son domaine exclusif, c'est une forme d'inégale résistance. Les appareils qu'il précise ne sont là qu'à titre d'exemple. J'ai même indiqué dans le nombre *un tube en métal* plissé, et si le dessin qui le figure dans mon brevet n'est pas la sphère aplatie que j'emploie aujourd'hui, il indique précisément le cylindre plissé dont je fis mes premiers appareils. Pour échapper à ce rapprochement, M. X objecte qu'il recourbe le cylindre. Mais pourquoi le fait-il, sinon pour lui donner une forme d'inégale résistance ? Il ne faut pas qu'on s'y trompe : la courbure atteint le même but que le plissage, elle est l'application du même principe. Dans un cas, chaque pli du tube s'assied sur lui-même, se déforme et traduit la pression. Dans l'autre, le tube s'ouvre ou se ferme. Le mouvement du tube recourbé est plus étendu, mais moins précis. Chose curieuse : c'est aux mêmes forges que M. X et M. Vidie ont fait fabriquer leurs tubes. L'un les courbe, l'autre les plisse. Et quand il serait constaté que le système de M. X est le meilleur, il ne serait, en définitive, qu'un perfectionnement du mien. Mais ce brevet de perfectionnement, pouvez-vous le prendre pendant que mon brevet dure encore?

Ce qu'il fallait à M. X, c'est que son idée parût différente de celle de M. Vidie. Aussi produit-il ici un tube recourbé, faisant agir directement une aiguille. Mais ce que M. X décrit dans son brevet, ce que nous avons saisi, c'est un cylindre recourbé armé d'un râteau et d'un pignon à son extrémité, c'est notre propre mécanisme. Il ne faut donc pas s'arrêter même à la pensée que M. X se passe d'un mécanisme multiplicateur.

Mais M. X a fait grand bruit d'un principe nouveau, d'une loi nouvelle, qui constituerait sa découverte à lui. Il a débité les plus étranges histoires sur l'effet mystérieux qui se produit quand on souffle dans un tuyau recourbé. Il faut l'avoir lu, Messieurs, pour le croire. Il faut avoir vu ces choses, dites d'un ton grave, passer d'une notice dans un rapport. Mais, de toute éternité, ne redresse-t-on pas les tuyaux courbés par la pression de l'eau ou de l'air? Tous les plombiers connaissent ce procédé, où M. X veut voir des mystères. Et puis, ce serait en effet un mystérieux phénomène, que cela ne constituerait, encore une fois, qu'un perfectionnement.

Le Tribunal a dit plus, et il l'a dit les pièces sous

les yeux : l'idée de courber le cylindre n'appartient pas même à M. X. Elle était, long-temps avant son brevet, pratiquée, vulgarisée, brevetée en Allemagne par un ingénieur prussien, M. Schinz, fabricant de manomètres. M. Vidie n'ayant pas pris de brevet en Allemagne, M. Schinz était à l'aise. Il a pu faire publier ses expériences dans les journaux allemands, et quand il eut à ce sujet une querelle avec un M. Raskoff, il envoya ses notices et ses dessins à la Société d'encouragement, dont M. X est membre.

Nous pourrions dire à la Cour les dates des lettres de M. Schinz, si je ne sais quelle force d'inertie ne les avait retenues. Malgré l'intervention de M. Dumas, président de la Société, cette correspondance fut obstinément refusée à nos demandes. En tout cas, je fais passer à la Cour les journaux allemands d'avril 1849, dont j'ai parlé, et je lui donne lecture de la lettre que M. Schinz a écrite à ce sujet.

Lettre de M. Schinz à M. James Richard, à Paris.

« Dirschau, le 9 avril 1852.

« Votre honorée lettre du 1er avril courant m'a trouvé ici, où je suis employé actuellement par le gouvernement prussien à la construction du grand pont sur la Vistule, qui fera partie de la ligne du chemin de fer de Berlin à Kœnigsberg.

» Pour satisfaire vos désirs, par rapport aux manomètres à tube, je vous envoie ci-joint, sous bande, deux numéros du *Journal des Chemins de fer allemands*.

Dans son numéro 10, du 5 mars 1849, vous trouverez la notice que déjà depuis 1848 mes manomètres ont été employés sur les locomotives, et que le projet en a été conçu en 1846.

» Le numéro 14, du 2 avril, renferme une description complète de l'instrument, avec dessin moitié de grandeur naturelle, qui représente encore, à peu de modifications près, les derniers instruments construits. »

Or, M. X prend son brevet le 19 juin 1849.

Un peu plus tard, dans sa publication mensuelle, M. ***, toujours au courant des explications de M. X, raconte les essais faits sur les tuyaux de plomb, et qu'il place en février 1849. Je n'ai pas besoin d'insister davantage ; mais je veux appeler votre attention sur un autre ordre de faits qui n'a pas moins d'intérêt ici pour le droit que pour la moralité.

Certes, messieurs, quand il arrive entre deux hommes, deux chercheurs, deux savants, que l'un et l'autre dans le même temps ont travaillé, creusé, chacun suivant son chemin et sans se connaître, pour arriver au même but; quand entre ces deux rivaux il faut avec la loi donner la priorité à la date du brevet, cela peut paraître dur, et c'est à regret que la justice prononce. Mais quand l'homme qui a recueilli tous les fruits et tous les honneurs d'une idée nouvelle connaissait les travaux, les idées, les ateliers de son compétiteur, quand il avait vu sa fabrication, pénétré ses procédés, quelle faveur pourrait-il mériter? Ainsi fit M. X. Voici sa correspondance avec M. Vidie. Elle est du mois d'octobre

1848. M. Vidie demandait à M. X de lui faire un appareil pour régler ses baromètres anéroïdes. Il se plaignait même du retard que M. X apportait dans sa livraison. Enfin l'instrument fut remis, et M. X, qui avait déjà reçu un à-compte sur le prix, en reçut le solde à la livraison; voici la facture:

« Paris, le 23 décembre 1848. — Doit M. Vidie:

» Un appareil pneumatique à soufflet, en cuivre plissé, avec fermeture à mouvement d'articulation et levier à robinet, *pour régler des baromètres anéroïdes*, le tout monté sur un support en fonte, y compris les diverses modifications qui ont été faites à l'appareil et *la réparation des tubes plissés* . . . . . 750 fr.

» Un établi en bois de chêne de 2 mètres de long sur 90 cent. de large, avec rebord au pourtour, monté sur un bâti à quatre pieds et consolidé par de fortes équerres en fer plat. 90

840 fr.

» Pour acquit, X. »

Et, six mois après, M. X ira, le 13 juin 1849, prendre un brevet au ministère du commerce, pour des baromètres et manomètres métalliques sans mercure!

Il y a des faits d'une telle gravité, qu'aucune discussion n'est possible. M. X connaissait l'invention de M. Vidie d'une manière générale, comme tout le monde; mais il la connaissait surtout mieux que tout le monde. Sans doute les personnalités, comme l'a dit très-bien

M. l'avocat impérial en première instance, n'ont rien à faire dans le débat; mais je puis bien dire que l'homme dont je viens de vous faire connaître la conduite et les procédés n'est pas l'homme qui a travaillé, cherché et trouvé à côté de M. Vidie. Et si cet homme s'est avisé de faire des *tubes courbés*, qui produisent le même effet que les *tubes plissés*, à la réparation desquels il avait travaillé, est-ce que je n'aurai pas le droit de dire ici qu'il a été sciemment contrefacteur?

Faut-il, après cela, relever toutes les historiettes dont l'imagination féconde de M. X a orné sa cause? Faut-il discuter M. Raulin et ses ressorts de tilbury faits de métaux plissés? Quel rapport y a-t-il entre un coussin plein d'air et un baromètre? Il y a ensuite M. Leplay, qui a eu connaissance, en 1844, d'un ventimètre ou soufflet en cuivre. Enfin, M. X aurait fait lui-même, dès 1837, des manomètres sans mercure. Watt aussi, Messieurs, avait construit un manomètre sans mercure : un piston poussé dans un cylindre remplissait cet objet. Mais dans tout cela où est, je vous prie, le vase clos, à parois flexibles, à résistances inégales, où est l'invention de M. Vidie?

Il ne me reste qu'une chose à faire, Messieurs, c'est de vous lire, pour résumer cette longue plaidoirie, le jugement que je me suis attaché à suivre pas à pas, le jugement que je défends devant vous, et dans lequel je ne trouve pas un seul mot à reprendre.

Me Sénard donne lecture du jugement du Tribunal; puis il termine en ces termes :

Le Tribunal a constaté au préjudice de M. Vidie non-seulement un dommage matériel, mais un dommage moral considérable. Il faudra, en effet, bien des années à M. Vidie pour reconquérir, même avec l'appui de vos arrêts, sa situation d'inventeur. Partout, pendant de longues années, M. X s'est produit comme l'inventeur du baromètre sans mercure, partout on l'a accepté à ce titre. Les corps savants, le monde scientifique, les jurys des expositions universelles, le voyant toujours et partout seul et sans contradicteur, agissant, fabricant, vantant son invention, ont cru qu'à lui seul appartenait la découverte. Ici, pendant de longues années, l'usurpation, les félicitations, les profits; là, l'obscurité, les recherches longues et coûteuses. Que du moins ce triste chapitre de l'histoire des inventeurs ne soit pas définitivement clos par une injustice; que M. Vidie ne sorte pas d'ici découronné!

Messieurs, nous aurions pu frapper le jugement d'appel et vous demander d'élever notablement le chiffre des dommages-intérêts; nous ne l'avons pas voulu : nous nous contentons de vous demander de donner votre consécration souveraine au droit et à la vérité. Nous vous supplions d'adopter les motifs si lumineux de la sentence des premiers juges, et de reconnaître avec eux que ce qui a réellement appartenu, dans tout ceci, à chacune des parties, et ce qui doit rester leur lot définitif, c'est : pour M. X, le savoir-faire, la contrefaçon, la fortune, et pour M. Vidie, le travail, l'invention, l'honneur!

M. de Gaujal, premier avocat général, prend ensuite la parole et s'exprime en ces termes :

Le procès que je viens résumer met en question la validité et l'étendue de deux brevets d'invention : celui de Vidie, qui sert de fondement à la poursuite et à l'action en dommages-intérêts qu'il exerce ; et celui de X, qui n'aura pas été valablement pris s'il porte atteinte à l'invention de Vidie, ou tout au moins qui n'aura pas pu produire effet tant qu'a duré le droit privatif de Vidie.

Les questions de ce genre mettent toujours en présence deux intérêts d'un ordre élevé, qui sont également dignes de la sollicitude et de la haute protection de la justice.

Un brevet d'invention est un véritable contrat qui intervient entre l'inventeur d'une part, et la société de l'autre. L'inventeur dote le domaine public d'une jouissance différée, mais qui sera perpétuelle quand elle s'ouvrira ; et la société, en échange de l'apport qu'elle reçoit, fait un moment fléchir le principe général de la liberté de l'industrie, et concède un monopole temporaire dont la jouissance est réglée par la loi. Le monopole du breveté, qui se justifie par un grand service rendu à la société ; le domaine public, qui ne peut être temporairement diminué que pour être agrandi et doté : tels sont les deux grands intérêts qui sont toujours en présence, tous deux respectables au plus haut degré, tous deux également dignes de faveur.

Notre mission est de ne nous laisser jamais absorber par l'exclusive préoccupation de l'un ou de l'autre de ces deux intérêts. Défendons toujours avec énergie le domaine public, c'est-à-dire la liberté de l'industrie, le fruit et les résultats du travail commun, la propriété commune, la possession publique; mais, en même temps, en repoussant impitoyablement toutes les tentatives d'usurpation, accordons la protection la plus entière aux inventions utiles, aux inventions vraies et bien démontrées; et qu'à travers les obstacles accumulés que leur suscitent la concurrence et souvent la déloyauté commerciale, les inventeurs soient toujours assurés de rencontrer en nous des juges attentifs, patients, d'infatigables protecteurs de leur droit.

Vidie a eu raison de compter sur un examen très-approfondi de votre part, et s'il vous est démontré que les décisions qu'a rendues en 1852 la juridiction correctionnelle ne peuvent avoir devant vous l'autorité de la chose jugée, elles ne constitueront pas même à vos yeux un préjugé favorable. Vous ferez abstraction de ces précédents judiciaires, et vous apporterez à l'examen des diverses questions du procès un esprit libre et entièrement dégagé.

Les faits sont simples. Je les résume en deux mots : le 10 avril 1844, Vidie prend en France un brevet, qui est un brevet d'importation, car le brevet primitif avait été par lui pris en Angleterre. Le brevet anglais étant expiré le 27 avril 1855, le brevet français n'a pu avoir une durée plus longue. On est d'accord sur ce point.

L'objet de ce brevet est un baromètre sans mercure, mesurant la densité de l'air par la pression atmosphérique, s'exerçant non sur le mercure, c'est-à-dire sur un liquide, mais sur les métaux.

Plus tard, Vidie a donné à ses baromètres le nom de *baromètres Anéroïdes*.

Cinq années plus tard, en juin et septembre 1849, X prend à son tour des brevets pour des manomètres et des baromètres sans mercure, mesurant la pression atmosphérique par la flexibilité d'un métal, en disposant le métal dans des conditions particulières.

En 1851, à l'exposition de Londres, Vidie et X sont tous deux considérés comme inventeurs, tous deux ils obtiennent une grande médaille.

Telles étaient les situations respectives, lorsque, le 9 juillet 1851, Vidie fait saisir les baromètres X : — procès en police correctionnelle ; 17 mars 1852, jugement qui renvoie X de la plainte, et condamne reconventionnellement Vidie en 500 francs de dommages et intérêts ; 13 juillet 1852, arrêt confirmatif, et enfin 7 janvier 1853, arrêt de cassation rejetant le pourvoi de Vidie.

Ces décisions reposent sur deux idées principales :

1º La première, que l'idée de mesurer le poids de l'air par la flexibilité des métaux était dans le domaine public, et y avait été mise par Conté, au mois de floréal an VI, à la fin du siècle dernier ;

2º Que, cela étant, Vidie a fait une invention notable en constituant un heureux mécanisme de mensuration du poids de l'air, mais que X, travaillant dans la même voie, en a trouvé un autre procédant d'une autre loi physique non encore observée avant lui, se distinguant essentiellement du premier, et constituant une autre invention.

Vidie remet aujourd'hui en question ce qui a été jugé alors à l'occasion de la saisie du 9 juillet 1851. Le 26 janvier 1858, il fait pratiquer une saisie nouvelle chez ***, et introduit devant le Tribunal civil une demande en dommages et intérêts contre *** et X; le 14 août 1858, la troisième chambre rend un jugement qui, donnant gain de cause à Vidie, condamne ses deux adversaires solidairement en 25,000 francs de dommages et intérêts. C'est de l'appel de ce jugement que la Cour est saisie.

La première question qui se présente est celle de l'exception de la chose jugée, qui est opposée par X. Il dit : En 1852, la question était la même ; elle s'agitait entre les mêmes parties ; la doctrine des arrêts Rohlfs, Seyrig et Cie n'est pas applicable.

Est-il vrai qu'il y ait chose jugée ?

Avant tout, fixons bien les principes en cette matière.

Pour qu'il y ait chose jugée, il faut quatre choses :

1º Identité de la chose demandée ;

2º Identité de la cause de la demande, *eadem causa petendi;*

3º Identité des parties en cause ;

4º Identité de la qualité des parties : *quæ nisi omnia concurrant, alia res est.*

Ce qu'il faut rechercher ici, c'est la question de savoir s'il y a identité de la cause de la demande, *eadem causa petendi*.

Quand on traduit en police correctionnelle pour contrefaçon, l'objet du procès, c'est le fait incriminé ; il n'y a qu'une question : c'est l'appréciation des produits argués de contrefaçon ; c'est l'examen de la légitimité de la saisie, eu égard aux seuls faits qu'elle a constatés ; en un mot, la question est de savoir si un délit a été commis.

J'entends bien que la question est toujours complexe, et que pour juger le délit, il faut apprécier bien des questions d'une autre nature, des questions dominantes : le titre de la poursuite est contesté ; le brevet est attaqué dans son principe ; on le prétend frappé de déchéance ou de nullité ; on soutient la non-nouveauté de l'invention. Tout cela est dans le procès, et, aux termes de la loi, *le juge de l'action est juge de l'exception*.

Mais l'exception n'est jugée et les appréciations dont je parle ne sont faites qu'en vue du fait incriminé, parce qu'en effet, seul, le fait incriminé est jugé. Les considérants sont des appréciations qui ne préjugent rien au-delà du fait incriminé : le dispositif seul constitue la chose jugée.

C'est la doctrine des arrêts Rohlfs, Seyrig et Cie bien compris.

Quand on a renvoyé le prévenu de contrefaçon, on n'a décidé qu'une seule chose, savoir, que les faits incriminés ne constituaient pas le délit : rien de plus. Quels que soient d'ailleurs les considérants et les appréciations sur la nouveauté de l'invention, sur la validité du brevet, sur la déchéance ou sur la nullité, le brevet peut bien en être moralement ébranlé, mais il n'est pas légalement atteint ; il reste debout, entier. Il peut être le principe d'une nouvelle poursuite non-seulement contre d'autres contrefacteurs, mais contre le même contrefacteur pour des faits nouveaux, devant le même Tribunal correctionnel. A plus forte raison, le breveté peut porter sa poursuite devant une autre juridiction, la juridiction civile, devant laquelle la cause de la demande change de nature, et se limite à une question d'usurpation, indépendante de tout caractère délictueux. Ces principes sont élémentaires, et je m'étonne qu'ils aient été méconnus et contestés par l'éminent organe de l'appelant.

Il ne faut pas croire que ce soit le récent arrêt Rohlfs, Seyrig et Cie qui les ait introduits dans la jurisprudence ; ils sont trop incontestables et trop élémentaires pour n'avoir pas toujours été consacrés. Permettez-moi de vous citer un procès qui s'est terminé par deux arrêts de la Cour de Cassation des 12 janvier et 22 février 1841, et qui les mettent en lumière avec la plus grande netteté.

En 1838, une contrainte avait été décernée par l'administration des contributions indirectes, à raison de certains faits constatés par un procès-verbal, contre la Compagnie des bateaux à vapeur de Rouen au Havre, comme faisant un service de transport de voyageurs par la navigation fluviale, et comme devant payer certains droits à cette occasion. La Compagnie des bateaux à vapeur soutient qu'elle ne doit pas les droits réclamés, et le Tribunal de Rouen admet sa prétention et annule la contrainte.

Nouveau procès-verbal pour de nouveaux faits identiques; nouvelle contrainte, nouveau procès. La Compagnie des bateaux à vapeur oppose l'exception de chose jugée; le Tribunal rejette cette exception, et, par une décision sur le fond contraire à sa première sentence, condamne la Compagnie. Celle-ci se pourvoit en Cassation. Par les deux arrêts que je viens d'indiquer, et rendus, l'un sur les conclusions de M. Hébert, l'autre sur les conclusions de M. Laplagne-Barris, la Cour de Cassation décide qu'il ne peut y avoir chose jugée, parce qu'il s'agit de nouveaux faits, bien qu'ils soient exactement semblables.

Tels sont les vrais principes en matière de chose jugée.

Dans l'espèce, il n'y a donc pas chose jugée.

Au fond, je n'ai à m'expliquer que sur l'appel principal; l'appel incident a été abandonné, et il devait l'être. En effet, tout le monde est d'accord que le brevet de Vidie est expiré depuis le 27 avril 1858; or, l'appel incident avait pour objet d'obtenir un supplément de dommages et intérêts, à raison d'une nouvelle saisie opérée depuis la décision des premiers juges, à la date du 12 avril 1859. Le domaine public était alors, depuis près d'une année, en possession du brevet de Vidie: la saisie a donc été opérée sans droit; elle est nulle; elle ne peut donner naissance à une demande en dommages et intérêts.

Il ne reste donc aux débats que la question technique.

Avant tout, il importe de mettre en lumière quelques principes élémentaires.

La loi qui protége les brevets d'invention est faite pour les inventeurs qui dotent l'industrie, et non pour les savants qui se livrent à de pures spéculations théoriques; ce qu'elle encourage, ce qu'elle couvre de sa protection, ce ne sont pas les idées scientifiques, mais les résultats pratiques, savoir : les produits industriels, les résultats industriels, les applications industrielles. Telle est la pensée, tel est le but précis de la loi du 5 juillet 1844, dont il importe de reproduire les termes mêmes :

« Art. 2. Sont considérées comme inventions ou découvertes nouvelles : l'invention de nouveaux produits industriels, l'invention de nouveaux moyens ou l'application nouvelle de moyens connus pour l'obtention d'un résultat ou produit industriel. »

Donc, si, dans l'histoire antérieure de l'art, de la science ou des idées, je trouve une théorie qui n'a pas été industriellement appliquée, ou dont l'application possible n'a pas été indiquée; si le domaine de l'industrie n'en a pas été doté, soit par une réalisation accomplie, soit par une description qui l'ait vulgarisée et rendue exécutable, je puis la prendre, l'étudier dans ses applications possibles : si je parviens à en faire une application utile, et à produire un résultat industriel nouveau, j'aurai doté le domaine public et je serai inventeur.

C'est, en général, ainsi que les choses se passent : les grandes inventions ne sortent pas d'un seul trait du cerveau de l'homme avec toute leur valeur, toute leur étendue, tous leurs développements. Il y a un fonds commun d'idées, de théorie, d'expérience; chacun y puise. L'un prend le germe et le sème; un autre recueille la semence, la cultive et la mène à maturité par des soins prolongés. Il n'y a pas d'invention qui n'ait été engendrée par quelque idée antérieure, recueillie, méditée, fécondée par un autre que celui qui l'avait conçue. Le véritable inventeur est celui qui dote le domaine public : ce n'est pas l'auteur de la première idée, de l'idée stérile ou à l'état de germe infécond; c'est celui qui l'a fécondée, celui qui a fait l'effort utile et décidant le succès.

La jurisprudence est très-nette à cet égard ; je crois utile de la résumer.

Je dis qu'une antériorité qui n'est qu'une théorie scientifique non industriellement appliquée ou applicable, ne saurait faire obstacle à la validité du brevet qui a transformé la théorie en une application industrielle nouvelle.

Je cite sur ce point deux arrêts de la Cour de Cassation, un dans l'affaire Sax, l'autre dans l'affaire Elkington.

Voici le premier, rendu sur les conclusions de M. Rouland, à la date du 9 février 1853 :

« Attendu qu'il est établi par les constatations de l'arrêt attaqué, que Sax a obtenu des résultats nouveaux, succédant à des tentatives qui n'avaient pas produit les mêmes effets ;

» Attendu que, d'après les articles 1 et 2 de la loi du 7 janvier 1791, comme aujourd'hui d'après l'article 2 de la loi du 5 juillet 1844, l'application pratique d'une théorie déjà connue constitue une invention susceptible d'être brevetée, si elle produit des résultats industriels nouveaux ;

» Attendu qu'en concluant des faits par lui déclarés qu'il pouvait y avoir, dans le travail de Sax, matière à médaille d'encouragement, mais non le support légal d'un brevet, l'arrêt attaqué a dénié en droit à l'obtention de résultats nouveaux ses conséquences légales, et a expressément violé les lois précitées..... Casse. »

Voilà donc qui est bien acquis : la théorie déjà connue, mais restée purement scientifique en dehors de l'industrie, ou bien à l'état stérile, n'empêche pas l'obtention d'un brevet valable, quand la théorie se transforme en résultats industriels.

Le caractère des antériorités légales capables d'enlever à une découverte sa nouveauté étant bien précisé, bien déterminé, il importe de constater, d'un autre côté, quel est le droit, quelle est l'étendue du droit du breveté.

Il est de principe et de jurisprudence que non-seulement le moyen d'application est protégé par le brevet, mais même le produit ainsi obtenu, et qu'on ne peut pas chercher le même produit avec d'autres moyens. Cette proposition ne peut être contestée ; je ne citerai que deux arrêts, en me bornant même à en donner la notice :

31 juillet 1856, arrêt de Paris (Sirey, 1856, 2, 533).

« *Notice*. — Un produit nouveau breveté ne peut, sans contrefaçon, pendant la durée du brevet, être fabriqué par d'autres que par le breveté, même à l'aide de procédés différents de ceux indiqués dans le brevet. »

15 mars 1856, C. Cassation. Cassation d'un arrêt d'Amiens (Sirey, 1856, 1, 637).

« *Notice*. — Le brevet d'invention délivré à raison de l'application nouvelle d'un moyen connu pour l'obtention d'un résultat ou produit industriel nouveau (tel que le relevage en bosse des dessins appliqués aux étoffes de piqué, qui n'était antérieurement appliqué qu'aux tissus), confère au breveté un droit exclusif à la fabrication de ce produit industriel, tellement que nul autre ne peut, sans se rendre coupable de contrefaçon, fabriquer un produit semblable, même en employant un procédé différent. La différence des procédés employés n'empêche pas qu'il y ait identité dans le produit industriel, lequel forme l'objet du brevet. »

Voilà les principes qu'il fallait rappeler, et qui vont dominer la discussion.

Maintenant, voyons les faits. Qu'a fait Vidie ? Prenons son brevet. Comme tant d'autres avant lui, frappé des inconvénients du baromètre, de sa hauteur et de sa fragilité, il a essayé d'y remédier ; seulement, tous ses devanciers, depuis Descartes jusqu'à Gay-Lussac, avaient cherché à perfectionner le baromètre à mercure ; Vidie a cherché dans une autre voie : il mesure la densité de l'air par la pression atmosphérique s'exerçant sur les métaux; par conséquent, par la flexibilité du métal.

Son nouveau baromètre consiste dans un vase hermétiquement clos : une des parois est forte et solide ; l'autre mince, flexible, plissée ; le vide est fait dans l'intérieur du vase; enfin, il existe un mécanisme multiplicateur du mouvement et indicateur de la pression, au moyen d'une aiguille disposée sur un cadran.

Si Vidie a cherché dans cette voie, et s'il a trouvé, c'est peut-être, il faut bien le dire, parce qu'il était moins savant que ses devanciers, car les données de la science étaient contraires à la direction que suivait son esprit. Pour qu'il réussît, il fallait avoir le métal imperméable tenant le vide, et le métal élastique et flexible sans déformation.

Or, la science niait l'imperméabilité et l'élasticité des métaux; elle en était à la porosité indéfinie des métaux et à leur non-élasticité. Qu'il me suffise, à cet égard, de rappeler à vos souvenirs les citations de la plaidoirie de l'intimé, les traités de physique de Péclet et de MM. Pouillet et Poncelet. Tel était l'état de la science.

Vidie, avec cette patience et cet instinct qui est le propre des inventeurs, a lutté pendant des années contre le courant des idées ; il a expérimenté courageusement, sans se lasser, et l'expérience lui a donné raison contre la science. Par ses résultats, non par la théorie, il s'est rendu compte que la science se trompait. Il a affirmé ce que la science niait; il a nié ce que la science affirmait; il a vaincu la science : il a fait voir la non-porosité et l'élasticité des métaux.

Il a obtenu, par son vase barométrique hermétiquement clos, une pression atmosphérique dont il a mesuré exactement tous les mouvements.

Par quels moyens, et quelle est sa théorie ? Elle est tout entière dans une certaine disposition du métal, scientifiquement raisonnée, très-étudiée, très-logiquement combinée, assurant le résultat cherché, et constitutive d'une pensée qui résume l'invention. Vidie fait un vase hermétiquement fermé, dont une partie, dans ses premières constructions, formait une boîte en métal épais et solide, et dont l'autre était mince, flexible, aplatie et plissée. Elle est mince, pour subir plus facilement la pression; aplatie et plissée, pour opposer à la pression des résistances inégales, et développer toute la puissance d'élasticité du métal.

C'est là toute l'invention.

Car, ôtez cette combinaison; supposez la sphère exacte, il n'y a pas de mouvement, la pression s'exerçant dans tous les sens et se neutralisant.

On peut donc caractériser ainsi l'invention : elle résulte de la théorie des formes d'inégale résistance soumises à la pression atmosphérique, pour en recueillir et en indiquer le degré.

S'il en est ainsi, les résistances inégales étant données, peu importe la forme du vase barométrique. En effet, le brevet ne fait pas d'une forme déterminée une condition essentielle; il dit, au contraire, une forme d'inégale résistance, *telle que celle d'une sphère creuse aplatie.*

Est-ce là une invention? On le conteste. Qu'oppose-t-on? Dans l'industrie..., rien; comme antériorité pratique..., rien. Avant Vidie, il est certain qu'on ne se servait que de baromètres à mercure.

Mais dans la science, on oppose Zeiher en 1758, et Conté en floréal an VI.

Pour que Zeiher et Conté puissent constituer des antériorités opposables, il faut que, dans leur spécification, nous trouvions autre chose qu'une tentative avortée ou un effort perdu; il faut que nous trouvions un résultat acquis, une description permettant l'exécution, le domaine public doté. Voyons.

D'abord Zeiher. La théorie de cet ingénieur russe se trouve dans les Mémoires de l'Académie des Sciences de Saint-Pétersbourg, aux années 1758 et 1759; elle a été reproduite, en 1793, dans le Dictionnaire de physique de l'*Encyclopédie méthodique* publiée par Monge et Cassini, et voici en quels termes :

« M. Zeiher, bien persuadé qu'un baromètre ordinaire ne peut être utilisé sur mer, à cause des mouvements continuels des vaisseaux, *a imaginé de pouvoir mesurer* l'élasticité de l'air par un cylindre creux, absolument vide d'air, dont *les bases sont mobiles;* dans le vide du cylindre et entre les bases est placé un ressort qui les tient écartées, et qui résiste tellement à la pression de l'air extérieur, que la tension de ce ressort est toujours en équilibre avec cette pression. Lorsque la force élastique de cette dernière se trouve augmentée, les bases se rapprochent davantage l'une de l'autre, au lieu qu'elles s'écartent quand cette force est diminuée. Par conséquent, la distance qui se trouve entre ces bases fait connaître la pression de l'air. »

Voilà Zeiher; son procédé se réduit aux éléments suivants :

1º Le ressort qui subit la pression atmosphérique, qui agit sur les bases pour déterminer la mesure de leur écartement, et qui, par le degré d'écartement, détermine le degré de pression de l'atmosphère : ce ressort est un ressort métallique ;

2º Pour faciliter la pression atmosphérique, ou plutôt pour la rendre possible, le vide est préalablement fait dans le tube où se met le ressort.

Ainsi, ce qu'il y a de commun entre Zeiher et Vidie, c'est que la pression s'exerce sur le métal à l'aide du vide préalablement opéré.

Mais Zeiher n'a pas fait un véritable baromètre; il ne s'agit pas pour lui d'une pression atmosphérique permanente et continue, d'un instrument en marquant les variations et les degrés successifs d'une manière suivie.

Nous faisons remarquer ces mots : *imaginé de pouvoir*. Il ne pouvait donc être question que d'une expérience qu'il cherchait à réaliser. De plus, nous devons noter qu'il a des bases *mobiles*, et non pas flexibles.

Aussi, avec sa théorie, il ne pouvait pas faire un baromètre. Il faudrait conserver le vide pour conserver la pression; or, c'était impossible. Le tube n'est pas un vase clos à enveloppe continue; ce qu'il appelle *ses bases*, c'est-à-dire les pistons soumis à la pression, ne peuvent pas être des obstacles suffisants à la rentrée de l'air extérieur. L'instrument de Zeiher est donc très-imparfait; il est destiné à faire une expérience instantanée : il peut bien, en mer, et dans une occasion, suppléer au baromètre à mercure, mais non le remplacer comme instrument installé et en permanence.

Pour être opposable à Vidie, il manque à Zeiher : 1º le vase hermétiquement clos, et 2º l'application de la règle des résistances inégales, qui permet de se servir de la flexion du métal pour mesurer d'une manière permanente et suivie la pression atmosphérique. Et, en effet, on ne voit pas que l'expérience de Zeiher ait rien produit de pratique pour la science, pour l'industrie, ni pour la marine. Elle est restée enfouie dans les Mémoires de l'Académie des Sciences de Saint-Pétersbourg et dans l'*Encyclopédie méthodique;* il a fallu les besoins du procès pour qu'on soit allé l'y chercher.

Passons à la seconde antériorité, la seule qui soit sérieusement soutenue.

Conté était un savant du premier ordre; tout le monde a rendu hommage à son génie éminent, et on a eu raison de dire de lui avec Monge : « Il avait toutes les sciences dans la tête, et tous les arts dans la main. »

Mais est-il vrai qu'il ait eu ou décrit la pensée du baromètre anéroïde ou métallique ? Personne ne lui en a fait honneur; personne, même parmi ses biographes, et, à coup sûr, ces biographes étaient aussi savants que bien renseignés : car ce sont MM. Jomart, Biot, Thenard, etc.; cependant cela en valait bien la peine.

Conté lui-même n'a attaché aucune importance aux essais qu'il a faits et qu'il a considérés comme infructueux: il est certain qu'il les a abandonnés, et ne leur a donné aucune suite; et il est non moins certain que l'industrie n'a pas été dotée par l'expérience de Conté.

Ajoutons que, pendant quarante-six ans, de l'an VI à 1844, époque du brevet de Vidie, personne n'a relevé la description de Conté.

Toutes ces constatations établissent un préjugé singulièrement favorable à Vidie. Voyons toutefois la description de Conté.

Elle est publiée dans le Bulletin de la Société philomathique du 11 floréal an VI. Son mémoire a pour titre : *Mémoire sur un nouveau baromètre au moyen duquel on mesure immédiatement les changements de densité de l'air, par le poids du mercure.* En effet, en faisant écouler le mercure dans un récipient, il mesure la densité de l'air par l'abondance et la rapidité de l'écoulement. Tout en rendant compte de sa théorie, il signale, en passant, certains essais qu'il a suivis et abandonnés, et il décrit notamment une montre barométrique, dont voici la description : « Une calotte de fer ou de cuivre sur les bords de laquelle s'appliquent ceux d'une autre calotte flexible et mince en acier, soutenue par des ressorts. La queue renferme un canal, qui peut être fermé hermétiquement par un bouchon. Si on fait le vide, la calotte flexible subira la pression de l'air, et le mouvement se communiquera à l'aiguille. »

Je vois là quelques analogies avec Vidie : la calotte mince et flexible, la pression de l'air s'exerçant sur le métal. Mais ce n'est pas le même ensemble, le même résultat, ni le même but. La théorie de Conté, ce sont les hémisphères de Magdebourg utilisés pour faire une expérience momentanée; en *appliquant* (c'est le mot de Conté) les deux calottes l'une contre l'autre, et en faisant le vide par la queue, on a la clôture hermétique, et la pression atmosphérique donnant le mouvement à l'aiguille. Mais ce n'est pas une organisation stable et permanente. Pourquoi, et que manque-t-il?

Il n'y a pas de vase clos à enveloppe continue; il n'y a pas *l'organisation des résistances inégales*. Il se fait un mouvement à la périphérie, et le vide ne peut se perpétuer dans ces conditions. Conté n'a pas même pu songer à une enveloppe continue, ni aux résistances inégales développant la flexibilité du métal; car la science alors, comme long-temps encore après lui, affirmait la porosité des métaux, et par conséquent l'impossibilité de conserver le vide même dans un vase clos. C'est pour cela qu'il n'a pas soudé ses deux calottes; il dit : *s'appliquent*, et non pas : *se soudent*.

On veut qu'elles fussent soudées ! Mais, si elles eussent été soudées, leur forme seule, exactement sphérique, n'eût pas permis que la pression s'exerçât; donc il est certain qu'il n'y avait pas clôture hermétique, ni par conséquent le vide permanent.

On veut aussi voir le principe des résistances inégales dans la différence de solidité et d'épaisseur des deux calottes de Conté, l'une en fer ou en cuivre, l'autre mince et flexible en acier. Mais ce n'est pas là le principe de Vidie : chez Vidie, l'inégalité des résistances a pour objet de faciliter la déformation du métal soumis à la pression, et d'organiser sa sensibilité; les forces d'inégale résistance doivent donc être combinées et organisées sur le métal soumis à la pression, c'est-à-dire sur la partie mince. Ce principe n'est pas engagé dans la différence d'épaisseur des deux calottes, et ce principe, on ne le retrouve pas dans Conté.

On voit que Conté a eu en vue autre chose que Vidie; il a décrit un appareil d'expérience instantanée et sans permanence; il n'a pas été satisfait de son essai, et il l'a abandonné. Il n'a donc pas même laissé une théorie scientifique, bien moins encore un résultat pratique et industriel.

Ce que Conté n'a pas fait, Vidie l'a fait. Il a fait un baromètre sans mercure ou anéroïde, fondé sur la flexibilité des métaux et sur la théorie des résistances inégales, organisées pour régler cette flexibilité.

En définitive, ni Zeiher ni Conté ne sauraient constituer des antériorités au brevet de Vidie; Vidie est véritablement inventeur : cela est incontestable.

Mais il reste une dernière question au procès : X est-il contrefacteur?

C'est le 13 juin 1849 que X prend son brevet; la date

est suspecte. Il y avait cinq ans que Vidie était breveté. Si nous trouvons de l'analogie entre les deux instruments, il y aura une forte présomption de plagiat.

On s'est beaucoup prévalu des récompenses obtenues par X aux expositions universelles de Londres, en 1854, et de Paris, en 1855. Mais toutes ces distinctions ne prouvent rien pour la question du procès. Les commissaires sont des savants; ils n'examinent pas des questions de propriété ni des questions d'invention au point de vue absolu. Ils voient des appareils divers; ils sont frappés des différences, et font des classifications. Au point de vue technique, les différences suffisent pour constituer des classes, des nuances techniques, pour mériter des distinctions honorifiques; mais ces différences peuvent être des artifices de contrefaçon. Nous, nous plaçant au point de vue juridique du droit privatif, nous avons à rechercher ce que valent ces différences.

Voyons donc ce qu'a fait X. J'ai constaté qu'il est postérieur de cinq ans à Vidie.

On a dit avec raison : « C'est le fait qu'il faut saisir et auquel il faut s'attacher; ce n'est pas le brevet. » Cela est vrai; mais le fait ici est conforme au brevet, et le brevet peut donner la théorie du fait. Le brevet n'est donc pas indifférent.

Je dis que X fait incontestablement deux choses :
1º baromètre par la pression de l'air sur le métal;
2º organisation de la sensibilité du métal par les résistances inégales.

S'il fait ces deux choses, cela suffit pour qu'il soit contrefacteur. L'a-t-il fait? Examinons.

En étudiant et pratiquant les effets de la pression atmosphérique sur les métaux, X a observé une loi physique, un effet de pression non encore observé. C'est celui-ci : Étant donné un cylindre en métal à bords méplats et recourbés, la pression atmosphérique modifie la courbure d'une manière sensible qui est régulièrement en rapport avec le degré de pression. En conséquence, par l'effet de la pression atmosphérique, les deux extrémités du cylindre recourbé se rapprochent ou s'écartent, et peuvent, par ce mouvement, indiquer le degré de pression ; donc, mesurer l'écartement, c'est mesurer la pression atmosphérique, et il mesure la pression par l'écartement.

C'est là une observation très-ingénieuse, et une application très-utile ; par elle-même, elle a suffi pour motiver les récompenses obtenues en 1851 et en 1855. Ce n'est pas là le procédé de Vidie, et cela vaut peut-être mieux que Vidie (question que nous n'avons nullement à examiner). Mais X n'a obtenu et n'a pu obtenir son appareil qu'en pénétrant sur le domaine de Vidie. Son cylindre à bords méplats et de forme ellipsoïde, c'est : 1º le métal soumis à la pression atmosphérique, pour en donner la mesure ; 2º c'est le métal subissant la pression atmosphérique par l'effet des résistances inégales organisées.

Supposez un cylindre parfaitement régulier, à bords non méplats, de forme non ellipsoïde ; supposez un métal opposant à la pression atmosphérique une résistance égale sur tous les points de sa surface, il n'y aura plus de flexion, plus de sensibilité, plus de mouvement constaté, plus d'effet, plus de mensuration possible. Donc, pour agir, X a été obligé d'entrer chez Vidie, et de lui prendre sa loi fondamentale.

X a perfectionné Vidie, dit-on. — Soit, je le veux; mais il n'avait le droit de le perfectionner qu'à l'expiration de son brevet. Pour l'avoir fait prématurément, il doit des dommages-intérêts, car il n'a pu le faire sans usurper.

En résumé, Vidie est le véritable inventeur des baromètres métalliques ou anéroïdes; il ne doit rien à Zeiher, rien à Conté. Il doit tout à sa patience, à son labeur persévérant. Il a découvert et déterminé la loi physique qui a donné le résultat, « la loi des résistances inégales. » Vidie est un inventeur qui a droit et raison de revendiquer l'honneur d'attacher son nom à la création des baromètres métalliques ou anéroïdes.

X a fait une heureuse modification, dans laquelle on peut voir, sinon un perfectionnement, au moins un équivalent ingénieux et distinct; mais un équivalent et une modification qui sont établis sur les données principales de Vidie, équivalent et modification qui sont subordonnés à la loi physique primordiale, au principe même qui donne toutes les théories de la mensuration du poids de l'air par la pression de l'air sur les métaux.

Frappés de ce qu'il y a de distinct dans les procédés, les juges de 1852 se sont arrêtés là, et n'ont pas aperçu la loi générale qui plane au-dessus de la différence secondaire de X.

Cette loi générale, vous l'avez bien reconnue.

J'estime qu'il y a lieu de confirmer la décision des premiers juges.

La Cour, après avoir entendu ces remarquables conclusions, a renvoyé l'affaire au vendredi 9 décembre, pour le prononcé de l'arrêt, qui a été rendu dans les termes suivants :

ARRÊT.

« La Cour,

» Sur l'exception tirée de la chose jugée :

» Considérant que cette exception ne peut ressortir que du dispositif des jugement et arrêt; que les décisions intervenues dans la cause en 1851, n'ont fait autre chose que de donner main-levée de la saisie opérée au préjudice de X sur des objets déterminés :

» Que, sans doute, il résulte de ces jugement et arrêt un préjugé considérable contre la validité d'une nouvelle saisie d'instruments pareils; mais qu'il n'y a pas là un obstacle de droit et une fin de non-recevoir absolue contre l'admission des moyens invoqués par le saisissant ;

» Que les motifs qui ont déterminé les premiers jugements peuvent être de nouveau examinés, soit parce qu'il s'agit d'un fait qui est semblable sans être le même, soit parce que la décision a seule force de chose jugée, et non les motifs qui l'ont fait prononcer ;

» Au fond :

» Considérant que le baromètre de Vidie est établi sur deux principes : la résistance inégale du métal sur lequel agit la pression atmosphérique, et la clôture hermétique de l'instrument ; que ces deux principes n'ont été ni entrevus ni exposés par Zeiher et Conté ; que, notamment, en ce qui touche la clôture hermétique, le métal sur lequel agit la pression est mobile dans l'instrument de Zeiher, et seulement appliqué dans celui de Conté, ce qui exclut dans les deux cas la clôture absolue et le vide établi d'une manière durable ;

» Considérant que ni Zeiher ni Conté n'ont donné suite à la pensée qu'ils avaient émise ; qu'aucune application n'en a été faite pendant de longues années, tandis que l'œuvre de Vidie, à peine connue, a été généralement adoptée, ce qui démontre à la fois que les découvertes étaient différentes, et que, dans tous les cas, l'application industrielle appartient tout entière à Vidie, et aurait dû faire maintenir ses brevets ;

» Adoptant, au surplus, les motifs des premiers juges, tant sur la fin de non-recevoir que sur le fond du droit :

» Considérant, quant aux conclusions des parties sur les dommages-intérêts, que si Vidie a éprouvé un dommage considérable par les travaux des appelants, il faut reconnaître que ceux-ci ont agi en pleine bonne foi ; qu'ils avaient, en effet, obtenu une décision de justice qui rejetait la poursuite dirigée contre leur fabrication ; que même cette décision était intervenue sur une convention entre les parties et sur une saisie opérée et consentie pour opérer l'appréciation de leurs droits respectifs : en sorte que l'on peut dire que c'est par suite d'une espèce de consentement de Vidie que s'est faite la fabrication des appelants (1) ;

» Considérant que, dans de telles circonstances, il y a lieu de modérer les condamnations à titre de dommages-intérêts :

» Infirme, et, statuant par le jugement nouveau, déclare valable la saisie pratiquée dans les ateliers de *** ;

» Ordonne que les objets saisis seront remis à Vidie, inventeur des baromètres métalliques ;

» Réduit à 10,000 fr. les dommages-intérêts alloués à Vidie par le jugement dont est appel ;

» Déboute les parties de toutes plus amples conclusions, chacune des parties supportant les dépens de son appel, ceux de l'arrêt à la charge de X et ***. »

Enfin, le 9 juillet 1861, la Cour de Cassation rejeta le pourvoi du sieur X et rendit définitifs les arrêts qui déclaraient que *Lucien Vidie était l'inventeur des Baromètres Anéroïdes ou métalliques*, et que la justice criminelle *aurait dû maintenir ses brevets en 1851.*

Ainsi, en 1852, la justice criminelle dépouille Vidie de l'honneur de son invention, cet arrêt détruit son avenir, sa fortune; en 1861, la justice civile lui restitue

---

(1) Voir, page 95, l'alinéa commençant par ces mots : « *Lucien fait saisir au domicile, etc.*

toute la gloire de son œuvre, mais les brevets de Vidie étaient expirés depuis 1859. Donc, Lucien, soumis pendant dix ans aux avanies, aux attaques quotidiennes, passa dans les dégoûts de la chicane les dix dernières années de protection que lui devait la loi. Ce sont les résultats d'une erreur judiciaire, soit ; cette erreur judiciaire fut la conséquence d'une publicité intéressée, ou peu soucieuse de ses devoirs, nous l'admettons encore; mais ces résultats n'en furent pas moins cruels pour notre ami.

Et son adversaire, qui n'avait rien dépensé en études, en recherches ; son adversaire, appuyé sur un arrêt surpris, acclamé par les savants et les journaux, acquérait une grande fortune. Cet adversaire, enfin, même à l'issue du jugement qui le déclarait le contrefacteur de Vidie, se trouvait sur un pied d'égalité parfaite avec l'inventeur, dont les brevets étaient expirés.

Étrange enseignement sur la moralité de notre société actuelle, sur les garanties illusoires accordées au génie, sur la légèreté avec laquelle ce monde civilisé accueille les réclames payées, et se fait le stupide écho des louanges décernées (sans préoccupation de ce qui est juste ou odieux) à celui qui les rémunère. La masse des lecteurs est trop inerte pour penser par elle-même : elle puise son esprit, sa judiciaire de chaque jour, dans les journaux ; aussi, l'opinion publique n'est-elle devenue que le miroir fidèle des tendances quotidiennement imprimées. De là cette formidable puissance des journaux, qui s'accroîtra long-temps encore. Dans cette situation, acceptée aujourd'hui, le rôle du publiciste intègre et vraiment capable a donc atteint au rang suprême d'un véritable sacerdoce? Quels sont les nouveaux sages qui pourront se trouver à la hauteur d'une semblable mission?

Cette réhabilitation, cette tardive justice, ne produisirent pas une impression immédiate sur notre cher inventeur. Ses brevets étaient tombés dans le domaine public, son nom fut laissé sous le boisseau; il ne tarda pas à s'apercevoir que les premières idées sont difficiles à déraciner, et que la voix de la justice proclamant un droit dans l'enceinte des Tribunaux a peu d'échos au dehors; les causes sanglantes et le scandale du foyer domestique ont seuls le privilége d'occuper l'esprit du monde.

CHAPITRE V

Déchéance des Brevets.

Depuis 1859, époque de la déchéance de ses brevets, les anciens contre-maîtres, les ex-ouvriers de Lucien Vidie avaient monté çà et là des fabriques de baromètres. L'inventeur comprit du premier coup-d'œil le danger de la situation : un baromètre n'est bon qu'autant que la fabrication en a été soignée avec une intelligence spéciale, qu'autant que cet instrument délicat a été soumis à des observations longues et minutieuses. Le marché va donc être inondé de mauvais baromètres qui compromettront l'invention; aucune des maisons nouvellement montées n'a de capitaux suffisants, ni le savoir scientifique nécessaire, pour assurer le mérite de sa découverte.

Lucien s'effraie, il cherche vainement à conjurer un tel orage; son amour-propre suit convulsivement les baromètres qui vont alimenter la consommation : ils sont faits à la hâte, mal fabriqués, mal observés ; c'est un torrent où vont se noyer inévitablement l'idée-mère et la réputation de l'inventeur.

Tout-à-coup une idée lui sourit. Il existe à Paris une maison honorée d'une vieille illustration, d'une réputation méritée, du respect d'un nom qui s'est dignement transmis à trois générations. C'est la maison Breguet.

Le 2 décembre 1862, il adresse à M. Breguet la lettre suivante :

« Monsieur,

» Après la notice sur les Anéroïdes que je vous ai envoyée, vous ne verrez rien d'étonnant à la proposition plus positive que je viens vous faire, d'entreprendre la construction de ces instruments.

» Je m'étais proposé d'y renoncer, lorsqu'auraient fini mes deux premiers brevets ; mais j'aurais désiré voir mettre cette invention à l'usage du public dans des conditions tout autres que je ne l'ai fait. Je vous dirai, au besoin, quelles ont été mes démarches dans ce sens, et les motifs qui m'engagent à en tenter de nouvelles.

» Évidemment, il est peu de personnes entre les mains de qui cette invention puisse tomber plus heureusement qu'entre les vôtres. Outre une si grande aptitude à diriger une fabrication de ce genre, vous y apporteriez les notions de physique qui s'y rattachent. Puis, au-delà de son emploi le plus général, le même principe serait susceptible de donner lieu à de nouveaux appareils d'expérimentation, pour lesquels la science serait heureuse de pouvoir s'adresser à vous.

» Enfin, Monsieur, en appliquant à ces instruments un nom qui porte avec lui autant de garantie que le vôtre, vous rendriez un véritable service au public ; car il en est de ceci à peu près comme de l'argenture, il est impossible à l'acheteur de juger la valeur qu'il reçoit, et rien de plus facile ici que de capter la confiance par des rapports bienveillants, etc., et même, en apportant quelques changements aux modèles établis, de faire prendre des suppressions pour des simplifications, et les choses les plus ridicules pour des perfectionnements.

» Pour vous engager à cette entreprise, voici ce que je puis vous offrir :

» Je vous transférerais le droit à la dénomination d'*Anéroïdes*, qui représente pour le public la fabrique de l'inventeur et presque son nom.

» Je vous transférerais également mes derniers brevets. Ils ont peu de mérite au fond, mais ils ont cependant une certaine utilité. Dans mes dernières préoccupations données à cette invention, j'avais vu avec regret, pour son développement, que ce travail nécessitait une longue habitude de la part des ouvriers et des soins minutieux. Mes nouvelles dispositions rendent l'exécution plus courante en même temps qu'elles me semblent devoir augmenter la sensibilité et la précision.

» Vous auriez, en outre, pendant trois mois la faculté de déclarer que vous désirez monter une fabrique en Angleterre. Je devrais alors vous transférer mes droits à cet égard comme ci-dessus. Cette fabrique devrait, dans le délai de six mois, livrer les instruments aux mêmes conditions qu'en France.

» Dans le cas où vous n'accepteriez pas ceci, je me réserverais le droit exclusif de construire en France des baromètres anglais d'après mes brevets et avec ma désignation. Mais, soit que cette fabrication fût faite par moi, soit qu'elle eût lieu de mon chef, il vous serait dû une redevance de 5 % sur le produit de la vente des baromètres anglais ainsi fabriqués en France.

» Si ces propositions pouvaient vous être agréables, nous examinerions les diverses dispositions que j'ai successivement adoptées et les moyens d'exécution, et vous entreprendriez la fabrication dès que vous le jugeriez convenable. Je vous prêterais le local et l'outillage pour tout le temps qui vous serait largement nécessaire.

» J'ai l'honneur, etc. »

Par suite de cette lettre, le 31 décembre 1862, il fut passé, en l'étude de Me Péan de Saint-Gilles, notaire à Paris, un acte dont il est utile de faire connaître les points principaux pour quelques personnes que la chose peut intéresser.

BREVETS ET MATÉRIEL.

Donation a été faite à M. Breguet :

1º « Du droit exclusif, à partir du 1er janvier 1863, de construire en France des baromètres anéroïdes, d'après le brevet du 28 août 1858 » (M. Breguet n'a pas accepté le deuxième brevet du 12 mars 1862);

2° « De la totalité des meubles, outils, outillages généraux et spéciaux, fournitures, instruments construits et en construction qui se trouvent sur les lieux servant à la fabrique. »

DÉSIGNATION COMMERCIALE.

« Le nom de l'inventeur n'ayant jamais été mis en avant dans le commerce, il a été jugé inutile d'autoriser M. Breguet à s'en servir. Mais le mot *Anéroïde*, qui, dans l'origine, avait été employé pour désigner seulement l'invention, paraissant être devenu la propriété exclusive de l'inventeur, celui-ci confère par le présent tous les droits qu'il peut avoir à cet égard en France, à M. Breguet, mais sans aucune espèce de garantie.

» Cependant, comme un délai de trois ans est bien suffisant à M. Breguet pour établir le mérite de sa fabrication, au bout de ce temps, cette dénomination tombera de plein droit dans le domaine public en France. »

BAROMÈTRES ANGLAIS.

L'acte renouvelait à M. Breguet l'invitation de monter une fabrique en Angleterre, et l'offre gratuite, dans ce cas, des brevets anglais.

Les trois mois qui avaient été laissés pour en faire la demande au notaire, s'étant écoulés sans résultat, l'inventeur conserve « *le droit exclusif de construire, même en France, des baromètres avec les mots anglais, d'après ses brevets et avec la désignation d'Anéroïde,* » sauf une redevance au profit de M. Breguet de 5 % sur les produits bruts de la part de l'inventeur ou de ceux auxquels celui-ci confierait dans cette tâche la partie qui n'a pas été acceptée par M. Breguet.

OBSERVATION ACCESSOIRE.

« M. Breguet a tenu à protester qu'il n'avait rien fait pour provoquer cette donation; qu'avant la lettre du 2 décembre, il n'avait jamais vu l'inventeur et n'avait jamais eu avec lui aucune espèce de rapport. Celui-ci, de son côté, a déclaré qu'il n'avait connu de M. Breguet que sa réputation, et que, d'après cette réputation, il l'avait cru capable plus que personne de donner à cette invention un développement pour lequel il reste beaucoup à faire. »

A la suite de ces arrangements, l'honorable M. Breguet crut devoir répondre à une réclamation ultérieure que lui avait adressée Lucien Vidie :

Paris, le 30 janvier 1864.

« Monsieur Vidie, 8, rue de Rocroi,

» Nous recevons à l'instant la visite de M. B., chargé de la rédaction du journal le ...., auquel nous ne sommes plus abonnés.

» Il nous a communiqué en même temps l'article du

numéro de décembre 1863, relatif aux baromètres Anéroïdes et la lettre que vous lui avez remise.

» Nous avons vu avec un regret infini l'invention des baromètres Anéroïdes attribuée à Conté; à part tout autre sentiment, notre intérêt nous conduit à soutenir envers et contre tous que notre prédécesseur, ou la personne dont nous sommes les successeurs, est le véritable inventeur de l'instrument que nous fabriquons.

» M. ** a très-légèrement prêté notre cliché à MM. ......, sans demander, comme il l'aurait fallu, communication de l'article qui devait être fait ; c'est ce qui explique comment ces messieurs, trouvant le brevet au nom de M. Breguet, ou tout au plus transféré à Breguet, lui ont attribué le perfectionnement de la bielle.

» Nous prenons l'engagement d'être dans l'avenir plus prudents, nous tenons à vous en donner acte.

» Avant de quitter cette question, nous tenons à vous faire savoir que nous avons déjà eu une contrariété du même genre par un petit journal (la ....,) qui a fait un article absurde à tous égards, qui attribuait à Conté l'invention de l'Anéroïde (1). Nous ne vous en avons pas fait part au moment où nous l'avons

---

(1) Les trois jugements successifs qui déclarent que jamais Conté n'a eu le plus vague concept du baromètre Anéroïde sont rendus depuis le 9 juillet 1861, et, de l'aveu de M. Breguet, voilà deux journaux qui n'en tiennent aucun compte. Nous pourrions trouver vingt autres exemples. Des deux journaux cités par M. Breguet, l'un d'eux est inexcusable, parce que ses rédacteurs sont de niveau avec la science, à moins qu'ils ne préfèrent se replier derrière une ignorance que personne n'accepterait. Le rôle de publiciste n'est honorable qu'à la condition d'être juste.

appris, à cause du peu d'importance de ce petit journal et du peu d'autorité de ses allégations. Nous nous sommes seulement promis de ne plus prêter notre cliché qu'à des gens sérieux, et avec la condition de nous communiquer leurs articles.

» Veuillez agréer,
» Monsieur,
» L'assurance de notre haute considération,
» L. Breguet. »

De ce qui précède, on peut conclure que Lucien Vidie ne fit une telle largesse à M. Breguet, que dans l'intérêt de son invention, que parce qu'il comptait sur la vieille réputation de la maison Breguet pour continuer son œuvre, non pas au point de vue de la spéculation commerciale, mais pour y apporter son contingent de lumières et les soins qu'entraînent le désir de bien faire et les devoirs d'une réputation séculaire. M. Breguet n'avait rien sollicité, mais il a accepté; par cela seul, il a contracté envers l'inventeur une dette qu'il tiendra à honneur d'acquitter, nous osons l'espérer.

CHAPITRE VI

Sa Mort.

Le temps, comme cela arrive presque toujours, avait fini par cicatriser ses blessures ; une franche gaieté avait succédé à une agitation permanente. Mais deux maladies incurables, qui s'étaient révélées avec une certaine intensité à l'époque de ses premiers procès, firent de fréquentes apparitions : c'étaient l'asthme et la goutte.

La médecine épuisa sur lui son contingent de traitements ordinaires. Las des tentatives, Lucien Vidie fit comme bien d'autres, il eut recours à l'empirisme ; il crut trouver dans les réactions réfrigérantes des bains de mer un terme à ses maux : l'été, il prit des bains, puis pendant l'automne, et, comme notre inexpériente nature ne s'arrête pas dans la voie des extrêmes, il continua ce régime en plein hiver. Sur ce point, les conseils de la science, les supplications de l'amitié, furent inutiles pendant la dernière période de sa vie.

Le plus grand regret de Lucien fut de voir que son ami, criblé de rhumatismes, ne partageât point sa conviction, et qu'il n'essayât pas un peu de cette bienfaisante panacée.

Pendant quatre à cinq ans, deux fois chaque semaine, il allait se plonger dans les flots de l'Océan, aussi bien en janvier qu'en juillet, alors même que le thermomètre marquait 9 à 10° centigrades au-dessous de zéro. Il partait souvent de Paris pour Boulogne ou Trouville, marchant avec peine, étouffant sous ses oppressions; puis il revenait, marchant et respirant comme un homme dans la plénitude de sa force virile. Il s'y trompa, persista dans ce dangereux système, et y trouva une fin prématurée.

Un soir, revenant de Boulogne, il regagnait son appartement du Palais-Royal bien péniblement. On le vit, dans le parcours de la rue Vivienne, s'appuyer sur les boiseries des magasins; la fièvre le dévorait. Son nouveau domestique, Wannson, qui venait de remplacer près de lui l'ancien domestique-secrétaire du célèbre historien Augustin Thierry, n'avait eu que le temps de le mettre au lit, lorsque le médecin arriva.

Lucien avait une fluxion de poitrine. Pendant la durée de cette maladie, rien ne put le retenir au lit: dur au mal, inflexible dans ses idées, il se levait de quart d'heure en quart d'heure; s'appuyant sur les meubles, il se traînait vers une fenêtre, et jetait son regard terne sur le jardin du Palais-Royal. Et cependant il avait consulté son médecin, M. Moissenet, sur le danger de sa situation; et M. Moissenet lui avait déclaré que le cas était grave, mais que, s'il suivait ses conseils, il y avait d'heureuses chances de guérison.

Le neuvième jour, le médecin ne conservait pour ainsi dire plus d'espoir; cependant, la constitution robuste du malade, pendant les jours suivants, parut le ramener vers un mieux sensible; mais M. Moissenet n'osait pas compter sur son rétablissement. En effet, le 5 avril, Lucien se tint presque constamment assis près de son feu. Dans la nuit du 6, il dit à son domestique qu'il se sentait fatigué; il regagna son lit, s'y étendit, tomba dans un assoupissement, poussa un profond soupir, et expira vers les quatre heures du matin.

Vidie n'avait donné connaissance de sa situation ni à sa famille, ni à son ami, que cent lieues séparaient de lui. Ce dernier apprit du même coup sa maladie et sa mort, le 6, à 8 heures du matin, par trois dépêches successives.

L'ami prit le train du soir, et, lorsqu'il arriva à Paris, le 7 au matin, une belle-sœur et un neveu du défunt occupaient leur place naturelle auprès du mort.

Ses obsèques eurent lieu le dimanche 8 avril, à 9 heures du matin; les cérémonies religieuses s'accomplirent avec une certaine grandeur dans l'église Saint-Roch. Puis il fut conduit au cimetière Montmartre, et déposé dans un caveau provisoire, avec tous les honneurs dus à sa mémoire.

Le 4 juin suivant, un sarcophage, élevé par l'amitié, se trouva prêt; l'exhumation eut lieu : le corps fut déposé dans sa dernière demeure, à 6 heures du matin, en présence de l'écrivain de cette Notice et de quelques intimes, par une pluie battante et sous une impression navrante.

CHAPITRE VII

Adieux.

Mon cher Lucien,

J'ai fait ce que j'ai pu pour conserver ton nom et ton œuvre à la mémoire des hommes ; j'ai tracé cette Notice avec les souvenirs frappants d'une amitié sincère que ne purent altérer ni les circonstances, ni la dissemblance de nos caractères.

Ton existence fut vouée au travail, aux lentes investigations de la science, et tu trouvas sous tes pas l'envie, les déceptions ; tes jours s'écoulèrent dans l'amertume. Les Tribunaux ont déjà fait justice des erreurs judiciaires qui t'avaient si cruellement frappé : ils t'ont rendu l'honneur de ta découverte; les temps viendront où les savants te décerneront la place due à tes studieux travaux. Ne m'as-tu pas répété *qu'il était logique qu'une chose nouvelle fût mal jugée*. Crois à mes pressentiments, l'avenir t'appartient !

Tu laisses une réputation d'honnête homme que tes

envieux ont eux-mêmes proclamée; tu laisses un nom célèbre inséparable de ton œuvre, et une œuvre qui rend et rendra de plus en plus d'éminents services à la science, à la marine, à l'agriculture, à la sécurité de tous les moteurs à vapeur. Ta vie a été largement utile aux hommes, et dès-lors bien remplie !

Adieu, mon vieux camarade.

CHAPITRE VIII

Notice publiée par Lucien Vidie, en 1861,

sur

Les Anéroïdes (les Baromètres, les Manomètres), et sur sa
demande de prolongation de Brevets.

Nous avons religieusement conservé cette brochure en son entier, parce qu'elle contient des enseignements précieux, qui ne pouvaient trouver place dans les chapitres précédents. Elle est entièrement due à sa plume.

LES ANÉROÏDES.

Peu de temps après que la Cour de Paris eut rendu à l'auteur des Anéroïdes ses droits à l'invention, un des écrivains de la presse scientifique vint lui demander s'il n'avait pas rédigé quelque chose sur ce sujet : c'était, disait-il, à celui à qui on devait l'invention qu'il appartenait d'en donner une première et complète description.

Dans cette démarche désintéressée et empreinte de

bienveillance, il y avait en même temps quelque chose de modeste et de sage ; non pas que le principe ne soit des plus simples à concevoir, et qu'il ne puisse être expliqué par tout autre et mieux que par un inventeur, dont l'esprit reste toujours embarrassé dans les langes de ses premières pensées; mais c'est que l'application de ce principe a dû exiger diverses conditions que ne révélerait peut-être pas suffisamment la vue de l'instrument.

On pouvait d'ailleurs espérer autre chose.

C'est, en effet, sur l'expérience, partout où elle se produit, que les sciences fondent de plus en plus l'espoir de leurs progrès.

A l'une des plus anciennes et des plus belles, il a pu suffire, pour en jeter les bases, du simple aspect du ciel observé par les bergers et les navigateurs pour les besoins de leurs industries, des premières du monde ; et lorsque, plus tard, Newton est venu donner à l'astronomie un si grand essor, l'idée lui en a surgi, dit-on, en voyant un fruit tomber de sa branche.

Sur des données si simples, le calcul a pu se lancer à perte de vue, et arriver, de nos jours, à des résultats prodigieux; mais il n'en est point ainsi de l'étude intime des corps. Les causes peuvent y être assez difficiles à saisir et à suivre, pour que nos prévisions aient besoin d'être à chaque pas jalonnées par des essais. Si ces essais demandent à être trop multipliés et trop longs pour des études ordinaires, et que les arts n'offrent pas d'éléments suffisants dans les combinaisons diverses qu'ils créent sans cesse pour notre usage, la science peut rester pendant des siècles dans l'erreur ou le doute sur les points les plus fondamentaux de ses traités.

C'est ainsi que, comme il n'avait jamais existé aucune enveloppe conservant le vide indéfiniment sous de minces parois métalliques, ni aucun appareil élastique restant suffisamment soumis à de fortes pressions avec un mécanisme accusateur des moindres affaiblissements, tant et de si savants travaux mathématiques auxquels on s'est livré sur les molécules n'avaient pu garantir ni la possibilité de tenir ainsi le vide, ni la possibilité d'une élasticité parfaite.

Mais après ces deux questions résolues par l'existence des Anéroïdes, combien d'autres restaient à étudier, surtout au sujet de l'élasticité, notamment sur les alliages, sur l'écroui, sur la trempe, qui en modifient si gravement la valeur ; sur l'action de la chaleur, sur les dérangements qu'elle peut déterminer ; sur d'autres circonstances aussi, comme il peut s'en présenter quand, pour des desseins nouveaux, on soumet la matière à des observations nouvelles!

Le breveté n'avait-il pas dû au moins, au delà d'un premier but à atteindre, échelonner l'exécution de ces instruments dans des conditions diverses, afin d'établir quelques lois pour diriger les changements qu'on voudrait apporter aux dimensions ou aux formes ?

Si, dans ses tentatives ruineuses, il avait fait preuve de quelque goût pour la science, il avait dû sans doute plus tard regarder comme un jeu de créer de puissants appareils enregistreurs avec ces feuilles de métal qui remplaçaient des masses de mercure, ainsi que de faire interroger l'atmosphère par de légers diaphragmes, depuis ses ondulations les plus souples jusqu'à ses mouvements vibratoires ?

En observant chaque jour la pression de l'atmosphère mesurée par l'élasticité des Anéroïdes en regard des indications données par le poids du mercure, aurait-il entrevu quelque étude comparative à faire sur l'élasticité et la pesanteur ?

On conçoit que quelqu'un, ami du progrès, soit venu frapper à cette porte.

L'inventeur chercha autour de lui : il avait plus de vingt imprimés, mais que disaient-ils ? L'histoire du baromètre telle qu'elle avait été jusqu'à ses procès ; puis le fait de l'Anéroïde, et ils arrivaient à la lutte contre les mémoires, les rapports, les décisions qui faisaient triompher une double thèse, à savoir, que le baromètre transportable qui, après Gay-Lussac, fut encore le rêve d'Arago, avait été inventé cinquante ans, quatre-vingts ans même, avant son brevet de 1844, et cinq ans plus tard (1).

Triste travail qui, après la bulle de savon détruite, ne devait rien laisser d'utile, rien à extraire, si ce n'est, pour l'excuse de l'auteur (entouré de procédures encore en 1860), ce passage de 1851 :

---

(1) 1758, 1759. *Mémoires de l'Académie des Sciences de Saint-Pétersbourg.*
Floréal an VI. *Bulletin des sciences de la Société philomathique.*
19 avril 1844. Premier brevet des Anéroïdes.
18 juin 1849. Brevet de M. B..... (M. B..... est le même que M. X désigné dans les chapitres précédents.)

« N'est-ce pas au moment où un inventeur arrive au
» succès qu'il doit rencontrer l'envie pour flétrir son
» travail, la contrefaçon pour s'en emparer et, chose
» déplorable, lui faire consumer dans de misérables
» débats des années qui devraient être employées plus
» utilement? »

Et qu'on ne suppose pas que ce dut être seulement la préoccupation d'un moment. N'avait-il pas encore à l'imprimerie une réponse préparée à un professeur qui, en décembre 1859, était venu, en trente-cinq pages in-quarto, éclairer la Cour d'appel sur *les aberrations d'un jugement dont il avait presque honte pour le Tribunal?*

L'avocat des Anéroïdes, qui voyait que le jour commençait à se faire et que le ministère public et les juges arrivaient à étudier sévèrement ces autorités scientifiques, Me Sénard avait dit de laisser là cette réponse; le travail du juge, si précis, si lucide, devait dominer de bien haut *la mission technique* de M. le professeur de l'École Centrale.

Ce n'était plus le temps où on pouvait venir, sous l'autorité de la science, présenter à la justice un piston allant et venant dans un corps de pompe, ou des calottes superposées comme les hémisphères de Magdebourg, pour le vase barométrique à parois continues et flexibles.

Mais enfin ces procès semblaient à leur terme; il fallait n'y plus songer et se mettre à l'œuvre: il promit de le faire.

Pour cela, il fallait chasser complétement le souvenir de l'invention comme contestée, seul point de vue auquel il ait été donné de la considérer, et d'écrire des volumes pendant des années.

Il fallait, à défaut de travaux faits, offrir au moins quelque programme, formuler des espérances. Pour cela, il fallait chercher dans les souvenirs du passé ce qui n'était alors que des aperçus de l'avenir. Même dans ce simple but, il fallait de certaines expériences, et il devait s'attendre à de nouveaux ennuis, quand il voudrait se remettre un peu au travail avec un brevet fini.

Le visiteur revint au bout de huit ou quinze jours, croyant trouver l'ouvrage fait. Il comprit sans doute quelque chose de ce qu'il en était, car on ne le revit plus.

L'auteur le comprend à son tour et porte à l'imprimerie cet opuscule tel qu'il est, pauvre de faits pour la science, diffus pour le public, mais qui présentera peut-être quelques notions utiles à ceux qui s'occuperont de la construction de ces instruments ou qui chercheront à en modifier les dispositions.

BAROMÈTRE DE TORRICELLI.

Vers 1640, comme on le sait, Galilée découvrit que c'est la pression de l'atmosphère qui fait monter l'eau dans les pompes, lorsqu'on y fait le vide.

Cette pression énergique qui s'exerce pareillement sur tous les corps était précieuse à étudier. C'est sa connaissance, en effet, qui a valu aux sciences modernes, en partie, leurs progrès ; Pascal l'appliqua bientôt à la mesure des hauteurs, et l'expérience apprit à en tirer de précieuses conjectures météorologiques.

Ce fut Torricelli, disciple de Galilée, qui donna le moyen de mesurer cette pression et d'en voir les changements. Il remplaça le corps de pompe par un tube transparent : à la colonne d'eau qui devait être refoulée jusqu'à 32 pieds pour balancer la pression de l'air, il substitua un liquide beaucoup plus pesant, le mercure.

L'instrument, dans ces conditions, restait encore avec une hauteur de près de 3 pieds, et la fragilité surtout de ce tube de verre et son réservoir au bas, où il devait rester plongé, en rendaient le transport très-difficile. Torricelli, d'ailleurs, en réduisant à près d'un quatorzième la hauteur de la colonne liquide, avait réduit d'autant l'étendue des oscillations ; aussi les savants se préoccupèrent-ils, dès l'apparition du baromètre, de chercher à rendre cet instrument plus petit, plus transportable et plus sensible.

On pourrait écrire un long ouvrage très-curieux, mais sans utilité, sur toutes les tentatives qui ont été faites pendant deux siècles dans ce sens. Peclet, dans son Traité de Physique, a recueilli les plus remarquables :

« Les baromètres à large cuvette, dit-il, ceux de
» Gay-Lussac, de Fortin et celui à cadran sont les
» seuls en usage. Mais depuis la découverte de Torri-
» celli, on a modifié les baromètres d'une infinité de
» manières. Plusieurs présentent des dispositions in-
» génieuses qui peuvent recevoir d'autres applications,
» et, d'ailleurs, il est utile de les faire connaître, afin
» que ceux qui tenteraient de perfectionner le baro-
» mètre ne retombassent pas dans des dispositions
» déjà proposées inutilement. »

Il donne la description des baromètres d'Amontons, de Descartes, d'Huygens, de Hock, de Fahrenheit, de Dominique Cassini, de Daniel Bernouilli ; celle des baromètres inclinés, des baromètres à niveau fixe et de ceux à cuvette indépendante : tous à mercure.

BAROMÈTRE ANÉROÏDE.

Comme des milliers d'autres que leur humble talent a condamnés à l'oubli, M. Vidie s'était attaché à ce problème, mais avec plus d'opiniâtreté probablement que personne et plus de résolution dans les sacrifices à faire. Rebuté du peu de valeur de diverses combinaisons qu'il avait imaginées avec les liquides, il chercha de nouvelles voies (a).

Il se demanda si on ne pourrait pas juger les changements de pression de l'atmosphère par les mouvements que doit éprouver à sa surface tout corps élastique et impénétrable sous ces changements de pression : ce serait substituer à la pesanteur, qui n'agit que verticalement, l'élasticité, qui réagit indifféremment dans tous les sens. On pourrait alors remplacer les liquides par des solides et faire des baromètres parfaitement transportables.

Cette idée se trouve développée de la manière suivante dans son premier brevet du 19 avril 1844, avec les détours que suit inévitablement la pensée à la recherche de nouveaux moyens. Cet exposé a paru puéril lorsqu'on a pu, d'un même coup d'œil, embrasser le point de départ et le but. Mais enfin, c'est le titre primitif où on a si longtemps contesté l'existence de l'invention ; c'est la pièce qu'a eue la justice à approfondir pour décider si les Anéroïdes ont eu leur origine là, en 1844, ou bien, en 1758, dans les comptes-rendus de l'Académie des Sciences de Saint-Pétersbourg.

Premier Brevet du 19 avril 1844.

« Le premier instrument qui a servi à démontrer la pression de l'atmosphère sera toujours le plus beau et le plus sûr moyen de la mesurer.

» Cependant les inconvénients que présente sa construction pour l'usage habituel, entre autres, sa hauteur et la difficulté de le transporter, ont beaucoup attiré l'attention des inventeurs.

» Trop préoccupés de l'idée de Torricelli, ils ne sont pas sortis de l'emploi des tubes et des liquides.

» On aurait pu songer que, la matière étant compressible et parfaitement élastique, dans de certaines limites, tous les corps qui ne sont pas pénétrés par l'air se compriment ou se dilatent journellement sous ses tensions diverses : ce sont de vrais baromètres.

» *Les changements de volume* que les corps éprouvent de la sorte sont, il est vrai, si bornés, que tous les secours qu'on emprunterait à la mécanique pour les faire apprécier à la vue ne réussiraient pas dans la pratique, à moins qu'on ne donnât à l'instrument des dimensions si extravagantes qu'il serait ridicule d'en parler.

» Mais en examinant la résistance qu'une masse pleine, *de métal* par exemple, oppose à la pression qui s'exerce sur sa surface, on remarque d'abord que cette force est loin de mettre en jeu toute la course de l'élasticité du corps solide ; qu'on pourrait donc, en le dégageant intérieurement, le faire céder bien davantage sans cependant l'altérer.

» Substituons ainsi à une colonne pleine, d'un décimètre de diamètre, *un tube* semblable à l'extérieur, mais d'un demi-millimètre seulement d'épaisseur, solidement *fermé par les bouts :* la section du métal à comprimer étant cinquante fois moins grande, on obtiendra de l'appareil une marche cinquante fois plus étendue, ou l'on sera libre de réduire d'autant sa hauteur. Elle devrait encore excéder de beaucoup celle des plus hautes montagnes, si on voulait que son sommet fût susceptible d'osciller comme celui de la colonne de mercure.

» Dans l'impossibilité de dépasser les limites de l'élasticité, deux moyens se présentent pour rendre ses effets plus sensibles.

» 1º Nous avons jusqu'ici fait marcher la matière directement sous la pression; nous avons *additionné* ses mouvements. On peut les *multiplier* en employant *une forme d'inégale résistance*, telle que celle d'une sphère creuse aplatie. Même en lui donnant des dimensions assez restreintes, quelques-unes de ses parties pourront se rapprocher d'une quantité très-notable, sans que néanmoins les molécules, dans leurs rapports vicinaux de cohésion, dépassent l'écartement au-delà duquel surviendrait une déformation permanente.

» On obtient ainsi un premier effet de levier sans pièces détachées. »

Le brevet explique ensuite comment, avec des ressorts, on peut parvenir à un plus grand degré de flexion, et il ajoute :

« Arrivés à ce point, il nous est facile, à l'aide de vis ou d'engrenages, de transmettre les mouvements à une aiguille qui donnera des indications sur un cadran. »

LE VASE BAROMÉTRIQUE.

Suivant l'expression du brevet anglais, le vase barométrique est une sorte de coussin élastique soumis à la pression de l'atmosphère et en subissant les changements comme le mercure dans l'ancien baromètre : c'est le moteur, l'âme de l'instrument; à ses extrémités ou à ses flancs se rattache le mécanisme qui en rend les oscillations plus sensibles à la vue.

Imperméabilité. — Une des principales conditions que ce vase doit remplir est l'imperméabilité. Il faut qu'il retienne exactement à sa surface l'atmosphère, qu'il doit peser constamment. Il n'est pas nécessaire que le vide soit parfait en dedans, la résistance élastique pouvant se composer (sauf certains inconvénients) de celle du vase lui-même et de celle de l'air resté à l'intérieur; mais une fois que le vase a été clos et que les indications du cadran ont été établies d'après l'état où l'appareil se trouvait alors, il ne faut pas que d'autre air puisse y pénétrer, sans quoi, la résistance intérieure s'accroissant, la pression extérieure de l'atmosphère sur le vase semblerait diminuer.

Avant les Anéroïdes, il était admis et prouvé d'ailleurs, par l'expérience de l'ancien baromètre, que le verre est impénétrable à l'air; mais, relativement aux métaux, qui étaient éminemment la matière à employer, la science enseignait leur porosité, leur pénétrabilité, réduits surtout en lames minces et soumis à de fortes pressions (1). Le vase barométrique semblait donc impossible.

L'inventeur, sur de vagues pressentiments, espéra qu'il pourrait en être autrement, ou, du moins, il voulut le tenter jusqu'à preuve certaine du contraire. Dans ses premiers essais, il vit des vases laisser rentrer immédiatement l'air qu'on venait d'en retirer, d'autres, avec une certaine lenteur; quelques-uns semblaient conserver le vide. Il fallait en conclure que la rentrée de l'air ne provenait point d'une porosité générale existant dans toute l'étendue de la feuille de métal, mais qu'il fallait l'attribuer à des défauts accidentels, à quelques solutions de continuité. Et cependant il lui arriva plus d'une fois, par l'effet de certaines circonstances, après une réussite qui semblait certaine, de ne pouvoir de nouveau tenir le vide, et de rester là, pris de tristes découragements.

De longues années ont prouvé maintenant la possibilité de maintenir le vide dans des vases barométriques très-minces, mais il s'en trouve toujours qui ne le

---

(1) Voir les *Eléments de physique expérimentale* de M. Pouillet, 3e édition, de 1837, et les autres traités de physique avant 1844.

Le même, 7e édition, de 1856.

Page 23 : « Les métaux eux-mêmes donnent des preuves sensibles de porosité... »

Page 24 : « Un grand nombre de corps sont assez poreux pour se laisser pénétrer par les fluides dès qu'ils sont en contact avec eux : il y en a d'autres qui ne se laissent pénétrer qu'après un temps plus ou moins long et sous une pression plus ou moins forte... Il est très-heureux pour nos expériences de physique que le verre soit absolument imperméable à tous les fluides. »

conservent pas. Parmi ceux-ci, il en est qui le perdent avec tant de lenteur, qu'on ne peut le juger qu'en observant la marche de l'instrument comparativement à celle d'un baromètre dont on est sûr. La pression de l'air, en se rétablissant graduellement à l'intérieur, rendra les indications de plus en plus faibles relativement à ce qu'elles devraient être.

Ces observations, pour offrir quelque sécurité, ne doivent pas seulement être faites en un certain nombre, mais surtout avec des délais suffisants. Supposons, en effet, une rentrée d'air capable de faire rétrograder l'aiguille d'un cinquantième de millimètre par jour; ce n'est pas au milieu de diverses causes et dans des observations ordinaires qu'on le remarquera bien positivement en quelques jours. L'Anéroïde aura paru suivre d'une manière satisfaisante le mercure dans toutes ses oscillations, et cependant un pareil instrument serait si défectueux, qu'au bout de dix ans il n'atteindrait pas le minimum de la pression ordinaire d'un lieu quand celle-ci serait à son maximum. Mais au bout d'un mois, il aurait déjà accusé une erreur de plus d'un demi-millimètre, et par conséquent très-notable.

Pour trouver les fuites, on peut, suivant le moyen le plus usité en pareil cas, refouler de l'air à l'intérieur du vase, en ayant soin de le plonger dans l'eau pour voir par quel endroit l'air sort. Mais, dans bien des cas, ce n'est qu'avec beaucoup de temps qu'il peut se créer une bulle sur quelque point de la surface.

Dans l'origine, on se livrait à ces recherches avec les soins les plus minutieux, mais comme étude. Dans la pratique, il est plus simple de faire repasser les soudures, et, après l'avoir fait une ou deux fois sans succès, de mettre le vase au rebut.

Un calcul fort simple montrera quelle peut être la ténuité des filets d'air qui pénètrent dans ces sortes de clepsydres.

On a parlé plus haut d'un baromètre où, par suite d'une rentrée d'air, l'aiguille aurait rétrogradé d'un cinquantième de millimètre en un jour. Supposons un défaut cinquante fois plus grand, et, ainsi, qu'il se soit établi une pression intérieure équivalente à un millimètre de mercure. Il faudra, pour cela, qu'il soit rentré dans le vase 1/760 de la quantité d'air qu'il pourrait contenir. Si sa capacité est de 50 centimètres cubes, cet air intérieur ne représenterait sous la pression ordinaire que 65 millimètres cubes. En admettant même que l'air ne se précipite dans le vide qu'avec une vitesse de 300 mètres par seconde, on trouvera que ce volume, pour avoir mis vingt-quatre heures à passer, a dû rencontrer un orifice ayant à peu près la *quatre cent millionième partie d'un millimètre carré*.

Pour l'exactitude du calcul, il faudrait, il est vrai, appliquer à l'écoulement un coefficient de réduction ; mais ceux qui ont été confirmés par l'expérience sont trop loin de conditions pareilles.

Pour faire le vide, on met le vase en communication avec la machine pneumatique au moyen d'un tube étroit et très-malléable. Après avoir suffisamment pompé, on écrase fortement le tube, pour boucher le canal; on le coupe, et, pour plus de sûreté, on en garnit le bout avec de la soudure. On peut aussi mettre l'instrument sous une cloche, et, après avoir fait le vide, fermer le passage avec un fer à souder que l'on manœuvre du dehors à travers une boîte à garniture. On peut employer aussi l'électricité et quelques autres moyens.

Une précaution utile à prendre est de chauffer fortement le vase quand on y fait le vide, afin d'être sûr qu'il n'y reste pas d'humidité, ce qui donnerait à l'instrument une marche très-anormale.

Élasticité. — Une deuxième condition essentielle à exiger du vase barométrique, est une élasticité parfaite. Il faut qu'après avoir cédé sous la pression d'une certaine quantité, il ne cède pas davantage, que sous une pression plus grande, et, quand celle-ci viendra à diminuer, il faudra que le vase revienne pour chaque diminution aux points où il était précédemment. Le moindre affaiblissement dans sa résistance produirait dans les indications données au bout de l'aiguille des aberrations inadmissibles.

Cette élasticité parfaite n'était guère moins contestée aux métaux que leur imperméabilité.

Maintenant que les Anéroïdes ont pu supporter, sans faiblir, sur leurs minces parois une pression équivalente à celle de la colonne d'eau de 32 pieds, et présenter après des années leur aiguille aux mêmes points pour les mêmes tensions de l'atmosphère, l'élasticité parfaite ne laisse plus de doute. Il ne reste plus qu'à en étudier le meilleur emploi.

ÉPAISSEUR. — Il est clair que plus on diminuera l'épaisseur du diaphragme qu'on oppose à l'atmosphère, plus celle-ci devra, pour arriver à l'équilibre, y déterminer de mouvement; mais il faudra évidemment s'arrêter dans cette voie à de certaines limites qu'on ne saurait dépasser sans désagréger la matière.

FORME. — Il n'est pas moins évident qu'il faudra présenter cette feuille à l'atmosphère dans des conditions de résistance semblables, et par conséquent avec la forme sphérique, si l'on veut développer toute l'élasticité du métal employé. Mais alors, pour utiliser tout l'effet produit, il faudrait qu'on pût le recueillir sur chaque point de la surface. La mécanique, d'ailleurs, réussit mal à appliquer des mouvements énergiques et courts.

Si de la forme de la sphère, qui présente la résistance égale dans toute son étendue, on passe à celle du cylindre, qui l'offre aussi sous certains rapports, on rencontre à peu près les mêmes avantages et les mêmes inconvénients.

Mais qu'on déforme la sphère, qu'on plisse, qu'on aplatisse, que l'on courbe le cylindre, on aura détruit la résistance égale de la feuille; elle cédera plus dans de certaines parties que dans d'autres, il y aura flexion, effet de levier, multiplication du mouvement. La puissance développée sera moindre, il est vrai, relativement à la quantité du métal employé (ce qui n'est qu'une considération futile), mais cette puissance sera plus applicable, comme se résumant mieux en un point donné et avec plus d'étendue.

Le nombre des formes d'inégale résistance est infini. Le brevet en a indiqué deux.

La première, très-connue, est une sorte de sphère aplatie. La pression de l'atmosphère fait fléchir et rapprocher les deux parois opposées. Si elles étaient planes et ainsi se tendant sous la pression, elles céderaient peu ; mais elles sont munies de cannelures qui, en s'ouvrant ou se refermant d'une quantité presque insensible, facilitent l'extension et accroissent considérablement le mouvement du centre.

La seconde forme, fig. 1, est celle d'un tube fermé par les bouts et plissé circulairement. Chaque pli fléchit sous l'effort de la pression ; ces plis s'assoient ainsi l'un sur l'autre, et, suivant que la pression augmente ou diminue, les deux extrémités du tube se rapprochent ou s'éloignent.

En 1848, un ingénieur prussien, nommé Schinz, a imaginé une autre forme, et l'a aussitôt appliquée aux manomètres sur les chemins de fer. C'est un tube très-mince en métal, fermé par les bouts de même que le précédent ; mais, au lieu d'être plissé, il est aplati et courbé : les deux extrémités se rapprochent ou s'éloignent selon la pression, comme dans le tube plissé.

Au mois de juin 1849, un mécanicien de Paris prit un brevet en France pour cette nouvelle forme imaginée par Schinz. « Le nouveau système de manomètre » pour lequel je désire un brevet, disait son Mémoire, » est essentiellement différent de tout ce qui a été

» proposé et mis à exécution jusqu'ici..... » C'était *une nouvelle loi de physique* qu'il avait découverte par hasard en réparant des tuyaux de plomb. Il donna immédiatement un très-grand développement à l'exploitation de ces manomètres.

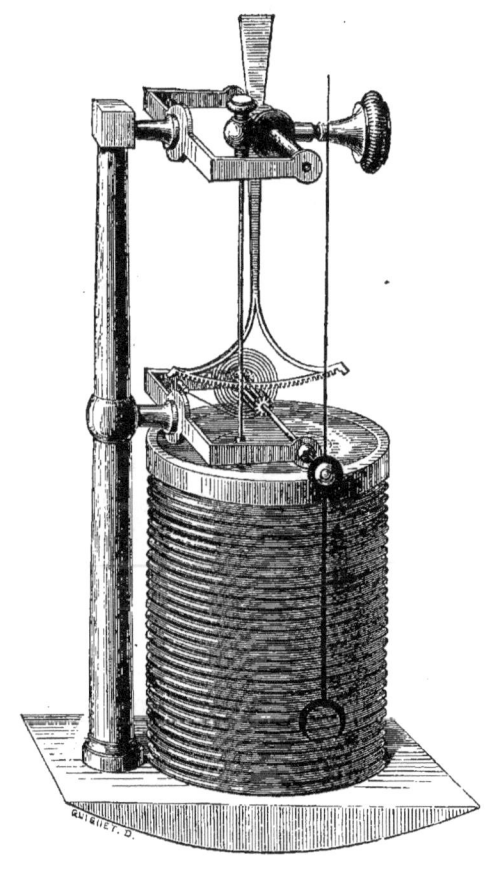

Figure 1. — *(Grandeur d'exécution.)*

En 1851, enhardi par le succès, il voulut passer

aux baromètres ; c'était la partie la moins lucrative et la plus difficile de l'invention, mais celle qui avait été le principal objet des préoccupations de l'inventeur. Alors s'engagea une première discussion.

Conformément à des ouvrages très-sérieux, qui ne craignirent pas, à cette époque, de refaire, au profit de M. B, l'histoire de la physique, conformément surtout à l'opinion des savants français qui venaient d'être envoyés à l'Exposition de Londres, le Tribunal déclara que M. B avait fait *une découverte aussi ingénieuse qu'utile*. L'inventeur fut condamné à une indemnité, aux frais et dépens, et à 2,600 francs d'insertions dans les journaux. M. B put ainsi continuer pendant de longues années à usurper l'honneur et le prix de l'invention.

En 1858, l'auteur a pu provoquer un nouvel examen dans des conditions moins défavorables, et un jugement, qui a été confirmé par arrêt, en décembre 1859, lui a rendu l'honneur de son invention.

Les conséquences de la première décision devaient rester acquises à celui qui avait été, sans succès, poursuivi comme contrefacteur. Une somme de 10,000 francs a pu seulement être allouée à l'inventeur. Elle ne l'indemnisait pas, il est vrai, des condamnations indûment subies et des frais de ces longs procès; mais elle lui a été adjugée comme consécration de ses droits violés.

C'est, sans doute, en considérant à regret cette indemnité comme telle et non pas à raison de la somme, que M. B, millionnaire aujourd'hui, poursuit le débat (1).

M. Schinz, qui n'avait aucun intérêt à attribuer quelque chose d'inconnu, de mystérieux aux fonctions du tube courbé, en avait expliqué le principe dans les journaux, avant le brevet de M. B, de la même manière que la description de 1844 et avec plus de précision : « Les parois de tous les vases, disait-il, si ce
» ne sont pas des surfaces cylindriques ou sphériques,
» changent leurs formes lorsqu'elles subissent une pres-
» sion intérieure. Pour utiliser ces changements de
» formes, il fallait amener une disposition qui produisît
» des mouvements considérables sans avoir trop re-
» cours à l'élasticité du métal employé. L'inventeur
» *choisit* à cet effet un tube courbé en spirale ou en
» hélice, etc. »

Si l'on compare les deux formes de tube sous le rapport des résultats, on trouvera que le tube plissé donne un mouvement plus intense et le tube courbé un mouvement plus étendu, sans toutefois que cela dispense d'appliquer à l'un comme à l'autre un râteau et un pignon pour faire mouvoir l'axe de l'aiguille.

Le tube courbé doit, en grande partie, l'étendue de son mouvement à cette circonstance que, les instru-

---

(1) Pour l'intelligence de ce passage, il faut se rappeler que cette brochure a été publiée avant le 9 juillet 1861, alors que M. B s'était pourvu en Cassation. Plus tard, c'est-à-dire le 9 juillet 1861, la Cour de Cassation rejeta le pourvoi du sieur B.

(Note de A. L.)

ments se plaçant dans des boîtes rondes, on peut employer une longueur de tube presque égale au contour de la boîte. Mais cette longueur a l'inconvénient de présenter une certaine masse de métal suspendue à un bras très-flexible, où de légères secousses peuvent déterminer des oscillations.

Le tube plissé (si on le laisse droit) a le malheur de comporter à peine la longueur du diamètre de la boîte, et, encore, on est gêné par l'axe de l'aiguille, qui se trouve au milieu et au-dessus. Si alors on ne veut pas donner à l'instrument une épaisseur désagréable, il faut réduire la longueur du tube de moitié.

Mais si, au lieu d'établir les tubes parallèlement au fond de la boîte, on veut les placer verticalement, le tube plissé est seul possible, et on peut alors lui donner un diamètre presque égal à celui de la boîte : son exécution en devient beaucoup plus facile, sa flexion plus libre, et il est aisé d'obtenir une grande puissance motrice.

L'inventeur s'était beaucoup occupé de cette dernière disposition, et il avait divers projets à ce sujet, lorsqu'à l'apparition du tube de Schinz, il s'aperçut de quelques circonstances fâcheuses pour les jugements qu'on émettait à propos de cette nouvelle forme.

Comme on voit rarement apparaître une invention complétement nouvelle, et que les brevets, pour la plupart, ne portent que sur des modifications secondaires, on a l'habitude, pour apprécier celles-ci, de rapprocher les objets et d'en examiner la différence. Non-seulement, ici, on se plaçait de la sorte à un point de vue trop restreint, mais on semblait en outre parler des Anéroïdes sans en avoir vu les brevets.

On ne connaissait l'invention que sous la forme d'une boîte plate et cannelée, avec un ressort, une chaîne et une poulie. M. B mettait en regard un tube avec un râteau : l'aspect était très-disparate. De plus, la diversité des métaux, celle des couleurs et l'arrangement des pièces présentaient une certaine apparence de complication dans le premier instrument. On trouvait, au contraire, une grande simplicité dans le second, quoiqu'en bonne analyse il faille à peu près les mêmes organes dans les uns comme dans les autres pour obtenir les mêmes résultats.

Il était donc important, pour combattre ce préjugé, de répandre dans le public des baromètres construits, le brevet à la main, de la manière représentée figure 1. Comment voir, dans ce cas, autre chose qu'une différence apportée à la forme d'un tube ?

De nombreuses tentatives furent faites dans ce sens; mais, avec les dimensions dans lesquelles on tenait à se renfermer, il était trop difficile surtout de se procurer des tubes sans soudure, réguliers, minces et sans fuites. On ne parvenait à faire d'une manière satisfaisante, que des baromètres propres à la mesure de très-grandes hauteurs.

Il fallait, d'ailleurs, toujours à raison du procès, s'imposer une mauvaise condition, la suppression des ressorts, puisque c'était là un des principaux moyens sur lesquels on fondait et la différence et la supériorité des baromètres dits métalliques. Sur le premier point, l'inventeur répondait en vain par le texte de son brevet, qui spécifiait positivement le vase barométrique avec ou sans ressorts. Quant à la supériorité, il répondait, sans plus de succès : Si M. B n'emploie pas de ressorts, il a tort. Et, en effet, M. B en vient, dit-on, à l'emploi des ressorts.

Ressorts accessoires. — On a supposé que la partie du vase sur laquelle on considère l'action de l'atmosphère avait une épaisseur égale dans toute son étendue, comme il convient avec une forme d'égale résistance. Avec une forme d'inégale résistance, la théorie mécanique conseillerait des épaisseurs inégales; mais on a déjà trop de peine à obtenir des métaux laminés à un degré d'écroui requis et à une épaisseur demandée, à quelques centièmes de millimètres près.

On a aussi supposé des parois élastiques assez résistantes pour supporter par elles-mêmes la pression : le brevet propose de les faire seconder en un ou plusieurs points par des ressorts accessoires.

Comme on n'est pas gêné dans la construction d'un simple ressort, ainsi qu'on peut l'être quand il faut en même temps l'astreindre à la forme d'une enveloppe, il est facile de donner à ces ressorts une très-grande élasticité et même des élasticités différentes et graduées, selon la flexion dont le diaphragme est susceptible depuis sa circonférence jusqu'au centre.

Il est à remarquer qu'outre l'amincissement du vase, on peut, avec des ressorts, obtenir une double flexion. Si, en effet, un tube plissé, par exemple, est susceptible d'être comprimé, sans altération, de 4 millimètres, il pourra tout aussi bien être déprimé, tiré en sens contraire, de 4 millimètres également, et être présenté ainsi à l'atmosphère avec une élasticité de 8 millimètres. On peut même, en faisant réagir les ressorts au-delà de l'élasticité du vase, établir les choses de manière que le vase ne commence à descendre que sous une certaine pression, et affecter ainsi à peu près toute sa course élastique aux oscillations ordinaires.

Baromètres a gaz. — Les Anéroïdes avaient été imaginés avec la conviction que l'élasticité des métaux était parfaite dans de certaines limites. Le résultat des premiers essais avait semblé démontrer qu'il en était ainsi, quand, au bout de quelque temps, il arriva que des instruments commencèrent à céder sous la pression.

Vers cette époque, un savant avait présenté à l'Académie le résultat de longues et nombreuses expériences, desquelles il fallait conclure que la matière devait toujours céder, quelque faible que fût la pression. Si l'on avait cru jusqu'alors le contraire, c'était parce que les expériences n'avaient pas été suivies assez long-temps ou avec assez de délicatesse. Une commission avait été nommée pour examiner ce travail, et l'Académie, conformément à son rapport, avait sanctionné ces graves conclusions (1). L'invention des Anéroïdes croulait par sa base.

---

(1) Voir les comptes-rendus de l'Académie des Sciences, année 1844. *Page 923.* — Il s'agissait de résoudre les questions suivantes, qui étaient restées par-

Un moment découragé, l'inventeur songea bientôt à étudier comment l'élasticité céderait sous la pression dans des conditions diverses, pour voir si l'on ne pourrait pas trouver entre des défauts différents un moyen de rectifier les indications ; mais c'étaient bien des essais à entreprendre et des études d'une application fort aventureuse.

L'élasticité parfaite des gaz n'ayant jamais été mise en doute, il semblait préférable d'y avoir recours en établissant des vases clos avec une atmosphère intérieure qui se comprimerait ou se déprimerait sous les changements de la pression extérieure. Les parois, dans ce cas, se trouvant pressées à peu près également en dedans et en dehors, pourraient être assez minces pour qu'il fût permis de négliger l'élasticité métallique du vase et ses inconvénients, d'autant plus qu'on pouvait mettre la paroi, flottante pour ainsi dire à la pression moyenne, entre les deux atmosphères ; malheureusement, de nombreuses difficultés se présentaient.

On sait combien est grande la dilatation des gaz. Des

---

faitement indécises jusque-là. . . . . 5° Y a-t-il une vraie limite d'élasticité parfaite, et quelle est sa grandeur pour les différents métaux ? . . . .

Page 927. — L'auteur arrive aux conclusions suivantes . . . .

Page 928. — *8° Il n'existe pas de vraie limite d'élasticité.* Si l'on n'observe pas de prolongement permanent pour les premières charges, c'est qu'on ne les a pas laissées agir pendant assez de temps, ou que les verges soumises à l'expérience sont trop courtes relativement au degré d'exactitude de l'instrument qui sert aux mesures . . . .

Page 932. — Les conclusions de ce rapport sont adoptées . . . .

changements de chaleur qu'on peut éprouver dans un même lieu étaient capables de déranger l'aiguille d'un tour entier. On y remédiait assez aisément en attachant le mécanisme au bout d'une lame compensatrice du genre de celles qu'on emploie dans l'horlogerie, composée d'une lame de cuivre et d'une lame d'acier. Le cuivre, en s'allongeant par la chaleur plus que l'acier, faisait courber la lame, qui était établie de manière à soulever ainsi le mécanisme de la même quantité que la dilatation faisait soulever le dessus du vase barométrique. Ce mécanisme restait ainsi insensible aux mouvements du vase qui provenaient de la chaleur, et il n'obéissait qu'aux mouvements qui résultaient des changements de pression, les seuls qu'il devait indiquer. On arrivait ainsi à faire des instruments qui, plongés dans de l'eau à 50 degrés de différence, conservaient l'aiguille exactement au même point.

Mais il restait un deuxième défaut plus embarrassant que le premier. La chaleur, en accroissant le volume du gaz, accroissait d'autant sa course élastique. Il en résultait que des divisions qui auraient été tracées expérimentalement d'après la marche de l'aiguille à 0 degrés, par exemple, auraient été d'un dixième environ trop petites à 25 degrés.

Pour parer à cela, l'inventeur imagina de former avec une autre lame bimétallique, courbée en fer à cheval, le bras de levier qui recevait l'action du vase. Lorsque le gaz, en se dilatant, rendait les oscillations plus larges, la lame s'ouvrait, et son extrémité, étant plus éloignée du centre, pouvait décrire des arcs plus étendus, sans que les angles d'oscillation et par conséquent les mouvements de l'aiguille cessassent d'être les mêmes.

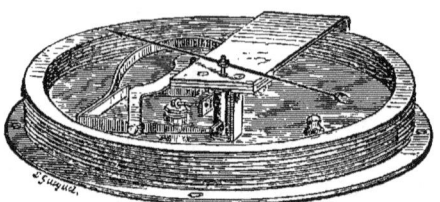

Figure 2.

On voit, figure 2, un de ces baromètres avec le vase à tube plissé, et, au-dessus, le mécanisme suspendu au bout du compensateur principal.

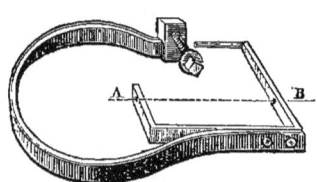

Figure 3.

La figure 3 représente séparément le balancier. C'est un châssis oscillant sur deux pivots, et dont une branche coudée fait tourner l'axe de l'aiguille au moyen d'un petit cylindre fileté. A ce même châssis est fixé le deuxième compensateur par l'un de ses bouts. L'autre bout, restant libre, porte une vis dont la tête, en forme de lentille, est mise en mouvement par le vase. C'est la distance de cette lentille à une ligne passant par les centres d'oscillation qui constitue le petit bras de levier. On en déterminait la longueur en tournant ou détournant la vis; mais, après cela, c'était au compensateur à faire de lui-même varier la distance suivant le besoin.

Les gaz nécessitaient une autre considération, ne se comprimant point comme les métaux de quantités égales pour des pressions égales. Si l'on voulait avoir des divisions uniformes sur le cadran, il fallait, au moyen de courbes, ou en faisant agir un levier sous un certain angle, corriger l'irrégularité de la marche du vase par une irrégularité contraire dans la marche du mécanisme. Il fallait en cela suivre la loi de Mariotte, et encore cette célèbre théorie vint-elle, sur ces entrefaites, à être taxée d'anomalie par les travaux d'un membre de l'Académie des Sciences.

Les soins que nécessitait la construction de pareils instruments auraient dû arrêter l'inventeur dans ses recherches; mais il avait toujours eu pour principe qu'il fallait arriver à un résultat, à quelque prix que ce fût, et que si ce résultat était utile, l'industrie arriverait plus tard à le mettre à la portée du public. Mais les difficultés ne se bornaient pas là.

Il vit des vases céder encore sous la pression, sans qu'il pût en accuser l'élasticité métallique, qui n'était plus que très-faiblement en jeu. D'ailleurs, à un certain degré de pression atmosphérique, le diaphragme se trouvait dans son état naturel, et, dans le cas d'expansion, si la résistance de ce diaphragme était venue à diminuer, il en serait résulté un effet contraire à l'affaissement qui avait lieu.

C'était l'oxygène de l'air qui, en se combinant avec le métal, diminuait le volume et la résistance de l'atmosphère intérieure.

La première question fut de se demander s'il ne suffirait pas de revêtir le vase, à l'intérieur, d'or ou d'argent, ou d'autre matière peu oxydable.

Il était plus simple d'y introduire un volume d'air dans une proportion plus grande que celle qui était requise pour la meilleure disposition de l'appareil, et d'en absorber l'oxygène au moyen du potassium ou du phosphore; mais, sur ce point et sur d'autres, les notions de la chimie étaient si loin d'être nettes, que de nouveaux travaux très-importants furent soumis, vers cette époque, à l'Académie des Sciences, sur les combinaisons du phosphore. Au lieu de se lancer dans des essais chimiques, qui auraient écarté les recherches si loin du but, il valait mieux introduire de certains gaz, et étudier, à ce point de vue spécial, les meilleurs moyens pratiques de les produire, de les transvaser et de les purger des moindres traces de vapeurs aqueuses.

Dans ces diverses tentatives, c'était toujours une question préalable et capitale que de s'assurer de l'imperméabilité du vase, où on devait redouter d'autant plus les chances de fuites, qu'il était plus mince. Ceci était fort embarrassant.

Dans un vase où existe le vide, l'air pénètre, s'il trouve quelque orifice, avec une très-grande rapidité et constamment. Dans le vase barométrique à gaz, l'enveloppe retenait la tension tantôt dans un sens, tantôt dans l'autre ; l'air pouvait donc passer du dedans au dehors ou du dehors au dedans, et y passer avec plus ou moins de rapidité suivant la tension, et en plus ou moins grande quantité suivant que l'enveloppe aurait maintenu la tension plus ou moins long-temps et à tel ou tel degré dans un sens ou dans l'autre.

Toutes ces causes et d'autres, qu'il n'y aurait aucune utilité à exposer ici, entraînaient dans des essais où les observations demandaient à être de plus en plus longues, en même temps que les appréciations devenaient plus douteuses et le succès plus chimérique.

L'élasticité métallique, quoique d'une importance très-secondaire dans ces nouveaux instruments, méritait cependant encore une certaine considération. L'inventeur, d'ailleurs, n'en avait jamais complétement désespéré. Dans ses premiers essais, il avait vu des instruments soutenir assez bien la pression. Il lui avait fallu, entre autres conjectures, expliquer cette réussite passagère par des rentrées d'air qui avaient compensé l'affaiblissement des ressorts; mais ces explications ne paraissaient point nettes. En cherchant de nouveau comment il avait pu échouer après ses premiers succès, il fit quelques études qui l'engagèrent à revenir à son premier moyen de l'élasticité métallique, et ce fut cette fois avec un succès complet.

Quoique ce système de baromètre à gaz semble devoir rester abandonné, il n'a pas paru inutile de présenter les considérations qui précèdent. *Les personnes qui pourront y trouver quelque intérêt sont en très-*

petit nombre, sans doute; mais c'est pour elles qu'est faite cette Notice. Ces explications font, par exemple, concevoir exactement ce qu'il en serait d'un vase barométrique où l'air serait rentré, ou bien dans lequel on n'aurait pas fait le vide, et comment un pareil instrument pourrait tantôt marcher très-bien et tantôt marcher très-mal.

On peut, au reste, fort bien se servir des baromètres à gaz pour des observations très-courtes. En les munissant d'un robinet qui resterait habituellement ouvert et que l'on fermerait au moment même où l'on voudrait observer un changement de pression, on n'aurait pas à s'inquiéter de défauts qui, dans un instrument permanent, pourraient être fort graves. On aurait soin préalablement, en y comprimant de l'air, de s'assurer qu'il n'y a pas de fuite importante.

On représentera ici, figure 4, un appareil retrouvé parmi de vieilles choses, et qui avait été entrepris à une époque où l'on avait songé à s'occuper d'études sur les oscillations de l'air dans certains cas.

Le vase était un tube plissé. Au moyen d'un balancier, d'une chaîne et d'une poulie, il faisait mouvoir l'axe d'une aiguille à droite et à gauche d'un point O placé au milieu d'un cadran. Sur cet axe, il y avait deux autres aiguilles susceptibles d'y tourner librement. Leurs centres de gravité reportés en dehors de la ligne droite tendaient à les ramener chacune de leur côté contre une goupille d'arrêt dont l'aiguille principale était armée et avec laquelle, dans ses oscillations, elle écartait les index. Ceux-ci devaient être retenus, au point où ils auraient été conduits, par deux tringles dont le poids servait de frein lorsqu'il reposait sur le canon de ces index. La pointe du robinet portait un excentrique disposé de manière que, lorsqu'au moment d'opérer on fermait le robinet, les freins abandonnés à eux-mêmes entraient en fonction. Lorsque, après une observation faite, on rouvrait le robinet, l'excentrique soulevait les freins, et les aiguilles, rendues à la liberté, revenaient à leur point de départ.

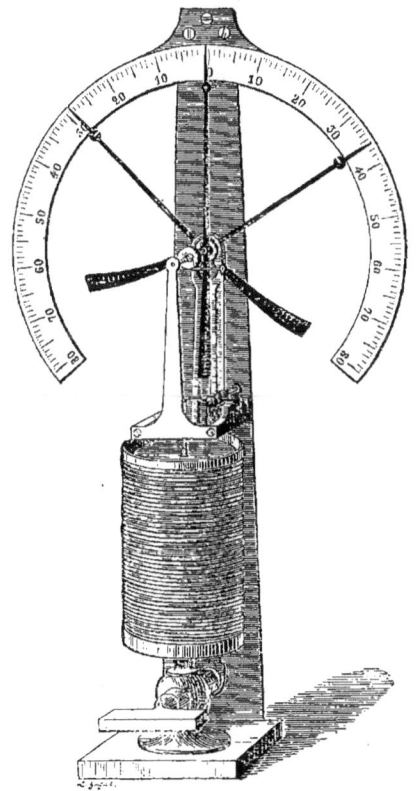

Figure 4.

La dilatation. — Ce qui précède au sujet de la chaleur se rattache à l'une des objections que l'on avait opposées à la réussite de l'invention. Me Sénard, dans une de ses admirables plaidoiries en faveur des Anéroïdes, la reproduisait ainsi :

« .... Troisième objection enfin : les métaux varient tous avec la température. Qu'elle s'élève ou qu'elle s'abaisse, il s'ensuit fatalement, dans leur volume, une dilatation ou un retrait. Voilà une belle règle pour des variations aussi légères que celles qu'il s'agit de recueillir, que la règle fausse et frauduleuse que vous nous proposez ! Ne voyez-vous pas que vos observations sur la pesanteur de la colonne atmosphérique vont être à chaque instant troublées par les variations de la température ? »

L'inventeur s'en était vivement préoccupé ; mais, avec un peu de calcul et avec des expériences fort simples, il reconnut bientôt que la dilatation ou l'allongement des pièces produit par la chaleur était une chose insignifiante, et qu'un résultat de quelque importance ne pouvait provenir que de l'affaiblissement qu'éprouvent les métaux dans leur résistance avec l'élévation de la température.

Quoi qu'il en soit, le brevet proposait l'application d'une lame compensatrice, pour soustraire le mécanisme à l'action de la chaleur, comme il est expliqué plus haut.

Il a été construit de la sorte, dans les essais, deux

cents instruments environ de ce genre qu'on réglait assez bien en faisant avancer ou reculer expérimentalement un support mobile dans lequel était pincée la lame, dont on laissait ainsi libre une longueur plus ou moins grande.

Le brevet indiquait un autre moyen plus simple : c'était de conserver à l'intérieur du vase une certaine quantité d'air dans une proportion suffisante pour compenser par sa dilatation l'affaiblissement du métal.

Plus tard, on a jugé à propos, pour diverses causes, de renoncer à ce prétendu degré de perfection d'une compensation parfaite d'autant moins nécessaire que, par une singulière coïncidence, les instruments tels qu'on les construit maintenant varient en moyenne à peu près comme le baromètre à mercure, avec lequel on ne s'arrête pas, pour l'usage ordinaire, à faire des calculs de réduction à chaque observation.

Si l'on tenait à une précision plus grande, on ne pourrait pas la demander au calcul ; mais rien n'est plus facile que de soumettre l'Anéroïde dont on se sert à quelques températures différentes, et d'établir la marche que doivent suivre les variations. Mais il ne faudrait pas, d'après cela, prétendre à créer des tables ou des formules générales pour les Anéroïdes. Ce serait un hasard si dans deux instruments de ce genre les causes déterminantes se trouvaient exactement les mêmes, comme elles le sont si nettement avec la colonne de mercure.

On sera étonné peut-être du nombre des baromètres à compensateurs restés dans les essais. Puisqu'il faut se tenir prêt, au besoin, à plaider encore (1), ce serait ici le lieu de faire remarquer qu'après le principe de l'invention posé, tout restait à créer, à déterminer pour sa réalisation : la matière, les formes, les dimensions, et jusqu'aux procédés de fabrication. Sur toutes ces questions, avec toute la théorie possible, il n'y avait à s'éclairer sûrement que par l'expérience.

Des circonstances particulières rendaient ces essais plus embarrassants que d'autres.

Dans la plupart des cas, un appareil, une fois construit, peut être immédiatement jugé dans ses résultats; mais, pour l'Anéroïde, où il s'agissait de savoir si sa marche pendant de longues années ne s'écarterait pas trop de celle du mercure, il ne restait, après l'œuvre achevée, qu'à l'observer plus ou moins longuement. On aurait pu, au moins, par des jours ou des semaines, préjuger l'effet des mois ou des années, si les déviations avaient suivi des progressions certaines : mais, parmi les causes, il en est de persistantes, et il en est qui diminuent avec le temps ; puis les unes et les autres peuvent être modifiées par l'état de la pression, par celui de la température et par d'autres circonstances. Des causes diverses peuvent entre elles se combiner ou se combattre.

---

(1) Que le lecteur veuille bien se rappeler que cette notice fut publiée par Lucien Vidie avant que la Cour de Cassation eût prononcé sur les deux arrêts rendus contre le sieur B.

Ainsi, l'affaiblissement de la résistance, qui tend généralement à faire avancer l'aiguille, s'il s'opère dans de certaines parties, peut, au contraire, donner lieu à supposer une rentrée d'air.

Il faut bien aussi ajouter aux difficultés inhérentes à la question, une ignorance complète, à l'origine, des moyens d'exécution et l'absence d'un atelier spécial. Que de chances devaient présenter alors de pareilles expériences, quand, par exemple, avant le brevet, on faisait faire un vase chez un ferblantier, et qu'ensuite, comme le rappelait récemment un opticien, jeune homme alors, on allait dans un magasin faire faire le vide en enveloppant ce vase de manière à faire croire à des expériences de chimie !

Aujourd'hui encore, l'observation de ces instruments, approfondie au-delà des besoins de l'exécution, donnerait lieu à des études sans fin. Qu'était-ce donc lorsqu'il fallait, suivant l'expression de M. l'avocat général baron de Gaujal, *nier* la porosité indéfinie et l'affaiblissement de la résistance métallique sans limites *qu'affirmait* la science, et persister à croire sur ce point à des principes généraux à travers des circonstances accidentelles, mais insaisissables, qui, dans plusieurs appareils, démontraient le contraire. Ce n'était donc qu'en *multipliant* les essais et en *prolongeant* l'examen qu'on pouvait en dégager quelque certitude.

Si des experts sont nommés, dans un magasin spécial où l'on conservera jusqu'à la fin des débats ce qui reste de ces essais, ils verront, entre autres choses, dans des mannes, des milliers de ressorts au rebut ;

ils verront sur une des tablettes, quatre cents baromètres laissés là, et des fournitures préparées pour quatre cents autres. C'était pourtant à une époque où l'invention était en pleine exécution. L'idée était venue d'apporter quelques changements au modèle qui avait cours. Le premier cent marcha parfaitement : le registre des observations existe encore. Au bout d'un mois, ces baromètres commencèrent à dévier. On se douta par la suite d'où cela pouvait provenir; mais cette affaire était déjà perdue de vue comme un mauvais pas. On montrera, à côté, bien d'autres modèles tentés ou entrepris, quoique sur une moins grande échelle, puis abandonnés pour en recommencer d'autres.

« A entendre l'adversaire, disait Me Sénard à la
» Cour, il n'y avait qu'à se baisser pour ramasser l'in-
» vention. »

Mais qui donc en voulut, quand, pour réparer un avoir gravement compromis dans ces recherches, on l'eut fait breveter, et que, pendant plus de deux ans, on fit tant de voyages en Angleterre, où il y avait plus de chance qu'en France d'en céder l'exploitation ?

On apportait des appareils aussi passables qu'on avait pu les faire faire, pour prouver la réalité de l'invention; mais il fallait des instruments achevés, tels qu'ils devaient être livrés au public, et par conséquent établis dans de certaines conditions, puis dans d'autres. Mais cela ne suffisait pas encore.

Ceux qui, étrangers à l'industrie, ont entrepris des expériences, sauront ce que devaient coûter ces modèles pour lesquels il fallait, de divers côtés, s'adresser à des ferblantiers, à des tourneurs, à des horlogers, à des opticiens, à des fabricants de ressorts. Il restait donc à savoir si ces instruments pourraient se fabriquer couramment et à des prix admissibles.

L'inventeur en commande un cent, en les payant d'avance, à l'un des premiers fabricants d'horlogerie de Paris. Celui-ci les fit sans doute de son mieux, mais ils n'étaient pas acceptables. Le Tribunal de commerce nomme un expert; et, comme il n'avait jamais existé d'autres constructeurs de baromètres que les souffleurs de verre, le Tribunal nomme un souffleur de verre. L'inventeur, condamné à prendre livraison, se défend jusqu'en Cassation : il est obligé de subir auprès de la justice, comme auprès de l'industrie, les conséquences de la nouveauté radicale de l'invention. Ces instruments sont encore là dans une caisse, avec une perte qui, jointe aux frais, a monté à plus de 5,000 francs (b).

Désespérant d'une fabrication qu'il ne serait pas maître de diriger à son gré, il prend un local, des ouvriers horlogers, des ferblantiers, étudie le travail, imagine des moyens d'accélérer la main-d'œuvre : il est démontré que l'instrument peut se fabriquer comme toute autre chose.

Alors il reste à savoir comment le public accueillera un baromètre si étrange et fondé sur des principes, aventureux suivant les uns, condamnés par les autres (c). L'expérience cependant amène quelque confiance. Le succès, lent d'abord, commence à s'établir.... On offre alors de l'invention et de la fabrique moins que la moitié de ce qu'elles ont coûté.

Mais laissons là, jusqu'à ce qu'il faille absolument la reprendre, cette discussion sans intérêt même pour l'inventeur.

Satisfait du jugement qui, en 1858, a si bien établi tous les faits, il avait été tenté de ne pas même comparaître à l'appel interjeté par M. B.

Il regretta alors, et il doit hautement rétracter une épitaphe qu'il s'était faite. Il avait eu d'autant plus de tort en cela, que, dans les amères pensées qui ne l'ont pas quitté pendant tant d'années, il n'avait jamais, en lui-même, accusé la justice :

Ci-gît un fou qui cherchait
La Justice... chez la Science,
et
La Science... chez la Justice.

Revenons à des explications qui pourront au moins avoir quelque utilité pour une industrie bien timide encore.

LE MÉCANISME.

Les indications du cadran. — Avant l'examen des pièces qui doivent amplifier les oscillations du vase barométrique, il est à propos d'expliquer de quelle manière on a entendu faire exprimer par ces mouvements les divers degrés de la pression atmosphérique.

Le moyen le plus usité pour mesurer une pression consiste à la soumettre à la contre-pression d'un corps que l'on retient dans son attraction vers le centre de la terre, ce que l'on appelle la pesanteur.

Cette force, qui agit sans variation sensible dans de très-grandes limites, qui peut avoir pour terme de comparaison le simple volume d'un corps et, pour celui-ci, l'un des plus répandus dans la nature, l'eau, qu'on peut, en outre, se procurer si aisément à un état de pureté, d'identité parfaite, cette force de la pesanteur a dû naturellement être prise pour base dans nos transactions et nos calculs.

C'est la pesanteur du mercure que, dans l'ancien baromètre, on oppose à la pression de l'atmosphère. L'emploi du liquide y a cela de commode que, dans les changements de pression, il s'en ajoute ou s'en retranche spontanément dans la balance jusqu'à ce que l'équilibre soit rétabli. Il y a ceci d'heureux encore que, grâce à cette belle loi de l'hydrostatique qui nous apprend à ne tenir aucun compte des largeurs et des inclinaisons des capacités intermédiaires, mais uniquement de la différence verticale des niveaux, on y voit, on y mesure au mètre la pression de l'atmosphère.

On juge bien aussi une pression en l'opposant à la répulsion qu'exercent les corps élastiques quand ils ont été comprimés; mais alors il est beaucoup plus difficile d'être sûr de la pureté ou de la composition des métaux, de la matière qu'on emploie habituellement à cet usage, ainsi que de leur contexture intérieure; il faudrait aussi pouvoir connaître exactement à quel degré leur résistance a varié d'après leur préparation. Leur course élastique, d'ailleurs, même sur 1 mètre de longueur, est si peu de chose, qu'on ne se sert ainsi des métaux qu'en leur donnant des formes d'inégale résistance, qui amènent des effets de levier multiplicateurs du mouvement; mais si celui-ci devient plus sensible à la vue, la cause devient en même temps plus difficile à apprécier. Aussi n'a-t-on jamais employé un effet d'élasticité comme unité générale de mesure.

L'Anéroïde, dont les fonctions reposent sur l'élasticité, devait en rencontrer les inconvénients généraux : il s'en présente, en outre, ici, de particuliers.

Avec un dynamomètre ordinaire, en le chargeant de divers poids, et en observant les positions qu'il a prises, on peut ensuite juger à peu près sûrement de nouvelles charges; mais un ou plusieurs poids appliqués verticalement sur le vase barométrique n'y agiraient point dans les mêmes conditions que la pression atmosphérique qui s'exerce sur toute la surface et perpendiculairement à chaque partie de cette surface dans quelque sens qu'elle se présente. Il faudrait, d'un autre côté, pour juger le degré de la pression, savoir en quelle quantité on a appliqué cette pression, et, par conséquent, connaître exactement la surface du vase; il faudrait ensuite chercher quelle doit être la conséquence de l'action totale pour le point où on interroge l'appareil avec le mécanisme. Ainsi, quoiqu'on puisse dire, idéalement, que l'Anéroïde mesure exactement la pression de l'atmosphère, il ne présenterait cependant par lui-même à nos yeux que des changements tout au plus comparables entre eux dans un même instrument.

Le seul moyen d'en tirer parti, c'est de le soumettre à une atmosphère artificielle, d'en faire varier les degrés de tension, et de demander à la colonne liquide quels sont ces divers degrés. En notant sur le cadran les points où se tient l'aiguille pour chaque cas, on pourra ensuite y reconnaître les tensions-équivalentes de l'atmosphère naturelle.

Après avoir établi ces points de repère, il fallait leur attribuer une valeur.

On aurait pu, comme on le fait en Angleterre pour la vapeur, indiquer combien, à ces divers degrés, pèse l'atmosphère sur une surface donnée. Ce mode aurait semblé d'autant plus à propos que c'est par sa pression sur les surfaces que l'action de l'atmosphère se manifeste le plus et est le plus intéressante à étudier. Ce procédé eût été d'autant plus courant que la pression moyenne de beaucoup de lieux habités peut être exprimée par le kilogramme, unité de poids, et par le centimètre carré, unité de surface. Mais une invention qui vient à éclore a déjà trop d'obstacles à traverser pour qu'il lui soit sage de chercher à innover dans les habitudes sans nécessité. Il était d'ailleurs plus commode d'indiquer la pression par son effet sur la colonne de mercure, puisque c'est de cet effet qu'il faut partir pour graduer l'Anéroïde, vérifier plus tard ses indications et les rectifier au besoin.

Les traits et les chiffres du cadran ont dès-lors uniquement pour signification de faire connaître que, lorsque l'aiguille de l'Anéroïde est à tel point, le baromètre à mercure, placé au même lieu, serait à telle hauteur, en pouces ou en centimètres. Peu importe que les traits des millimètres ou des lignes soient plus ou moins écartés; la seule considération en cela, comme avec des caractères d'imprimerie, c'est que la lecture soit assez facile et que l'objet ne soit pas trop volumineux. C'est là ce qu'on n'obtiendrait pas d'un simple vase, d'une manière satisfaisante.

Les divers mécanismes. — Le moyen le plus simple pour étendre un mouvement est évidemment le levier.

Un des brevets propose de former ce levier avec une lame de ressort très-mince, d'y appliquer près du point d'attache les oscillations du vase, et, en prolongeant suffisamment ce levier sous forme d'index, de faire marcher son extrémité sur un arc gradué.

Il est préférable, pour l'usage ordinaire, de faire tourner une aiguille au milieu d'un cadran. Tous les moyens élémentaires connus en mécanique peuvent être appliqués à cet effet.

Après le choix de la pièce principale, les installations secondaires peuvent être très-diverses.

L'inventeur en a successivement essayé et employé un très-grand nombre. Une partie de celles qui avaient été spécialement brevetées sont tombées dans le domaine public. Quelques-unes sont brevetées encore. Il avait voulu faire relever tous les plans de ces différentes dispositions; mais ce travail eût été excessivement long. Il peut suffire de signaler quelques conditions que tous ces appareils doivent remplir.

LE RAPPEL DU MOUVEMENT. — La perfection d'un mécanisme ayant à transmettre un mouvement exigerait une exacte précision dans l'assemblage des pièces. Comme il est impossible en cela, comme en tant d'autres choses, de compter sur la perfection, on se trouve placé entre deux défauts opposés : une liberté trop grande ou un serrage trop fort qui peut accroître considérablement le frottement inévitable résultant de l'action des pièces.

On préfère, pour l'horlogerie, laisser de larges ébats. Dans ces appareils qui, destinés à mesurer la course du temps, doivent marcher avec lui sans arrêt, sans retour, les dents d'une roue motrice chassent constamment devant elles les dents d'une autre roue, en se succédant sans cesse : peu importe le jeu qu'elles laissent à l'arrière. Mais l'Anéroïde n'avance pas; il va, il revient, il s'arrête, puis repart ou à droite ou à gauche, au caprice de l'air, et quelquefois de très-faibles quantités.

Si alors les dents du râteau qui est attaché au vase n'emprisonnent pas exactement les dents du pignon, ce râteau pourra osciller légèrement à droite ou à gauche sans faire mouvoir le pignon et son axe qui porte l'aiguille, ou, au contraire, le vase et le râteau restant fixes, le pignon et l'aiguille pourront changer de place au hasard, à de légères secousses, et, alors, les indications n'auront rien de précis.

On remédie aisément aux ébats, en armant l'axe de l'aiguille d'un ressort qui tende à ramener constamment les dents et les autres pièces les unes contre les autres, et contre le vase barométrique, de manière qu'elles reviennent immédiatement avec lui et n'avancent que par son impulsion.

On doit éviter de donner à ce ressort plus de tension qu'il n'est nécessaire pour assurer la marche de l'aiguille ; il réagit avec de longs leviers sur l'élasticité du vase plus qu'on ne le supposerait. Mais un inconvénient bien plus grave serait le frottement qui en résulterait dans le jeu des pièces. L'appareil serait alors obligé d'acquérir un excès de tension suffisant pour vaincre ce frottement et se mettre en marche : les indications seraient alors ou trop fortes ou trop faibles, selon que le vase aurait à agir dans un sens ou dans l'autre.

Du moment qu'un certain degré de tension est préférable, il est clair que plus on donnera d'élasticité à ce ressort, moins on s'écartera, aux deux extrémités de la course, des meilleures conditions.

Le contre-poids. — L'application de l'élasticité à la construction du baromètre ne devait pas avoir seulement pour but de rendre l'instrument plus petit et plus transportable, mais aussi de le rendre indifférent aux inclinaisons diverses sous lesquelles il pourrait se trouver dans un même lieu, ce qui arrive surtout à bord des navires. Il fallait pour cela le soustraire complétement à l'action de la pesanteur.

La quantité dont le vase tend à s'affaisser sur lui-même sous le poids de ses parties supérieures, est certainement peu de chose, comparée à la pression qu'y exerce l'atmosphère ; mais, relativement aux variations à observer, cette quantité ne laisse pas que d'être assez considérable.

Si l'instrument devait rester toujours posé à plat ou accroché, il suffirait de mettre l'aiguille au point en conséquence : après cela fait, l'action de la pesanteur, constamment la même, ne troublerait en rien l'exactitude des indications. Mais si on vient à pencher un vase dont la partie mobile se trouvait en dessus, la pesanteur, qui n'agit dans toute sa plénitude que verticalement, viendra peu à peu diminuer, et même, en renversant l'appareil, on la ferait agir en sens contraire et réduire l'effet de la pression atmosphérique au lieu de s'y ajouter.

Il suffit de signaler l'inconvénient pour qu'on imagine le remède : un simple contre-poids qui équilibre les parties flottantes du vase et même les pièces du mécanisme, si celles-ci ne s'équilibrent pas entre elles.

Dans la figure 1, ce contre-poids est représenté sous la forme d'un bouton molleté, et il est placé sur un bras de levier opposé à celui auquel se relie le tube plissé. Ce contre-poids peut être établi avec vis de rappel pour en régler l'effet; mais, comme il s'agit habituellement d'écarts très-limités, relativement à un plan vertical ou horizontal, une compensation approximative peut être suffisante.

La mise au point. — Il peut arriver, par diverses causes, qu'après l'instrument terminé, l'aiguille ne se trouve pas au point où elle devrait être. Il est, par exemple, presque impossible de la planter sur son axe exactement comme on le désire; elle peut en outre dévier avec le temps.

Il faut donc qu'on puisse la conduire aisément, et sans être obligé d'ouvrir la boîte. On le fait en agissant non pas directement sur l'aiguille, mais sur le vase ou sur le mécanisme auquel elle se rattache, en changeant légèrement leurs rapports avec elle.

Dans la figure 4, on voit un balancier établi sur le bout d'une lame de ressort, et qu'on peut faire avancer ou reculer au besoin avec une vis de pression. Dans la figure 1, c'est le vase barométrique qui est mobile à volonté, et qu'avec une vis on peut légèrement élever ou abaisser.

La course de l'instrument. — La marche barométrique à établir sur le cadran, en plus des oscillations ordinaires, dépend naturellement de la hauteur jusqu'à laquelle l'instrument doit être élevé dans l'atmosphère.

Pour les baromètres qui doivent rester en place, et c'est le plus grand nombre, il peut suffire en France de 6 centimètres, que les variations atmosphériques dépassent rarement. C'est alors au goût du constructeur ou à la convenance du public de décider s'il vaut mieux étendre ces 6 centimètres autour du cadran, pour rendre les divisions plus larges et plus visibles, ou bien les placer sur la moitié supérieure de ce cadran, où elles se présentent mieux à la vue, en laissant, au-delà, des divisions qui peuvent avoir leur utilité.

Il est bon seulement de faire observer ici que multiplier indéfiniment un mouvement est un jeu pour un écolier ; mais que c'est une étude pour un mécanicien que de proportionner le mouvement à la puissance motrice.

L'inertie de l'aiguille et des autres pièces et leurs frottements sont sans doute peu de chose, et cependant, au-delà d'un certain rapport qu'apprend l'expérience, on voit rapidement décroître la fermeté de la marche et la précision des indications.

LE RÉGLAGE. — Parmi les diverses causes d'où peut résulter, pour un changement de pression, plus ou moins d'étendue dans le mouvement de l'aiguille, si on considère une des principales, l'épaisseur du vase où quelques centièmes de millimètres font varier notablement la flexion, et si l'on songe que cette flexion doit être multipliée plus qu'au centuple par un assemblage de petites pièces, on concevra qu'il est impossible de construire un instrument qui réponde à une graduation arrêtée d'avance. Même après un modèle bien étudié et suffisamment éprouvé, d'autres appareils que l'on cherchera à faire exactement semblables pourront néanmoins différer très-sensiblement avec les premiers et entre eux.

Ceci est de peu de conséquence si on divise le cadran expérimentalement, d'après la marche de l'aiguille telle qu'elle se présente. Mais, pour plus d'un motif, il est préférable d'avoir une division déterminée et d'y astreindre la course de l'instrument.

Il est facile d'y arriver en établissant dans la transmission de mouvement un levier susceptible d'être allongé ou raccourci à volonté au moyen d'une vis de rappel. On enferme alors l'instrument sous une cloche pneumatique, on comprime et on déprime l'air de manière à faire faire à la colonne de mercure une course de 6 centimètres, par exemple. Si l'aiguille parcourt plus ou moins que les 6 centimètres tracés sur le cadran, on sort l'instrument de la cloche, on tourne ou l'on détourne la vis de rappel jusqu'à ce que l'on arrive au parcours voulu. Cette opération serait la plus simple du monde, si elle ne devait se combiner avec une autre.

LA RÉGULARISATION. — Après avoir mis l'instrument d'accord avec le mercure à $0^m,76$ et à $0^m,79$, si on amène la colonne liquide à $0^m,73$, il arrivera peut-être que l'aiguille de l'Anéroïde, de son côté, ne tombera pas exactement au chiffre 73. Il peut, en effet, résulter de directions anormales dans la flexion du vase ou dans la transmission du mouvement, que l'aiguille n'avance pas comme le mercure de quantités égales pour des changements de pression égaux. C'est le remède à ceci qu'on a cru devoir appeler la *régularisation*.

Parmi les divers moyens qui ont été décrits ou employés, le plus simple consiste à faire travailler un levier avec une inclinaison plus ou moins grande. Il peut être utile d'expliquer ce principe par une figure, tout en le dégageant des détails d'exécution et en exagérant un peu les choses. Ceux qui auront à faire ce travail comprendront ainsi aisément comment cette seconde opération diffère de la précédente.

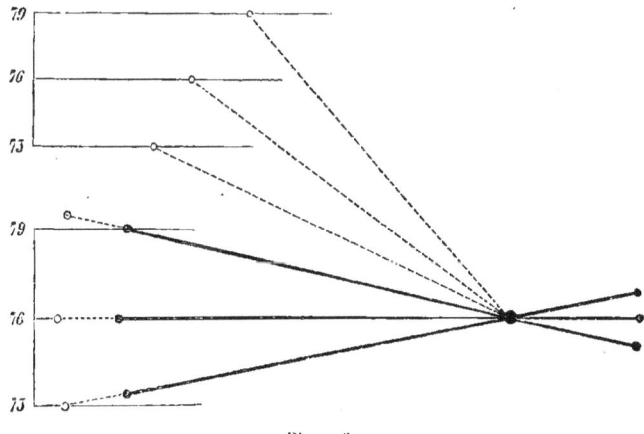

Figure 5.

La figure 5 représente, dans trois positions différentes, un balancier qui recevrait le mouvement d'un bout et aurait, de l'autre bout, à transmettre ce mouvement, en l'amplifiant. Les lignes parallèles représentent des distances égales, comme les parcourt le mercure et comme on voudrait les faire parcourir au grand bras relativement à une certaine direction. On suppose que, par suite de l'irrégularité du mouvement, l'extrémité du grand bras, partant de la ligne 76, arrive, pour un changement de pression de $0^m,03$ de mercure, à la ligne 79, mais que pour un changement égal en sens contraire, ce bras n'arrive qu'à $0^m,73$ 1/2. Il est facile, en raccourcissant le petit bras ou en allongeant le grand, de faire atteindre par celui-ci la ligne 73; mais on aura accru et plus encore l'autre moitié de la course, qui alors dépassera le chiffre 79, comme on le voit par des prolongements ponctués.

Mais qu'on incline convenablement le grand bras, ainsi que l'indiquent trois autres lignes ponctuées, et on arrivera à rendre égales les deux parties de la course relativement à la direction donnée.

On remarquera sans doute qu'alors cette course se trouvera réduite : il faudra donc revenir au réglage ; mais, avec un peu d'habitude, à chaque essai, on touche en même temps au réglage et à la régularisation, et on arrive aisément au but. La marche ainsi rectifiée sur trois points a d'autant plus de chance d'être exacte sur tout le reste, que, le plus souvent, c'est corriger l'aberration par une cause analogue à celle d'où elle provient.

En sortant de ces termes généraux, on aurait à représenter et à discuter ici diverses applications de ce principe et plusieurs appareils pour le réglage; mais ces derniers objets surtout n'offriraient d'intérêt qu'au point de vue de l'exécution. Il serait bon aussi d'y figurer quelques outillages qui ont été imaginés pour faciliter le travail, et même d'autres qui ont été seulement adaptés à cet effet, et qui, peu connus, seraient précieux dans des pays où on ne peut pas, comme à Paris, trouver une certaine aide dans diverses industries.

Mais pour ceux qui voudront sérieusement entreprendre cette fabrication, en France ou à l'étranger, il vaudra mieux imiter quelqu'un qui, désirant profiter comme d'autres de la déchéance des premiers brevets, est venu franchement demander des explications à l'auteur. Ils pourront envoyer des dessinateurs mécaniciens pour relever des plans d'exécution, chose préférable à des dessins.

LES DIVERS EMPLOIS DE L'ANÉROIDE.

Études scientifiques. — La tension de l'air qui nous environne et sa densité jouent nécessairement un très-grand rôle dans les expérimentations et dans l'examen des faits naturels utiles à observer, soit à la surface de la terre, soit à travers son atmosphère.

Le baromètre à mercure, qui fait connaître la tension et qui donne un moyen de calculer la densité, se trouve dans presque tous les lieux où on se livre à des études de ce genre. Pour ce cas, il n'y a qu'à répéter ce qui a été dit au commencement du brevet de 1844 : « Le » premier instrument qui a servi à démontrer la pres- » sion de l'atmosphère sera toujours le moyen le plus » beau et le plus sûr de la mesurer. » Mais on a dû se demander si un nouveau baromètre, si différent de l'ancien, ne se prêterait pas mieux à de certaines expériences, et s'il ne pourrait pas le suppléer au besoin. Ceci revient surtout à s'enquérir de son exactitude.

Des opinions très-diverses ont été émises à ce sujet. En cela (il est fâcheux, mais utile de le dire) on a un peu imité ce touriste souvent cité qui, voyant dans un hôtel, à Blois, une servante avec des cheveux rouges et un caractère acariâtre, écrivait sur ses tablettes : « A Blois, les femmes ont les cheveux rouges et le caractère acariâtre. »

Autant d'Anéroïdes, autant, pour ainsi dire, d'individus. Sous ce rapport, les deux systèmes diffèrent essentiellement, soit que l'on considère le plan ou le modèle, soit que l'on considère l'exécution.

Un tube de verre, fermé par le haut, vide à l'intérieur, et plongeant dans le mercure avec une échelle des hauteurs, telle est au complet l'œuvre de Galilée et de Torricelli, type unique qui traversera probablement la suite des temps, comme il a déjà traversé deux siècles entre les mains de la science, sans qu'on ait jamais rien imaginé que pour la commodité de son usage, et en diminuant d'autant plus les chances d'exactitude qu'on s'écartait plus de la construction première.

L'Anéroïde, au contraire, est susceptible, à la rigueur, de toutes les formes, de toutes les dimensions et de l'emploi de matières diverses dans la construction du vase ou du corps barométrique. Le mécanisme multiplicateur et indicateur à y appliquer comporte aussi toutes les combinaisons imaginables. Y a-t-il un dernier mot à ces questions? On suppose bien que l'inventeur a dû s'en préoccuper; mais, comme au-delà des études faites, il en avait projeté d'autres, comme au-delà de ses conceptions, il lui avait semblé vaguement en entrevoir d'autres encore, il se gardera bien de poser ici ses idées comme un terme sur le chemin de l'avenir.

Si, les modèles étant donnés, on considère la réalisation, la différence n'est pas moins grande.

Que le mercure soit pur, que le vide soit exact, et le

baromètre de Torricelli est parfait. Ce sont des soins déterminés à prendre et d'un résultat certain.

Mais avec l'Anéroïde, sans parler de dimensions presque microscopiques dont on n'est pas toujours maître, on n'a point l'homogénéité dans le métal, ou du moins on ne peut jamais en être sûr, ni pour la nature de la matière, ni pour sa contexture, ni pour les qualités qui en déterminent la résistance et l'élasticité.

Deux Anéroïdes auront été faits avec du métal coupé dans les mêmes feuilles, ils auront été exécutés avec les mêmes outils, par les mêmes ouvriers, avec les mêmes soins, et ensuite vérifiés attentivement : qu'on les mette aujourd'hui en observation, demain l'un aura dévié de $0^m,004$ peut-être, l'autre aura pu suivre exactement la marche du mercure. Il en est qui l'ont ainsi suivie pendant des années, sans jamais s'en être écarté d'une quantité appréciable à la vue.

MESURE DES HAUTEURS. — Quelques années après la découverte du baromètre, Pascal eut l'idée de faire porter cet instrument sur des points élevés, pensant que la colonne de mercure se raccourcirait dans le tube à mesure que se raccourcirait la colonne d'air qui pèse sur le réservoir. L'effet répondit à ses prévisions, et l'on conçut la possibilité de mesurer l'élévation des différents points du globe, en sondant pour ainsi dire à quelle profondeur ils sont ensevelis sous la charge de l'atmosphère.

C'est pour cet usage surtout qu'on a dû chercher à rendre le baromètre à mercure plus transportable. La disposition qui a le mieux réussi est une modification du baromètre à siphon qui a été imaginée par Gay-Lussac; et telle est l'importance de la question, que Gay-Lussac est presque plus connu pour ce fait que pour ses plus savants travaux. Cependant ce baromètre a, comme tous les tubes étroits, un inconvénient dont on n'apprécie peut-être pas assez la gravité.

Le mercure, dans son contact avec les parois du verre, peut contracter une adhérence qui s'oppose sensiblement à l'établissement normal des niveaux. Cet écart sera en plus ou en moins, selon que le mercure aura séjourné précédemment au-dessus ou au-dessous du point où on l'observe, et cet écart sera même plus ou moins considérable, selon que le contact aura été plus ou moins prolongé. Aucun calcul immédiat ne peut rectifier ceci, et, tandis que la direction de la capillarité régulière est la même dans l'une et dans l'autre branche, et que, par conséquent, ses effets se neutralisent, cette adhérence, au contraire, agit en sens inverse, et les causes d'erreur s'ajoutent l'une à l'autre.

Cette disposition, du reste, conserve l'ancienne longueur avec la fragilité du verre, et ne fait que diminuer les chances de rentrée de l'air ; aussi, à l'apparition de l'Anéroïde, a-t-on dû songer à l'utilité qu'il pourrait offrir pour la mesure des hauteurs.

Comme les premiers instruments avaient été établis en vue de l'usage qui est énormément le plus général, on a mis en doute si ce système pourrait se prêter à de très-grandes hauteurs. Un peu de réflexion aurait fait sentir qu'il était plus facile, au contraire, d'appliquer le principe à cet emploi.

Qu'on suppose, en effet, un baromètre qui, pour un tour d'aiguille, doive descendre de 0ᵐ,80 à 0ᵐ,70, et qu'on représente par le nombre 10 la puissance de l'expansion du vase : il est clair que si, pour faire faire à l'aiguille un mouvement semblable, ce même baromètre devait descendre de 0ᵐ,80 à 0ᵐ,30, la valeur de la réaction passerait de 10 à 50. On pourrait donc avoir des leviers cinq fois plus longs, ou profiter de l'avantage pour demander moins de sensibilité au vase ou au ressort, et, ainsi, diminuer la chance des fuites et augmenter celle de la résistance.

MÉTÉOROLOGIE. — L'état plus ou moins favorable de l'atmosphère à travers laquelle nous arrivent la chaleur et la clarté, ses vents, ses pluies, ses orages, exercent une si grande influence sur le bien-être, sur les affaires, en un mot, sur presque tous les intérêts de la vie, que si la science arrivait à nous annoncer ces choses un jour seulement à l'avance, ce serait certainement un des plus grands services qu'elle eût jamais rendus à l'humanité.

Ses principes sur la dilatation de l'air, sur la formation et sur la condensation des vapeurs aqueuses, expliquent assez bien comment les phénomènes peuvent se produire en général. Mais, quant à l'application, trop de conditions se présentent. Il faudrait, entre autres choses, pouvoir connaître et apprécier partout la nature et la configuration des lieux. Un effet, d'ailleurs, une fois produit, devient, à son tour, une cause pour les effets environnants. Il s'élève ainsi, dans les champs de l'atmosphère, d'innombrables conflits impossibles à démêler de manière à en déduire un résultat certain pour un point et un moment fixés.

Les correspondances télégraphiques qui s'établissent à ce sujet n'auront, peut-être pendant long-temps encore, d'autre résultat important pour la météorologie que de stimuler ce genre d'études ; car, tant que les connaissances n'arriveront pas à fonctionner pratiquement, cette sorte d'ubiquité que l'observateur peut se créer dans différentes stations, n'offrira qu'un faible avantage, puisqu'il importe peu au physicien, pour ses spéculations, que les données lui arrivent plus ou moins vite, pourvu qu'il en ait les dates respectives.

S'il est un examen qui semble présenter des chances de succès, évidemment c'est celui des tempêtes, qui, dans leur marche puissante, ne se laissent pas amortir ou détourner par des obstacles de second ordre ; qui n'ont pas le temps, comme des vents ordinaires, de déposer leurs vapeurs, le soir, au lit des rivières, de se réchauffer au flanc des montagnes, de se refroidir à leur ombre.

Quand la science sera capable de surprendre les tempêtes à leur naissance et de prévoir leurs progrès et leur route jusqu'à leur déclin, c'est alors qu'il sera précieux d'avoir asservi à nos messages l'électricité, qui laisse si loin derrière elle la course des plus forts ouragans.

Quoi qu'il en soit des bienfaits que nous réserve

l'avenir de la météorologie, pour le moment, au lieu de chercher les effets dans l'ensemble des causes qui doivent les produire, nous en sommes réduits à observer les circonstances qui accompagnent les phénomènes et souvent les précèdent. Une des principales est la pression de l'atmosphère.

A l'origine du baromètre, on trouva, par le raisonnement, que le temps devait tourner au beau lorsque la colonne de mercure descendait; l'expérience démontra bientôt que c'était le contraire. Il est admis maintenant que, généralement, le temps tourne au beau ou au mauvais selon que le baromètre monte ou descend.

On a l'habitude, en conséquence, d'inscrire le mot : *Variable,* à la hauteur où se tient en moyenne la colonne de mercure. Cette hauteur dépend évidemment de celle à laquelle se trouve placé l'instrument dans l'atmosphère : elle peut cependant être modifiée par d'autres causes. Au-dessus et au-dessous de ce point, à de certaines distances, on inscrit les mots si connus : *Beau temps, Pluie* ou *Vent,* etc.; mais ce n'est pas avec la prétention de dire que si le baromètre arrive à tel ou tel point il fera certainement tel ou tel temps, mais seulement qu'il y a des chances pour qu'il en soit ainsi.

Des idées saines sur ce sujet, quelque simple qu'il soit, sont rares à un point qu'on ne saurait croire, surtout en France. Tous les jours, les opticiens voient des personnes fort instruites, d'ailleurs, dire que leur baromètre a mal marché, parce que ses pronostics ne se sont pas accordés avec la réalité, comme si tous les baromètres en bon état n'étaient pas alors dans le même cas, quel que soit leur degré plus ou moins grand de précision.

On ne saurait donc trop répéter que le baromètre n'a pour fonctions directes que d'indiquer la pression de l'atmosphère, de même qu'un autre instrument météorologique très-vulgaire, la girouette, indique la direction des vents. Dans nos climats, on s'attend habituellement au froid lorsque la girouette vient à tourner sous le nord, à la pluie lorsqu'elle tourne sous le sud. Quand il en arrive autrement, accuse-t-on la girouette, à cause de cela, de mal fonctionner?

C'est un travers non moins commun que de n'avouer cet usage du baromètre qu'avec un demi-mépris. Il semble qu'on se donne de la sorte un air scientifique. Trop long-temps, en effet, la science a fait peu de cas de ce genre d'utilité, qu'elle appelait domestique; mais elle commence à considérer avec moins de dédain ces brusques abaissements, présages rarement trompeurs, qui avertissent l'agriculteur de serrer sa moisson, et le marin de se préparer à la lutte ou de chercher un abri. Elle en vient, du reste, à regarder, en général, ce qu'elle appelle *ses applications* comme moins au-dessous d'elle. Ce n'est pas seulement plus juste et plus humain de sa part : c'est aussi d'une plus haute philosophie; car, la nature nous atteignant de près ou de loin, par toutes les questions imaginables, il est clair que les théories qui semblent d'autant plus sublimes qu'elles ont moins de rapport avec notre usage, accusent, au contraire, de plus larges lacunes dans nos connaissances.

Les développements modernes de l'industrie, qui transportent si fréquemment loin de nos toits nos intérêts et notre existence, contribueront beaucoup à étendre l'usage du baromètre. Lors d'ailleurs qu'on a pris l'habitude de le consulter, il offre un certain charme, comme tout ce qui donne signe de vie autour de nous, dans des intérieurs souvent tristes, sans intervenir contrairement à nos sentiments et à nos droits.

C'est aux observations météorologiques surtout que s'appliquera l'Anéroïde. Non-seulement il remplacera presque partout le baromètre à mercure, mais il donnera, à son tour, à cet usage une extension qu'on ne saurait croire. Ce serait déjà plus qu'on ne le supposerait, que la possibilité de réduire à volonté cet appareil, qu'il fallait tenir appendu contre les murailles en déguisant le tube sous des ornements de mauvais goût. Mais ce n'est rien auprès de la facilité du transport. Si l'on songe qu'il fallait savoir s'y prendre pour déplacer les anciens baromètres d'une chambre dans une autre; que l'opticien, en les expédiant pour une ville voisine, en avait souvent la moitié de cassés; que, pour l'exportation, l'on envoyait séparément le tube et le mercure, et qu'il était presque besoin d'un deuxième constructeur précisément sur les lieux qui en étaient dépourvus, on comprendra quel essor doit donner au baromètre ce nouveau système, qui, avec peu de frais et des soins ordinaires, permet d'expédier les instruments des grands centres manufacturiers jusqu'aux pays les plus éloignés.

On avançait, dans un mémoire judiciaire, qu'il se construirait un jour mille Anéroïdes sous différents noms et différentes formes, contre un baromètre à mercure : ce n'était peut-être pas trop dire. Mais l'invention est à peine connue ; la fabrication et le commerce en sont encore dans l'enfance.

Malheureusement, à côté de grands avantages, se manifestera un grave défaut dans l'invention.

On a expliqué diverses causes par suite desquelles il est impossible d'être sûr de la bonté de l'instrument que l'on construit. En ne considérant même que les soins connus à prendre, il est clair qu'avec une fabrication un peu étendue, le chef de l'établissement ni ses contre-maîtres ne peuvent suivre le travail et toujours et partout. Si l'instrument achevé ne remplit pas les conditions voulues, il ne sera pas possible, dans bien des cas, d'en juger à la simple inspection. Si donc on ne soumet pas les instruments à des observations convenables, on sera exposé à en livrer indifféremment d'excellents et d'autres sans valeur.

L'acquéreur, à son tour, est bien moins à même de les apprécier ; car ce qui en constitue la valeur, ce n'est pas une boîte en cuivre, qui coûte beaucoup moins qu'on ne le pense ; ce n'est pas, même au dedans, le poli des pièces qui en impose à l'œil, mais qui n'est que le travail le plus vil et sans influence sur la marche de l'appareil : c'est de la marche elle-même qu'il s'agit ; or, il est impossible de la préjuger à la vue.

Il serait donc à désirer, dans les commencements surtout, que d'anciennes maisons bien connues dans l'optique et dans l'horlogerie entreprissent ces baromètres. L'auteur en a engagé vainement plusieurs à le faire. Mais un autre genre d'industrie s'appliquerait parfaitement à cette construction : c'est celle des fabricants de lampes. Ce sont eux, surtout, qui sont aptes à y apporter l'économie et à répandre ces baromètres non plus seulement dans les grandes villes, comme des objets de luxe, mais dans les villages, dans les fermes, et jusque dans les cabanes des pêcheurs.

On a dit précédemment qu'il serait rare peut-être d'avoir un Anéroïde parfait, remplissant par conséquent deux conditions : 1º être susceptible de suivre tous les mouvements du mercure en présentant exactement à chaque point des indications identiques ; 2º ne pas dévier de cet état, ni en plus ni en moins, pendant un temps indéfini.

Après cet aveu, il est bon de faire observer que cette perfection rigoureuse n'est pas nécessaire dans l'instrument pour une application où il ne s'agit plus de la valeur absolue de la pression atmosphérique, mais simplement de ses changements.

Dans ce dernier cas, il y a deux choses à considérer : 1º un point principal ; 2º les écarts qui peuvent se produire dans un sens ou dans l'autre.

Le point intermédiaire, où doit se trouver le mot *Variable*, dépend principalement, comme on l'a dit, de la hauteur du lieu ; mais cette hauteur ne demanderait pas seulement à être envisagée à raison d'un pays, pris en général. Dans une seule ville, la différence peut être très-notable, suivant les quartiers; elle peut même, dans une maison, d'un étage à un autre, aller à plus d'un millimètre.

On avait donc l'habitude, dans le baromètre à mercure, d'inscrire les mots sur une plaque que l'on pouvait, suivant le besoin, fixer plus haut ou plus bas sur la planchette. Pour le baromètre à mercure à cadran, M. Richard avait imaginé de placer les chiffres sur un cercle particulier, mobile à volonté. On aurait pu en faire autant pour l'Anéroïde; mais cette complication aurait eu des inconvénients.

Quant à des cadrans gravés ou imprimés pour chaque destination, c'eût été une chose incompatible avec les conditions du commerce et de la fabrication. On a pourvu à ceci par la disposition qui permet, en tournant du dehors une tête de vis, d'amener l'aiguille au point qu'on désire, comme on met une montre à l'heure du pays où l'on se trouve. Tout opticien connaît à quelle hauteur est le *Variable* sur les lieux; il n'a qu'à conduire l'aiguille à la distance de ce point où elle doit être en ce moment. Les divisions à droite et à gauche indiqueront tout aussi bien la valeur des variations, quels que soient les chiffres placés au-dessous.

Au reste, pour qu'on n'attache pas trop d'importance à ceci, il est bon de faire observer que la moyenne d'un lieu n'a rien d'absolu; que la moyenne d'un mois est rarement celle d'un autre mois; que celle d'une année diffère quelquefois de celle de l'année suivante, et qu'une moyenne, relativement à la pression, n'est pas nécessairement une moyenne relativement à ce qui peut advenir de plus ou moins heureux dans l'état de l'atmosphère. La fixation exacte de ce point de départ n'aurait d'ailleurs d'importance qu'autant que les écarts auraient une valeur météorologique exactement proportionnelle à leur étendue. Il faudrait aussi, à la rigueur, considérer que la grandeur des oscillations barométriques varie suivant les latitudes, et en venir sur ce point encore à des dispositions diverses suivant les lieux. Il est mieux de faire observer à celui qui se sert du baromètre, qu'au lieu de se préoccuper à l'excès de toutes ces questions, et surtout de savoir si son baromètre est parfaitement d'accord avec d'autres baromètres, qui ne s'accordent pas toujours entre eux, il est préférable de le comparer avec lui-même; d'observer plutôt les mouvements de l'aiguille que sa position. Une marche persistante dans un sens ou dans l'autre, est un indice presque certain des dispositions du temps; des oscillations larges et brusques sont l'effet de graves perturbations qui ont lieu à distance, et presque toujours elles sont les précurseurs d'autres perturbations qui doivent survenir sur les lieux où l'on se trouve.

Dans le cas où l'instrument viendrait avec le temps à dévier par trop de son état primitif, il est certain que ce serait une chose fâcheuse pour les appréciations; mais alors il suffirait de ramener l'aiguille au point, comme il est dit plus haut. Si ces baromètres, après les observations, n'ont été livrés que dans d'assez bonnes conditions, il y aura suffisamment de marge pour qu'ils puissent servir pendant la vie d'un homme, sans que les rectifications les fassent par trop sortir de leur état normal.

Une condition essentielle, c'est la sensibilité. Sous ce rapport, l'invention a dépassé les espérances.

Ce fut, certes, une grande surprise pour l'opticien qui monta au dôme de Saint-Paul de Londres avec le premier Anéroïde, quand il vit cet assemblage de parties grossières accuser, à chaque station, le poids des légères couches d'air dont on le soulageait, comme on aurait cru que le liquide seul pouvait le faire.

NOTES DU TEXTE DE LA NOTICE SUR LUCIEN VIDIE.

(*a*, page 269)

Un baromètre à mercure.

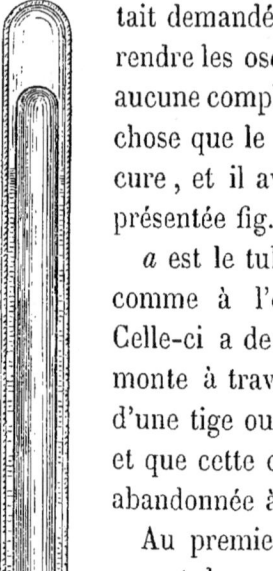

Figure 6.

Dans ses diverses tentatives pour perfectionner le baromètre, l'inventeur des Anéroïdes s'était demandé s'il ne serait pas possible de rendre les oscillations plus apparentes sans aucune complication mécanique, sans autre chose que le tube, la cuvette et le mercure, et il avait imaginé la disposition représentée fig. 6 (1).

a est le tube barométrique, qui est fixe, comme à l'ordinaire. *b* est la cuvette. Celle-ci a de particulier que le milieu remonte à travers le mercure sous la forme d'une tige ou d'un tube fermé par le haut, et que cette cuvette doit rester librement abandonnée à elle-même.

Au premier coup d'œil, il semble extravagant de supposer qu'elle puisse ainsi se tenir en l'air avec le mercure qui pèse dessus ; mais l'examen démontre aisément qu'avec de certaines proportions, on peut arriver à un équilibre stable pour une pres-

---

(1) A des époques où il avait douté des procédés qui ont fini par réussir, il s'était occupé aussi de diverses dispositions de vases clos, avec des liquides.

sion atmosphérique donnée, et que, cette pression venant à s'accroître, la cuvette devra remonter en refoulant le mercure, jusqu'à ce qu'elle arrive à un nouvel état d'équilibre. Ce mouvement de la cuvette et l'élévation du mercure dans le vide seront, à volonté, d'autant plus considérables qu'on aura fait plus mince la partie inférieure du tube barométrique qui s'immerge dans le mercure.

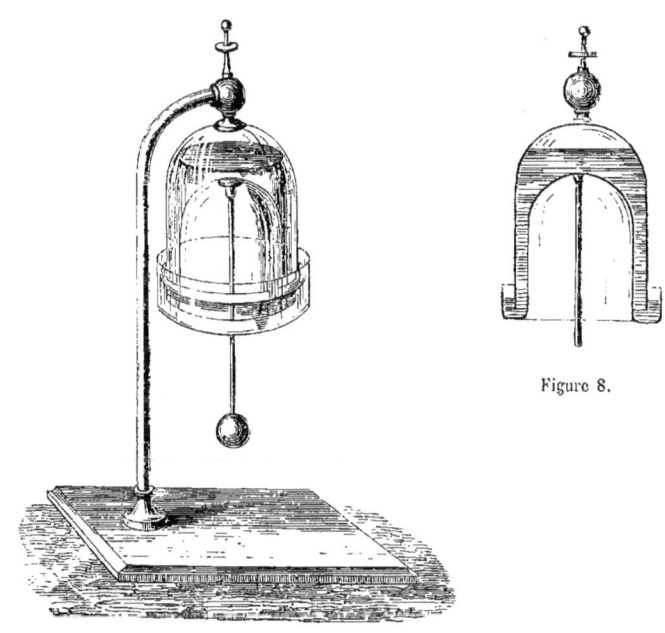

Figure 8.

Figure 7.

Plusieurs causes se seraient opposées à l'emploi de ce système; mais le fait bizarre d'un corps FLOTTANT SOUS LE LIQUIDE peut être bon à signaler, comme susceptible de rencontrer quelque application utile. Il pourrait au moins servir dans les cabinets de physique parmi ces appareils qui, présentant, en apparence, des résultats en opposition avec les lois les plus positives de la science, forcent les élèves à mieux approfondir l'étude de ces lois. Les figures 7 et 8 représentent un appareil disposé à cet effet.

On y voit une première cloche fixée au bout d'une tige recourbée, et une autre cloche d'un diamètre plus petit, mais dont la partie inférieure s'étend et se relève en dehors, de manière à présenter une auge circulaire sous les bords de la cloche fixe. On tient la deuxième cloche sous la première ; on verse de l'eau dans l'auge circulaire, et on fait remonter cette eau dans la cloche fixe en aspirant l'air par un robinet placé à la partie supérieure : on ferme ensuite le robinet; et, si les dimensions et les pesanteurs ont été étudiées convenablement, on voit la deuxième cloche se tenir *flottante sous le liquide*. Il est même facile d'obtenir une force ascensionnelle assez considérable pour qu'on puisse adapter, au milieu de la cloche mobile, une longue tige avec une boule de métal en contre-bas, pour servir de lest à l'appareil flottant.

La force qui soutient la cloche mobile provient d'une différence entre la pression atmosphérique qui agit sur elle de bas en haut et celle qui agit de haut en bas. En dessous, la pression s'exerce sur toute la surface de cette cloche ; en dessus, la pression est supportée en partie par la cloche fixe. Il est vrai que l'eau, pressée en dehors par l'atmosphère, réagit en dedans avec une force semblable, tellement que, si la cloche fixe avait une hauteur suffisante et que le vide y fût complet, l'eau pourrait y remonter jusqu'à 10 mètres, par exemple, au-dessus du niveau, sans rien changer aux conditions d'équilibre de la cloche mobile. Mais du poids qu'aurait cette colonne, il faut déduire le poids de l'eau déplacée par la cloche mobile au-dessus du niveau. Si ce dernier poids équivaut à celui de toute l'eau qui se trouve au-dessous du niveau, joint au poids de la cloche et de son lest, il y aura équilibre.

(*b*, page 299.)

Mémoire à la Cour de Cassation, en pourvoi contre l'arrêt qui avait condamné M. Vidie à prendre livraison des cent baromètres de M. .....

1846.

EXTRAIT RELATIF A L'ÉLASTICITÉ.

§ 8. — PLAIDOIRIES DEVANT LA COUR ROYALE.
(Gazette des Tribunaux.)

« . . . . . . M. Vidie a interjeté appel, et a présenté lui-même à la barre de la première Chambre de la Cour ses griefs contre le jugement.

« M. Vidie, avec un langage facile et animé, s'est plaint que, pour l'appréciation d'une machine métallique tenant de la construction des ressorts des dynamomètres et de celle des machines pneumatiques, le Tribunal, au lieu de nommer des experts tels qu'un fabricant de ressorts, un horloger, un opticien, eût choisi un arbitre rapporteur, et, à ce titre, un souffleur de verre.

» M. Vidie, après avoir relevé, dans le rapport de l'arbitre, certaines imperfections reconnues par lui, terminait en réclamant avec force une expertise par des gens plus compétents que celui choisi par le Tribunal.

» Me Arago, avocat de M. ....., a fait connaître que

l'arbitre si vivement critiqué par M. Vidie n'était rien moins que M. ....., fournisseur, pour la Marine et l'Observatoire, des baromètres et autres instruments.

» La Cour a confirmé purement et simplement le jugement du Tribunal de Commerce. »

Après avoir vainement sollicité de la Cour une nouvelle expertise, requis de plaider au fond, j'ai énoncé les motifs qui m'avaient déterminé à refuser les baromètres de M. .....

. . . .

N'ai-je pas vu, entre un premier et un second modèle, l'*élasticité* parfaite des métaux, posée dans tous les Traités de physique comme l'un des principes fondamentaux de la science, s'écrouler sous les essais de M. Wertheim? Lorsque, avec un second brevet, recourant à l'*élasticité* des gaz, qu'on n'a point encore accusée d'imperfection, j'ai eu sacrifié six mois à lutter contre la dilatation incomparable de cet autre ressort, et six mois encore à tâcher de rendre ce nouveau moyen applicable pour le public, tandis que je traçais mes courbes sur les données de Mariotte, n'ai-je pas vu, de rechef, cette ancienne croyance si rationnelle, si belle, flétrie à son tour par les études de M. Regnault?

A quelle distance peuvent donc être de nous les lois immuables qui doivent embrasser, comme choses toutes simples, ce qui est à nos yeux de si étranges anomalies, et comment prétendre mettre ces lois dans la balance à côté de celles de la justice?

Maintenant que, d'après les mémoires de M. Wertheim, approuvés par un rapport, sanctionné lui-même par l'Académie des Sciences, il est admis que la matière cède toujours, même sous la plus faible pression, que pourrait-on répondre à celui qui viendrait nous dire : « Précédemment, il est vrai, on avait suivi trop peu l'action des faibles charges pour en apprécier les effets; M. Wertheim, par un examen plus soutenu, a pu reconnaître une déformation; mais si de nouveau on observait plus long-temps encore, on verrait dans de certaines conditions que cette déformation va chaque jour en diminuant. »

Qui'sait si nous ne retrouverions pas alors ces limites d'*élasticité* qui nous avaient échappé?

Comme si elle se jouait pour nous exercer, la nature, parfois, se laisse entrevoir et se cache : lorsque l'enfant arrive au but, elle n'y est plus; il court plus loin, et peut-être elle est derrière. Si à l'appui de cette opinion..... Me préserve le ciel d'oser tenter des théories! incapable et croyant à peine à l'expérience, je veux dire à la possibilité d'adjuger avec certitude aux effets la part des causes.

Aussi bien, de pareilles dissertations ne paraîtraient-elles pas déplacées dans des notes judiciaires?

Cependant, est-ce bien moi qui m'écarte de la question, ou est-ce la question qui s'écarte?

En effet :

Un écrit double et non contesté stipule en nombre de millimètres et de kilogrammes, posés en toutes lettres, la hauteur que les ressorts doivent avoir sans charge, puis leur hauteur sous une charge donnée ; il est avéré au procès que les ressorts de M. .... ne remplissent pas cette condition. Je cite l'article 1142 du Code civil : « *Toute obligation de faire ou de ne pas faire se résout en dommages-intérêts en cas d'inexécution de la part du débiteur.* » Je demande la résiliation et des dommages-intérêts.

Là s'arrête la question de droit.

On s'excuse par l'imperfection prétendue, récemment découverte, de l'*élasticité* des métaux.

Ici, nous entrons sous la juridiction de la science. Il faut donc évoquer ses jugements pour et contre ; discuter, au besoin, l'autorité qui les a rendus.

Ayant obtenu de répliquer, avec l'injonction d'être bref, je me suis attaché à ce seul point des ressorts, comme à l'un des plus clairs et des plus importants. Réduit, en dernière analyse, à plaider sur l'*élasticité*, je n'en ai point appelé aux lois suivant lesquelles on fait mouvoir les molécules : je me fie mieux, sur les secrets de la trempe, au coup d'œil du chef d'atelier qu'aux calculs transcendants de l'algébriste. Montrant à la Cour un de ces ressorts, et le comprimant entre les doigts, je me suis engagé, si on voulait bien nommer des experts, à présenter, par centaines, des ressorts semblables, qui, dans les mêmes conditions que ceux de M. ...., ne céderaient pas comme les siens et ne casseraient pas.

. . . .

J'ai prié la Cour de vouloir bien faire éclairer la question avant d'homologuer en quelque sorte par son arrêt un pareil rapport.

Mais c'est une fatalité..... on pourrait dire plutôt : *Il est logique qu'une chose nouvelle soit mal jugée.*

Il s'agissait d'un nouveau baromètre : la Cour a dû penser naturellement que personne n'était mieux à même d'en parler qu'un constructeur de baromètres; aussi était-ce le seul moyen sérieux de Me Arago.

« Savez-vous, Messieurs, quel est l'arbitre que
» M. Vidie traite si cavalièrement de souffleur de
» verre? Eh bien, Messieurs, c'est M. ....., qui fait les
» thermomètres et les baromètres de l'Observatoire.
» Si c'est un homme capable de juger une pareille
» question, je vous le garantis, et j'en sais peut-être
» quelque chose. »

Me Arago a certifié aussi à la Cour, et à plusieurs reprises, que cette invention était une chimère.

En jugeait-il ainsi d'après l'ouvrage de son client, ou pour l'avoir ouï dire? Quoi qu'il en soit, il était facile de l'interrompre par un seul mot; mais la honte m'a pris d'aller, à propos de cette chétive idée, emprunter les paroles du maître de Torricelli : « Et pourtant... *e pur si muove!* »

(c. page 299.)

Une discussion sur la dilatation et la porosité.
1850.

A Monsieur le rédacteur du Mining Journal, *à Londres.*

Monsieur,

On me communique, dans votre numéro du 5 de ce mois, une lettre qui vous a été adressée par M. N..., dans le but avoué d'appeler le mépris public sur l'Anéroïde.

J'ai souvent blâmé les éloges outrés de cette invention; je n'ai jamais répondu aux critiques qui en ont été faites.

La violence de celle-ci et l'intérêt évident qui l'a dicté m'engageraient à la laisser passer plus que toute autre, si la considération dont jouit votre journal et des instances trop pressantes me permettaient de garder le silence.

Je ne répondrai point à cet article par un article plus long encore, auquel M. N... aurait besoin de répliquer, et moi ensuite. Allons au fait.

Le plus grave défaut sur lequel s'étende M. N... consisterait dans des effets de *dilatation* si prodigieux, qu'il serait presque dangereux pour un navire de consulter l'Anéroïde.

Je propose à M. N... l'expérience suivante :

1º Je présenterai un Anéroïde, et M. N... le meilleur baromètre à mercure qu'il pourra trouver.

2º Nous choisirons trois juges recommandables par leur science et leur caractère.

3º Nous déposerons chacun 400 livres sterling, ou 10,000 fr., entre leurs mains.

4º On aura deux chambres entretenues à peu près à une température constante : pour l'une, de 50 degrés Fahrenheit; pour l'autre, de 100 degrés. Après que les deux baromètres auront séjourné une demi-heure dans l'une des chambres, on notera leur hauteur, comparativement à un baromètre à mercure tenu à une température constante, ou réduit par les calculs ordinaires. On les portera ensuite dans l'autre chambre, où l'on opérera de même, et ainsi, alternativement, jusqu'à concurrence de douze observations, le tout en notre présence.

5º On additionnera les déviations dans la marche produites par les changements de chaleur, et le baromètre où elles auront été le moins considérables recevra les 800 livres sterling, ou 20,000 fr.

Si vous avez l'obligeance d'insérer textuellement cette lettre dans votre prochain numéro, et que M. N... déclare, oui ou non, dans le numéro suivant, qu'il accepte ces conditions telles qu'elles sont posées, je me tiendrai pour engagé, et me rendrai à Londres pour me soumettre à l'expérience, dans les vingt-cinq jours qui suivront.

L. VIDIE.

Paris, le 24 janvier 1850.

Mining Journal, february 2, 1850.

Monsieur le Rédacteur,

Je crois que ma réponse à M. B... était en partie applicable à la lettre du docteur M...; mais il est un point que votre savant correspondant, le docteur M..., soutient encore et que je désire éclaircir. Il parle du baromètre Anéroïde comme d'un instrument « qui doit être considéré comme fondé sur des principes exacts. »

Je dis à ce sujet que si l'on forme une chambre en métal privée d'air, en totalité ou en partie, et que ce métal soit assez mince pour être aisément affecté, comme le dit l'inventeur, par la plus légère différence de pression de l'atmosphère, et qu'on ait ainsi un principe réellement exact, on doit alors admettre que tout ce qui a été écrit par les savants relativement à la *porosité* du métal, et que toutes les expériences tendant à démontrer la vérité de leurs assertions, sont tout-à-fait dénués de fondement. Mais si, au contraire, la loi est exacte et que les métaux soient réellement *poreux*, je dis de nouveau que le principe de l'Anéroïde est très-vicieux, l'instrument dépendant entièrement, pour ses indications, du vide fait dans une chambre mince en métal.. . . . .

LA DEMANDE

DE

PROLONGATION DES BREVETS.

Brochure de Lucien Vidie (1862).

> . . . . *Quæ*
> *Desperat tractata nitescere posse relinquit*....

Cette démarche ayant reçu accidentellement une certaine publicité, l'inventeur tient à dire dans quel but et avec quelle réserve il avait sollicité une faveur si exceptionnelle.

Il exposait, dans son Mémoire, les difficultés qu'il avait rencontrées dans l'invention, et ensuite dans la fabrication, comme ayant présenté des causes de retard hors de proportion avec les cas ordinaires sur lesquels a dû se baser la loi. S'il avait vu le terme de son travail avant le terme de son brevet et celui de ses jours peut-être, c'est qu'il y avait mis ce qu'on ne met pas habituellement à ces études, une préoccupation exclusive et sa fortune, à mesure qu'il le fallait.

En 1849, il touchait au dédommagement de ses sacrifices, lorsqu'un tiers était venu le lui ravir. Celui-ci, d'autant moins excusable qu'il connaissait l'invention brevetée à laquelle il avait travaillé, avait été, suivant l'usage, poursuivi en police correctionnelle.

Loin de pouvoir réprimer la contrefaçon, l'inventeur avait subi, au contraire, à raison de cette poursuite, des condamnations pénibles.

En 1858 seulement, il avait pu, par suite d'une jurisprudence nouvelle, ramener la question devant les Tribunaux civils. La justice lui avait alors rendu énergiquement l'honneur de son invention et avait rétabli l'intégrité de ses droits. Ils allaient expirer.

Le pétitionnaire avait cru devoir, en outre, s'expliquer sur quelques circonstances qui avaient pu contribuer à la perte de son premier procès.

« A l'origine de cette invention, disait-il ainsi, j'avais eu l'idée, bizarre peut-être, d'en laisser apprécier la valeur par le public, qui devait s'en servir, et quand les droits de mes brevets avaient été attaqués, même au milieu des grandes expertises industrielles qui ont eu lieu à Londres et à Paris, je n'avais jamais voulu connaître d'autres juges que les Tribunaux.

» Leur examen, enfin, m'a été fermement accordé. La justice a écarté tout ce qu'on avait pu dire depuis la contrefaçon : elle s'est reportée, dans son jugement, à ce que la science disait auparavant.

» Cette décision, Sire, presque inespérée, m'a suscité de tristes pensées. C'étaient neuf années de perdues dans la force de la vie, depuis l'époque où, sortant de tant d'embarras, je pouvais me livrer à l'étude avec plus de connaissances pratiques, et avec un atelier sous la main pour l'expérimentation qui, largement conduite, abrége et assure si grandement la recherche des résultats. J'avais dû fermer et fuir ces traités de physique qui m'avaient autrefois passionné, où se trouvaient, sous différents noms, des choses nouvelles, fruits de pénibles efforts que je ne pouvais oublier.

» J'ai laissé la fabrication elle-même à peu près stationnaire. Je désirerais reprendre quelques études, mettre l'exécution de ces instruments mieux en rapport avec divers besoins du public, user à cela un reste d'activité; je le ferais difficilement sans ces brevets (1).

» Cette prolongation, disait-on en terminant, comme restriction à la demande, cette prolongation se bornerait à l'application de ces brevets pour la mesure de la pression de l'air.

» Je désirerais qu'on m'imposât une autre condition.

» Il est connu que la fabrique d'un premier inventeur constitue par son titre une sorte de privilége contre les nouveaux venus, qui rapporte souvent plus que le brevet lui-même, ou se vend à haut prix. Je devrais renoncer à cet avantage. Pendant les trois mois qui précéderaient le terme de la prolongation, toute personne justifiant de motifs sérieux serait admise, deux heures par jour, à étudier la fabrication et à traiter avec mes ouvriers et employés. Trois mois

---

(1) La demande ne pouvait descendre sur ce point à des détails particuliers presque personnels : on s'en abstiendra pareillement ici dans des observations qui n'ont d'ailleurs plus guère d'intérêt que pour quelques amis.

après le terme, je ne devrais plus conserver d'intérêts dans la fabrication d'aucun des instruments dépendants de ces brevets. »

Cette demande ne pouvait être accordée que par une loi : elle fut adressée à l'Empereur, comme ayant l'initiative des lois. M. le Ministre du commerce répondit qu'il avait reçu la pétition du cabinet de l'Empereur, et qu'afin de l'apprécier à sa juste valeur, il l'avait soumise à l'examen du Comité consultatif des Arts et Manufactures.

« Il est résulté de cet examen, disait-il, que, si l'instrument dit Baromètre Anéroïde peut être regardé comme ingénieux et intéressant, il ne présente pas cependant le caractère ni d'utilité générale, ni d'une éminente invention ; qu'il n'était pas nécessaire, d'autre part, d'un temps très-long ou d'expériences multipliées pour en faire apprécier les avantages ; que les brevets sont sur le point d'expirer, et *qu'ils ne pourraient, dès lors, être prolongés sans porter un grave préjudice aux personnes engagées dans la même direction et exerçant la même industrie.* »

Le Comité devait supposer naturellement que les opticiens n'attendaient que la fin des brevets pour construire de ces nouveaux baromètres ; mais c'était une erreur.

A la déchéance du premier brevet, on a vu d'abord en France uniquement le mécanicien qui avait été poursuivi comme contrefacteur en 1851, et qui, ayant pu soutenir assez longuement la lutte, n'a eu qu'à continuer le cours de son succès, de même qu'on a vu en Angleterre un contrefacteur contre qui M. Vidie avait obtenu une condamnation sévère, qu'il n'a jamais fait exécuter.

Quelques mois avant la fin d'un deuxième brevet, le contre-maître repousseur des Anéroïdes et deux ouvriers de la fabrique ont trouvé à s'associer avec quelqu'un ayant des fonds suffisants. Le deuxième contre-maître a également cherché un associé, comme il en avait aussi parfaitement le droit. A cette date, aucune autre personne ne s'était encore présentée pour entreprendre ces instruments.

Depuis cette époque, deux années se sont écoulées pendant lesquelles l'inventeur a encouragé des tiers directement et *passivement*, jusqu'à se laisser réduire à une ombre de fabrique, quand il aurait suffi des plus simples procédés commerciaux pour qu'il en fût autrement. Qu'en est-il résulté?

L'auteur, très-peu au courant de ce qui se passe, avait attendu avec un vif intérêt l'ouverture de l'Exposition, pour y voir les progrès, l'extension au moins, qui auraient pu survenir. Il avait différé jusque-là l'impression de cette deuxième partie. Il n'a rencontré, le 3 mai, que le baromètre Holostérique de M. Hulot, associé des anciens ouvriers de la fabrique des Anéroïdes : l'ancien système à longue chaîne conduite par un bras vertical.

Avec le temps, sans doute, cette invention arrivera

au développement qu'elle doit avoir sous plus d'un rapport. Mais comme la chose alors paraîtra toute simple, de même que tant d'autres, ce début était à noter ici, pour justifier ce qui a été dit dans les procès et dans la demande, que l'inventeur avait long-temps et inutilement cherché quelqu'un pour entreprendre la construction de ces instruments, et qu'étranger à la fabrication, il lui avait fallu beaucoup de peine pour créer celle-ci avec les premiers bons ouvriers venus.

M. le Ministre ajoutait, en second lieu, d'après l'avis du Comité, que le motif de procès réciproquement perdus ou gagnés ne pouvait être utilement invoqué; qu'il y avait contestation encore pendante, et que la prolongation d'un de ces brevets semblerait en affirmer *la validité*.

Il n'y avait pas eu de discussion sur le second brevet, et, quant au premier, on n'avait jamais contesté *la validité* du titre, mais seulement l'étendue de ses droits. Au reste, la prolongation s'accorde sans garantie, comme le brevet lui-même : en cas de contestation, elle laisse aux tiers la plénitude de leurs droits et aux Tribunaux la liberté de leur action. Elle n'eût fait ici que donner à leur décision une valeur qui n'était plus au pouvoir de la justice.

Mais on comprend parfaitement que, la foule n'entrant point dans toutes ces considérations, le Comité a craint de *sembler* intervenir dans des discussions judiciaires, d'autant plus que la demande a eu lieu plus tôt qu'on n'a dû le supposer : pendant l'appel.

Quant au pétitionnaire, il s'est surpris plus d'une

fois, au cours de cette demande, à désirer presque qu'on lui refusât une grave tâche dont il prenait l'engagement moral.

Dans un autre mémoire, il avait dit :

« S'il était possible aux gouvernements de juger l'invention, il leur serait possible de faire beaucoup pour elle.

» Ils pourraient accueillir les idées nouvelles et les expérimenter avec des ressources et dans des conditions souvent hors de la portée des particuliers.

» Ils pourraient indemniser l'inventeur, le laisser à l'invention et livrer son œuvre à l'étude et au travail de tous.

» Ils pourraient, s'ils délivraient encore des brevets, le faire avec garantie, et l'inventeur alors, *avec la sécurité,* pourrait créer de grands établissements répondant plus avantageusement aux besoins du public, appeler à lui des hommes habiles et spéciaux pour exploiter ses idées dans toutes leurs branches. »

Étudier de nouveaux appareils, de nouveaux moyens d'exécution; entremêler la fabrication de recherches de physique; attacher à ce travail des jeunes gens, comme il en sort de certaines écoles, aptes à la mise en pratique de toutes les théories scientifiques, qui auraient été stimulés par un intérêt direct, par l'honneur de leurs études et par l'espoir de trouver, au besoin, plus tard des capitaux pour continuer à leur compte plusieurs fabrications de genres différents : telles étaient les intentions par suite desquelles l'auteur avait acheté dans l'intérieur de Paris un terrain où il avait déjà fait construire une galerie à mettre au besoin dix mille baromètres en observation. Mais il lui fallait *la sécurité*, et celle de son brevet se trouvait bien restreinte. Le jugement qui avait établi si fermement les droits de son adversaire, ne lui accordait que des *moyens d'exécution*, qui n'étaient pas même nettement définis, et le laissait ainsi dans une sorte de dépendance, toujours menacé de voir surgir autour de lui de nouveaux ennuis. Le projet était resté là, avec l'espoir d'une nouvelle décision judiciaire, et, si elle venait trop tard, d'une prolongation.

« En sollicitant cette prolongation, écrivait le pétitionnaire au Ministre, je désire principalement pour mon invention pouvoir lui donner de nouveaux développements, et pour moi-même, quelques années encore d'une occupation utile, exempte de dégoûts et d'ennuis pour une carrière désormais bien excentrée. »

Si un simple intérêt pécuniaire l'eût poussé à cette demande, il eût été bien maladroit de n'avoir pas plus tôt cédé aux conseils amis qui l'ont tant de fois pressé d'établir l'exploitation de ses brevets d'une manière plus commerciale et plus industrielle, et de se mettre en mesure de leur assurer au-delà de leur expiration un bel et long avenir.

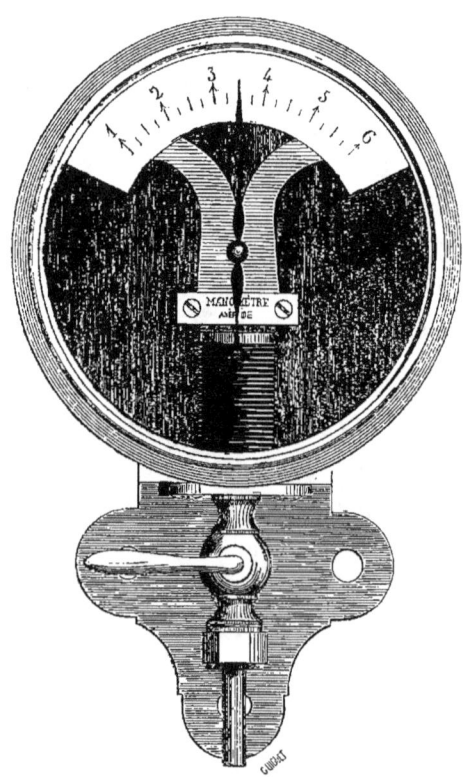

Manomètre Anéroïde.

LES MANOMÈTRES

Brochure de Lucien Vidie (1862).

Une note de la demande de prolongation disait :

« Le nouveau moyen que j'avais proposé pour mesurer la pression de l'atmosphère pouvait s'appliquer à tous les fluides. J'avais décrit spécialement son emploi pour le manomètre, ce précieux instrument qui fait connaître au dehors de la chaudière la force qui se développe au dedans, afin d'en prévenir l'excès et d'en régler le travail.

» Il n'existe plus guère aujourd'hui, sur toutes les machines à vapeur du monde, d'autres manomètres que ceux qui ont été construits sur le principe de ce brevet, et consistant ainsi, soit dans un simple diaphragme de métal assez fort pour mesurer la pression par sa propre élasticité, soit dans un diaphragme plus faible (fût-ce même en caoutchouc) s'appuyant par des pièces intermédiaires contre un ressort d'une force suffisante, soit enfin dans des diaphragmes ou minces parois disposées en forme de tube élastique. »

Dès 1845, M. Vidie fit des démarches en Angleterre et en Belgique pour faire adopter *ses manomètres à tubes de métal plissés*. Les administrations des chemins de fer, auxquelles il présenta des modèles, étaient satisfaites des soupapes à ressort, et ne tenaient nullement aux manomètres, quels qu'ils pussent être.

En France, les règlements n'admettaient que des manomètres à mercure, et encore dans des conditions restrictives.

Quelques années plus tard, comme on l'a dit, M. Schinz, ingénieur du chemin de fer de Cologne à Minden, appliqua aux locomotives des manomètres semblables aux Anéroïdes, sauf que le tube, au lieu d'être plissé, était aplati et courbé. Avec cette nouvelle forme, comme avec l'autre, lorsqu'on introduit la vapeur dans le tube, les deux extrémités s'écartent plus ou moins, selon la pression, et donnent ainsi la mesure de son intensité.

L'année suivante, M. B. fit breveter à son profit en France ces manomètres, et réussit à les faire agréer par diverses administrations; les règlements furent modifiés.

M. Vidie reprit alors l'étude de ces instruments; il en organisa la fabrication, et en répandit un certain nombre en dépôt chez les opticiens.

Le besoin et l'utilité avaient suffi pour faire adopter ainsi les baromètres Anéroïdes; mais, en face du développement commercial que M. B. avait immédiatement donné à *sa découverte*, en face surtout des rapports et des éloges dont il avait su l'entourer, il fut impossible de placer les manomètres Anéroïdes, quoique parfaitement établis. On ne les regardait, d'ailleurs, que comme une imitation, une sorte de contrefaçon des manomètres de M. B.

Mais lorsque celui-ci, vers l'Exposition de 1851, entreprit de se faire passer également pour l'inventeur des baromètres sans liquides, M. Vidie fit saisir un baromètre et un manomètre dits Métalliques, et voulut faire juger que ce n'était autre chose que des Anéroïdes sous une nouvelle forme.

Il était difficile de soutenir le contraire.

M. B., suivant le genre de défense usité en pareil cas, fit plaider que l'invention qu'on l'accusait de contrefaire n'était pas nouvelle. Il citait un passage d'un bulletin de la Société philomathique, an VI, intitulé : « Mémoire sur un nouveau Baromètre, avec lequel on mesure *immédiatement* les changements de densité de l'air *par le poids du mercure*, par le citoyen Conté (1). »

Le baromètre transportable est celui, peut-être, de tous les problèmes scientifiques qui, jusqu'à nos jours,

---

(1) En 1858, un professeur découvrit, dans les comptes-rendus de l'Académie des Sciences de Saint-Pétersbourg, de 1758, l'invention de Zeiher. Conté, avec son idée, se trouva ainsi considérablement distancé dans cette course en arrière.

Si on songe qu'il n'est pas une des inventions modernes qui n'ait été retrouvée presque textuellement dans de vieux livres, on regardera comme une belle chance ici qu'il n'ait pu être exhumé rien de mieux pour flétrir le succès, et cela pendant neuf années de lutte indirecte contre des hommes de science.

Ajoutons (c'est une noble chose à dire au milieu de tout cela) que celui des savants qui aurait eu le plus d'intérêt à ce qu'on refît, si la chose eût été juste, toutes les biographies de Conté, M. Thénard, son illustre neveu et son héritier, M. Thénard répudiait cette thèse, qui n'était soutenue évidemment que pour le profit de M. B...

a été le plus vivement poursuivi. Était-il possible que la solution eût été trouvée et qu'elle fût restée là ?

Le mémoire d'où on prétendait la déterrer avait été dans le temps la publication d'une Société savante. Conté, que l'on donnait pour avoir résolu le problème, avait été l'ami de tous les savants de son époque. M. Jomard, membre de l'Institut, qui se dit *le témoin et le compagnon de tous ses travaux*, a écrit sa vie avec les détails les plus minutieux. M. Biot, membre de l'Académie des Sciences et son contemporain, l'a écrite également; d'autres aussi. La Société d'Encouragement, dont Conté était membre, a récapitulé tous ses faits, toutes ses tentatives. Enfin Conté avait, disait-on, présenté son invention à l'Institut, et, dans les comptes-rendus de l'Institut, comme dans les éloges de la Société d'Encouragement, comme dans toutes les biographies, on ne voyait qu'un baromètre à mercure !

Comment expliquait-on une chose si incroyable ?... C'est que Conté n'avait pas donné suite à son idée. Mais le texte le montrait comme poursuivant *son objet* jusqu'à ce qu'il l'ait atteint. Si ce n'était pas faute de volonté, était-ce faute de connaissances ? Mais c'était, disait-on, un savant.

On insinuait qu'il n'avait pas eu pour lui l'exécution, et c'était, au contraire, un homme d'une habileté manuelle prodigieuse. A huit ans, disent ses biographes, il avait fait un véritable violon avec son couteau. A trois fois cet âge, faisait observer Mᵉ Sénard, l'avocat des Anéroïdes, M. Vidie ne savait faire que son stage. Conté, disait-on aussi, n'était pas un homme à se réserver le monopole de ses idées, et Conté avait pris un brevet ; Conté avait monté une fabrique et pour un objet qui n'avait pas dû absorber sa fortune en recherches,... c'était pour les crayons perfectionnés auxquels il a attaché son nom.

La justice, lors du second procès, en face de tant d'invraisemblances et tenue fortement en éveil contre les autorités avec lesquelles M. B. cherchait de nouveau à la circonvenir, la justice voulut apprécier à fond le texte qu'on invoquait. Elle y vit ce qui s'y trouvait, ce que les savants y avaient vu dans le temps, les hémisphères de Magdebourg décrits, à très-peu près, dans les mêmes termes qu'emploie M. Biot dans sa traduction de Fischer. Conté, pour de certaines expériences, avait cherché à les modifier d'une manière qui était absurde : aussi y avait-il renoncé sur-le-champ.

Elle vit que Conté n'avait même pas eu l'idée de faire ainsi un vrai baromètre. Le texte le disait : *Cet appareil ne satisfit point le citoyen Conté, qui imagina d'appliquer à* SON OBJET *le ralentissement qu'éprouve l'écoulement des fluides par un orifice ouvert dans le vide*, etc., et il s'arrête à l'appareil à écoulement de mercure dont il s'est servi dans tous ses voyages.

Continuant alors une tâche qui n'aurait pas dû être la sienne, la justice analysa les principes du brevet de 1844, et proclama que ces principes n'avaient été *ni entrevus ni exposés par Zeiher et Conté*.

Depuis de longues années, M. Vidie était dépossédé

tout spécialement de l'invention exclusive du manomètre, sur un motif ainsi conçu :

Considérant que B., en prenant, en 1849, des brevets qu'il a exploités pour un système de manomètre sans mercure, dit Manomètre Métallique et applicable aux baromètres et thermomètres, a eu comme Vidie, pour point de départ, l'invention de Conté.

Supposons, avait dit M. Vidie, que les hémisphères de Conté aient constitué un vrai baromètre ; supposons encore, par une fiction légale, que je sois parti de l'idée de ces hémisphères qui n'ont jamais pu conduire à rien, ni Conté, ni personne, pour appliquer aux machines à vapeur, qui n'étaient même pas en usage à cette époque, un tube élastique en métal. Mais en cela, au moins, il y aurait eu, conformément à la loi des brevets, *création d'un nouveau produit industriel, application nouvelle d'un moyen connu.*

Les procédés brevetés au profit de Vidie, prononçait une autre partie de l'arrêt, *ne constituent, au point de vue de l'appareil principal, ni une invention, ni une découverte, ni même l'application nouvelle d'un moyen connu.*

Ne prévoyant que trop ce résultat, M. Vidie s'était avancé vers la Cour et avait dit vainement : « Si c'est
» bien sérieusement à un homme de l'autre siècle
» qu'on doit ces baromètres sans liquide, qui n'ont
» jamais existé qu'au sortir de mes brevets, que ces
» brevets tombent, mais franchement et largement, au
» profit de tous. »

Ils tombèrent, par le fait, au profit de M. B. Avec le temps, cependant, d'autres en vinrent, peu à peu, à se lancer dans la construction des manomètres.

La demande de prolongation disait, au sujet de ces instruments :

« Cette partie, la plus lucrative de mon invention, qui aurait pu, dit-on, me rapporter plus d'un million, ne m'occasionna que des pertes ; j'avais en vain porté plainte devant les Tribunaux.

» Les considérants qui viennent de reconnaître mes droits exclusifs au baromètre Anéroïde sembleraient devoir rétablir, à bien plus forte raison, mes droits au manomètre, si je concluais à cet effet. Mais à la suite du premier fabricant acquitté, d'autres, moins inexcusables dès lors, ont entrepris cette fabrication. Plus matérielle que celle des baromètres, elle a déjà acquis en France et à l'étranger un très-grand développement.

» Je n'ai point demandé devant les Tribunaux à troubler cet état de choses, et je ne cherche point à le faire par la présente démarche. »

En 1859, M. Vidie voulut savoir où l'industrie des manomètres en était. On lui envoya d'Angleterre une cinquantaine de brevets. Le croira-t-on ? M. B. et ses amis avaient si bien réussi à faire passer M. Vidie pour un habile constructeur qui avait su tirer parti d'une vieille invention, que plus d'une fois de ces nouveaux brevetés vinrent lui proposer d'exploiter leurs idées.

Si aujourd'hui M. Vidie voulait, au-delà de cinq ou

six personnes, se donner pour l'inventeur des manomètres qui, sous diverses formes, ont partout remplacé le mercure, on ne le croirait pas. Non-seulement les bénéfices de cette invention resteront à M. B., mais l'honneur lui en restera également sans aucun droit.

Pour rendre croyables de pareils faits, il aurait fallu ici de plus amples explications. Mais, dans toute cette deuxième partie, on a tenu à ne pas en oublier l'épigraphe.

Cependant, quand un hasard maladroit vient vous mettre sous les yeux des livres qui, publiés en 1862, parlent encore du *constructeur qui a repris les tentatives de Conté, pendant que M. B. était arrivé, de son côté, à construire son ingénieux système*, etc., il est bien permis au moins à l'inventeur des Anéroïdes de dire comment a été jouée, devant la justice, cette comédie de Conté.

Ses Mémoires disaient, en 1851 : Pour juger s'il existe quelque chose de nouveau à l'histoire du baromètre, qu'on cherche dans tous les traités de physique du monde et qu'on trouve dans un seul autre chose que le tube avec le liquide! Et pendant que se préparait le procès, s'imprimait, entre autres choses, un véritable traité de physique, où l'auteur posait, de la manière la plus naturelle, le baromètre Anéroïde, qui paraissait dû à Conté, savant français qui faisait partie de l'expédition d'Égypte....; on s'en était beaucoup occupé depuis quelques années : il était *construit* par M. Vidie.

Après cet exposé rétrospectif, venait un nouveau baromètre bien préférable, qui avait été *inventé* par M. B.; puis les manomètres *inventés* par M. B.

Malheureusement pour le savant professeur, il avait cru l'affaire enlevée pour jamais au premier procès, et, lors d'une édition subséquente, il avait fait rentrer Conté dans la coulisse, malgré l'arrêt qui avait consacré *l'invention de Conté!* On ne voyait plus à la suite du mercure que les inventions de M. B., les principes qu'il avait découverts.

Ce ne fut pas une légère révélation pour les nouveaux juges. On put aussi leur faire apprécier la bonne foi d'autres écrivains et d'autres savants qui étaient venus contester à M. Vidie l'honneur de ses longues et ruineuses études, en les rattachant à quelques lignes absurdes, tirées de la poussière...... C'étaient ces mêmes écrivains, ces mêmes savants qui, en même temps, avaient porté si haut l'invention de M. B., quand il était reconnu que cette nouvelle forme de tube avait été imaginée par un autre plus d'un an avant son brevet; qu'elle avait été mise en pratique, expliquée, figurée dans des publications. N'en avait-on pas eu des modèles à Paris et la description *quelque part*, où on la fit disparaître pendant les débats, à la suite desquels la Cour prononça que B., *en inventant son système de manomètres, avait eu, comme Vidie, pour point de départ, l'invention de Conté!*

Sur ce simple aperçu, on concevra que ce n'est pas par de petits et de vulgaires moyens que l'inventeur fut dépouillé; et s'il ajoutait quels nouveaux efforts furent faits au second procès, peut-être qu'avec lui on s'étonnerait moins de son premier échec que de la hardiesse de décision qu'il fallut à la justice pour lui rendre l'honneur des nouveaux baromètres, et, implicitement, celui des manomètres, dont les principes, à bien plus forte raison, n'avaient été *ni entrevus ni exposés par Zeiher et Conté.*

CHAPITRE IX

PIÈCES COMPLÉMENTAIRES.

N° 1.

Extrait d'une Note sur la déchéance des Brevets, par Lucien Vidie, publiée en 1851.

Nos lecteurs auront remarqué avec quelle sobriété nous avons cité les écrits de Lucien Vidie. Lorsqu'un homme s'est acquis une place de premier ordre dans une spécialité scientifique, c'est atténuer sa valeur que de lui chercher une autre supériorité. Nous ne donnerons donc, sur sa manière de penser et d'écrire, que l'extrait suivant et quelques fragments de lettres, afin d'initier simplement le lecteur au style de cet excellent homme.

Il n'y a rien de nouveau sous le soleil ; un sage l'a dit bien longtemps avant la découverte du Nouveau-Monde. Pas une borne n'a existé à nos pensées, ou grandes ou petites, qui n'ait été l'objet de bien des tentatives déjà, quand elle a été franchie pour la première fois. Avant que Colomb eût doublé l'étendue de la terre, combien de personnes, au bord de l'Océan, et de matelots penchés sur l'étrave, ont dû songer que le soleil ne quittait notre hémisphère que pour aller en éclairer un second! Si les mers, comme les bibliothèques, laissaient scruter leurs abîmes, sait-on si on n'aurait pas retrouvé des débris d'armes et de carènes bien antérieures au xve siècle, aventurées loin des parages qu'on fréquentait alors ?

Quand un effort heureux vient apporter quelque amélioration dans les choses de la vie, rarement un rapport à ce sujet commence-t-il autrement que par ces mots : L'idée que nous avons l'honneur de vous exposer n'est pas nouvelle : nous trouvons.... On trouve alors tout ce qu'on désire, avec un peu de bonne volonté, comme dans les inscriptions des vieux monuments. N'a-t-on pas prouvé ainsi que c'est du temps de Charles-Quint qu'ont été inventés les bateaux à vapeur, auxquels Napoléon n'a pu croire, et que la machine à feu, elle-même, avait été mise en pratique par un philosophe du Bas-Empire? Tout le présent, au besoin, se lit dans le passé; que n'y découvre-t-on, aussi bien, un peu de l'avenir !

Après les érudits vient la foule, où chacun s'écrie, quand on lui a bien expliqué la chose : Mais je comprends ; et tout est dit. Comme si une idée de plus ne pouvait pas se comprendre aussi bien que toutes celles qu'on nous a apprises. Si elle est juste, elle s'emboîte avec les autres, elle s'y soude, et il nous semble, de bonne foi, qu'elle en a toujours fait partie.

Toutes les idées se tiennent par la main ; il suffit de les mettre en marche : elles partent à la ronde, s'entraînant avec une facilité charmante. — Mais c'est tout simple... Mais j'aurais pu avoir cette idée... Mais je l'ai eue peut-être... Certainement je l'ai eue. — Et la pensée créatrice reste là, des années peut-être, à se débattre dans ce caquetage.

Tout est dans tout, disait Jacotot, qui démontrait, en quatre gros volumes, qu'on trouvait tout dans cette phrase : « Calypso ne pouvait se consoler du départ d'Ulysse, » et qui, malgré la bizarrerie de ce procédé, put soutenir assez sa vogue pour vendre vingt fois plus de ses livres qu'on n'acheta de *Télémaque*.

Par une exception bien rare, lorsque l'Anéroïde parut, on lui accorda que peu d'inventions avaient surgi, armées de toutes pièces, aussi nettement tranchées de tout ce qui avait précédé. C'était, disaient les opticiens, une révolution dans la construction du baromètre. Des professeurs auxquels on en montra soutinrent que ce pouvait être un thermomètre, un hygromètre ; mais ce ne pouvait pas être un baromètre : il fallut qu'il montrât, par ses fonctions, ce qu'il était.

M. Vidie présente un baromètre construit sur un principe nouveau, dit, dans le compte-rendu de l'Académie des Sciences, l'homme du monde le plus profondément versé dans la connaissance de tous les essais scientifiques qui ont pu être faits, le directeur de l'Observatoire, où le baromètre est un des principaux objets dont on se serve.

Un nouvel instrument, le Baromètre Anéroïde, a été récemment inventé par M. Vidie, de Paris. (Manual of the mercurial and Aneroid Barometers, by I. Henry Belleville, of the Royal Observatory Greenwich.)

Cette invention voit bientôt le revers, comme toute chose. Nous avons sous la main une brochure intitulée : *A few remarks upon the construction and principles of action of the Aneroid Barometer.* L'auteur, en critiquant son action, arrive au principe ; qu'en dit-il ? « L'Anéroïde montre beaucoup de génie dans
» son principe et son arrangement ; les applications
» délicates et les inventions qu'il contient garantissent
» cette conclusion, que c'est une heureuse émanation
» d'un esprit fertile et ingénieux. »

Son succès commence à léser des intérêts privés ; on dirige contre lui des attaques qui deviennent si violentes, que l'inventeur est enfin obligé par un moyen grave d'y mettre fin. Que disait-on du principe ? *I say again than the principle is most unsound.* — *Je dis de rechef que le principe est très-vicieux.*

Ainsi était posée la question, quand, au bout de quatre ans, quelqu'un découvrit et apprit au public que cet instrument était connu depuis un demi-siècle ; que l'honneur en appartenait à Conté.

Supposons, ce qui n'est pas, que Conté ait eu réellement cette idée, et qu'il s'agisse ici de discuter le mérite de la priorité; nous demanderions qui, après l'avoir enlevée à notre époque, oserait la garantir à Conté. Il a fallu quatre ans pour qu'un lecteur, connaissant l'Anéroïde, ait cru le rencontrer dans le passage dont il s'agit; dans vingt ans, quand un plus grand nombre de savants connaissant cet instrument auront lu un plus grand nombre de vieux ouvrages, peut-être croira-t-on le retrouver à une époque antérieure; peut-être croira-t-on le reconnaître plus loin encore dans quelque livre aux Indes ou en Chine; et s'il y avait un terme à de pareilles recherches, saurait-on si quelqu'un, auparavant, n'aurait pas eu une idée de ce genre et ne l'aurait pas gardée pour lui? Dieu seul serait juge d'un pareil mérite, s'il y avait mérite à ses yeux dans les idées qu'il donne, et non pas dans l'usage qu'on en fait.

La loi des brevets, comme la raison, comme l'équité, ne se base point sur cet abîme sans fond. Destinée sérieusement à récompenser celui auquel la société doit une invention, elle ne dit point follement : Est nouvelle toute idée qu'aucun autre homme n'a jamais eue; Elle dit: « Ne sera pas réputée nouvelle toute découverte, » invention ou application qui, en France ou à l'étran» ger, et antérieurement à la date du dépôt de la de-» mande, aura reçu une *publicité suffisante* pour pou» voir être exécutée. »

S'il fallait entendre ces mots dans le sens ordinaire, la question aurait été assez jugée par le témoignage du public. Ceux qui se servent de baromètres, ceux qui en vendent, ceux qui en fabriquent, ceux qui les connaissent au point de vue de la théorie, tous ont accueilli l'invention comme nouvelle ; donc elle était nouvelle pour le public, et ce n'est pas après que les parties les plus intéressées à contredire la nouveauté, les personnes les plus à même d'en juger, avaient été depuis si longtemps mises en demeure, que l'appel sur un pareil point pouvait être recevable.

Lorsque M... est venu, au nom de M. B., présenter à M. Vidie des propositions ou plutôt des menaces : Monsieur, lui a-t-il été répondu, vous savez ce que vaut ce passage qu'on m'objecte, et vous savez ce que j'ai fait. Est-ce à moi ou à Conté qu'on doit cette invention ? Vous êtes le premier opticien de Paris ; quand on veut quelque instrument nouveau, ou peu connu, c'est à vous que l'on s'adresse. Si on vous eût demandé un baromètre sans liquide et qu'on pût porter dans sa poche, qu'auriez-vous répondu ? — Que c'était impossible. — Et vos confrères ? — Également. Mais la loi...

Abordons, s'il le faut, cette loi dans toute la sévérité qu'on en espère : examinons si cette description était réellement *suffisante* pour que quelqu'un, en la suivant, pût faire un baromètre tel que l'Anéroïde. Mais qu'on permette auparavant de faire observer que dans des discussions si délicates, sur des textes si obscurs, le doute pourra planer plus d'une fois : en faveur de qui s'interprétera-t-il ?

Contre l'inventeur, dira-t-on.

L'inventeur n'est-il pas le paria de la société ? Cela a été et sera toujours : c'est dans la nature de l'esprit humain. Dans notre existence, où nous ne pensons, n'agissons que par la masse des idées communes qui nous entourent, si un homme vient dire : J'ai une idée qui m'est propre, il prononce dans son expression la plus absolue le *moi haïssable*. Il s'élève, il sera abaissé. C'est un ennemi commun.

Et pourtant, à qui la société doit-elle son existence ? Sur quoi porte au fond toute la politique ? Que se dispute-t-on, ou en batailles rangées, ou dans les rues, ou dans les publications, ou devant les Tribunaux, si ce ne sont les bienfaits de l'agriculture et de l'industrie, filles de l'invention ? A qui devons-nous le toit qui nous abrite, le vêtement qui nous couvre, l'aliment qui nous fait vivre, les moyens de le préparer ?... Mais qu'irait-on toucher à ces objets infimes, vanter aujourd'hui à l'homme vieilli et blasé ce qui a fait la joie de son enfance ! Au milieu des biens dont elle est entourée dans ses foyers, allez donc entretenir maintenant la plus petite bourgeoise des soins qui n'humiliaient pas les princesses de l'Orient et ne déparaient pas les plus beaux chants de l'antiquité ! Parlez donc sérieusement au poëte du soc qu'il s'amuse à célébrer dans ses vers, et sans lequel il retournerait, comme il le dit : « Au gland des bois, pour assouvir sa faim ! » « Quel Dieu nous a fait ces loisirs ? »

Mais qu'a donc à se plaindre l'inventeur ? Ne le paie-t-on pas assez largement par le brevet qu'on lui accorde ? Paiement, soit ; mais alors dans le cas supposé où, par une *fin de non-recevoir*, on viendrait lui chicaner le prix du service rendu, en faveur de qui la justice, dans l'incertitude, devrait-elle pencher ? demandait-on à un avocat, dans un cas analogue. — Contre le breveté, répondait-il. Le brevet est un privilége; c'est sur lui que doit tomber ce principe, *odia restringenda*. Un quart d'heure après, il disait franchement : Il est entré douze cents brevets dans ces armoires; il y a eu quelques bonnes affaires; mais, en somme, le total des produits ne paierait pas le total des taxes. Ce privilége est-il autre chose, la plupart du temps, que celui d'être seul à défricher un champ sur lequel tout le monde tombera dès qu'il commencera à produire; et si un inventeur, entre mille, atteint le but et peut soutenir la lutte, n'est-ce pas avec plus de travail et d'argent qu'il n'en eût fallu pour réussir dans toute autre carrière?

Que la loi et les textes s'interprètent donc contre ce privilégié; mais, dans le doute, qu'on n'aille pas au-delà. Qu'on n'aiguise pas cette épée suspendue sur la tête de tout inventeur; qu'on ne lui donne pas une trempe qu'elle n'aurait pas, et rarement elle sera aussi redoutable qu'on l'imagine.

Que peut-on, en effet, présumer de ces cadavres qu'on déterre en face de chaque invention au moment où elle commence à être fêtée, pour lui disputer sa dot? Si ces enfants étaient nés viables, comment seraient-ils restés là sous les yeux de leurs auteurs, en face de la société qui leur tendait les bras? Comment se fait-il, par exemple, que le Mémoire en question, qui était si précieux, si important pour le public, il nous faille le réimprimer pour le besoin de la cause; qu'il soit resté enfoui dans un volumineux recueil si oublié lui-même, que l'on peut dire sans métaphore que s'il est sorti de la poussière où il s'ensevelissait depuis un demi-siècle, c'est à l'Anéroïde qu'il le doit?

No 2.

Fragments de Lettres.

Septembre 1861.

Mon cher ami,

.... Quant à la santé, le bon air et l'exercice soutiennent l'action vitale, et, pourvu qu'en arrivant on se sèche parfaitement le corps, il n'y a rien à craindre, même avec des souvenirs d'anciennes douleurs.

Mais, ce jour-là, j'ai failli, par une autre cause, disparaître de ce monde, sans y laisser la moindre trace. J'avais demandé, à Granchamp, si on pouvait continuer à suivre le bord de l'eau jusqu'à Issigny, et on avait oublié de me prévenir que, vers l'embouchure de la Vire, qui est fort large, il fallait prendre une digue, qui laisse, entre elle et la marée basse, un marais d'un quart de lieue de large.

En recherchant toujours le bord de la mer, je m'engageai dans des terrains de plus en plus suspects, sur l'espoir d'en sortir pour arriver au bord praticable, qui n'existe pas, jusqu'à ce qu'en sautant un petit cours d'eau, je me suis enfoncé, de l'autre côté, jusqu'à mi-cuisse dans une boue noire, épaisse, infecte, que recouvrait une couche de sable.

Me rappelant alors ce que j'ai entendu dire de certains terrains de ce genre, j'ai été un peu saisi. Lord Byron, que j'avais dans ma poche, aurait dit : « La » mort vous tient par les pieds ; elle vous attirera à elle » lentement, mais inévitablement. »

Je plaçai mon parapluie en travers sur le sable, j'écartai les mains dessus, j'appuyai l'avant-bras, en avançant le corps ; je me dégageai, et, en rampant vivement, je parvins à un terrain plus hospitalier.

Décembre 1861.

Je suis parti hier soir pour prendre l'air sur le Nord, selon mon habitude. Quand j'ai été fatigué de lire, je me suis enfoncé dans mon coin, et je me disais : « Comme c'est agréable de quitter Paris à 5 h. 10 m., d'aller dîner à Saint-Quentin, à 38 lieues de Paris, puis au spectacle ; d'en repartir le lendemain matin, à 7 heures, et d'être de retour à mes affaires entre 9 et 10. »

Mais, en pensant combien je faisais de chemin d'un bout de l'année à l'autre, je me demandai si, d'après la statistique des accidents et le calcul des chances, je ne devais pas m'attendre bientôt à un bras ou une jambe, ou la tête cassée ? Je l'ai échappé !

Ce matin, près Paris, presque en face du cimetière de Saint-Denis, nous avons été arrêtés; on réparait la voie, et nous avons pu voir, en passant, les débris de deux wagons brisés. Malgré tout ce qu'on a lu de ces accidents, c'est une chose navrante.

Juin 1862.

J'apprends avec bien du plaisir votre convalescence. C'est le moment, pour votre médecin (si vous en avez), de vous conseiller les eaux. Parlez-lui donc de celles de Spa.

J'y suis allé dimanche, et je les ai trouvées si salubres, qu'instinctivement j'ai bu plus d'eau en une heure que je n'en bois en un mois.

Grâce à la vertu de ces eaux, jointe à l'air doux et pur qu'on respire en ce lieu, et au calme de ces campagnes, j'ai éprouvé un tel sentiment de bien-être et de quiétude, que j'aurais voulu avoir dans ma poche, au lieu de César de Plutarque, un volume de Florian. J'ai plus d'une fois projeté d'essayer si je pourrais relire cet auteur, que je trouvais autrefois si délicieux.

Avril 1865.

Je ne vous ai pas dit que, lors de mon voyage à Naples, je suis allé consulter dans son antre la Sibylle de Cumes.

Croyant fermement à la métempsycose, je désirais savoir en quoi, vous et moi, nous serions changés après notre mort.

La Sibylle a feuilleté le livre du destin, et m'a répondu :

« Ton ami sera changé en rail et fixé au sol par les meilleurs procédés connus. Toi, tu seras changé en roue de wagon ; animé d'un double mouvement, tu pourras te fuir toi-même.

» De cette manière, vous pourrez vivre tous les deux selon vos goûts, et, malgré cela, vous rencontrer. »

Je me suis retiré, pénétré de reconnaissance pour la bonté si ingénieuse du destin.

Mai 1863.

Je vous remercie de vos remèdes contre l'oppression. Je pourrais, par reconnaissance, vous indiquer cent remèdes contre une autre maladie; mais vous ne me croiriez pas.

En attendant mieux, voici comment j'agis avec mes poumons. Hier soir, je suis arrivé de Dunkerque ; ce soir, je couche en Belgique ; demain, je me baigne en Hollande, etc.

Exactement comme la locomobile que je veux envoyer à mon frère de Jala-Jala : je me donne énormément de mouvement pour un faible résultat. Heureusement pour elle, je lis sur votre devis qu'avec 2,000 francs d'engins divers, nous pourrons, après lui avoir fait faire cent tours par minute, la ramener aux trois tours qui conviennent. Évidemment, vous avez raison ; il vaut mieux dépenser plus pour une bonne machine qui fasse ce qu'il faut.

29 janvier 1864.

Puisque vous me faites marcher en éclaireur devant vous dans le chemin de la vie, je vous dirai de quelle manière j'ai franchi un point important.

C'était le 27 janvier au matin, entre Longpré et Pont-Rémy ; j'allais à Boulogne, par une jolie gelée blanche, prendre mes ébats dans les flots.

Aux approches de 7 heures, je pris en main ma montre, et je lâchai à toute volée la seconde indépendante. L'aiguille des minutes atteignit la dernière minute de ma 59e année ; je fixai aussitôt mon regard sur l'aiguille des secondes. Je suivais avec une attention fébrile ses mouvements précipités, quand d'un dernier bond elle m'a lancé dans ma soixantième année.

Le croirez-vous? je n'ai rien éprouvé, ni le train non plus. Mais, comme un enfant qui rit et qui pleure, je me suis livré à bien des réflexions.

A votre tour, dites-moi une chose : je vous ai ouï parler de petites causeries que vous avez parfois avec un médecin, quoique vous apparteniez sur ce point à l'école de Molière, ou plutôt à cause de cela.

Faites-moi le plaisir, à l'occasion, de lui tenir à peu près ce langage : « Docteur, j'ai un ami qui est atteint de la manie de la locomotion. Le relevé de ses courses en 1863, monte à plus de 17,000 lieues. Je lui dis qu'il est un extravagant (il a 59 ans !) et qu'il est grand temps qu'il se réforme, sans quoi il arrivera bientôt au bout de son chemin.

» Il me traite de casanier ; il dit que j'ai tort de ne

pas lutter contre l'âge, que mon sang se figera dans mes veines et que je resterai en route. Docteur, lequel de nous a raison ? »

Vous me direz sa réponse.

Constantinople, 27 mai 1863.

Je suis arrivé ici ce matin, par le chemin de fer jusqu'à Vienne, puis par les bateaux à vapeur du Danube, la mer Noire et le Bosphore.

Je ne crois pas qu'il y ait au monde rien de plus magnifique que cette arrivée à Constantinople. Il faut que vous fassiez ce voyage.

En descendant le grand fleuve, j'ai vainement cherché à me rappeler une certaine pièce de vers ; je n'ai pu retrouver que ces deux lambeaux :

« J'ai vu le Danube inconstant,
» Qui tantôt catholique et tantôt protestant ,
. . . .
» Finit sa course vagabonde
» Par n'être même pas chrétien.
» Rarement à courir le monde
» On devient plus homme de bien. »

Je crois cette dernière pensée plus jolie que vraie. Je trouve que les voyages tendent beaucoup à accroître le sentiment de l'humanité.

N° 3.

Famille de Lucien Vidie.

Au moment de sa mort, Lucien Vidie laissait :

Comme frères et sœurs :

MM. Félix père et Paul Vidie, propriétaires à Nantes ;

M. Auguste Vidie, abbé de Saint-Sulpice, à Paris ;

Mme veuve Huet-Lamarre,

Mlle Amélie Vidie, propriétaires à Nantes ;

M. Prosper Vidie, continuateur de la colonisation de Jala-Jala, aux îles Philippines ;

Mme veuve James Vidie, née Vauloup, sa belle-sœur, propriétaire à Paris ;

Comme neveux et nièces :

M. James Vidie, propriétaire d'usines, à Paris ;

M. Félix Vidie fils, négociant ;

M. Paul Vidie, étudiant ;

Mme Thibaud, épouse du docteur Eugène Thibaud ;

Mme Henry, épouse du docteur Henry, à Nantes.

N° 4.

Extraits du Journal de ses Voyages.

ÉPOQUE OU VIDIE PLAÇAIT UNE DÉTENTE AUX MACHINES A VAPEUR.

(1ᵉʳ Extrait.)

	1837.		1837.
Juin	16 Sédan.	Aout.	27 Rigi-Kulm.
	20 Namur.		28 Hocgen.
	20 Bruxelles.		29 Bâle.
	21 Anvers.		30 Mulhouse.
	21 Bruxelles.	Oct.	2 Bâle.
	23 Paris.		3 Mulhouse.
Juillet	2 Sédan.		9 Ronchamp.
	4 Paris.		10 Mulhouse.
	6 Nantes.		17 Bâle.
Aout	6 Rennes.		18 Colmar.
	7 Caen.		20 Ronchamp.
	9 Paris.		21 Mulhouse.
	9 Amiens.		24 Bâle.
	11 Villers-Bretonneux.		25 Fribourg.
	12 Paris.		26 Vevey.
	16 Mulhouse.		26 Genève.
	21 Bâle.		28 Lyon.
	23 Berne.		29 Mâcon.
	24 Lauterbrunnen.		30 Châlons-sur-Saône.
	25 Berne.	Nov.	1ᵉʳ Le Creuzot.
	26 Lucerne.		2 Dijon.

1838.

Janv.	13 Maison-Neuve.
	14 Dijon.
Févr.	22 Paris.
	23 Jouy et Paris.
	24 Saint-Germain—Paris.
Mars	4 Lille.
	5 Turcoing.
	6 Gand.
	9 Bruxelles.
	11 Anvers.
	12 Bruxelles.
	13 Liége.
	14 Verviers et Liége.
	17 Charleville.
	19 Charleroi.
	20 Lille.
	21 Roubaix et Lille.
	22 Dunkerque et Calais.

1838.

Mars.	23 Boulogne.
	24 Saint-Omer.
	25 Abbeville.
	26 Rouen.
	30 Paris.
Avril	1er Versailles.
	8 Genève.
	12 Lyon.
	14 Marseille.
	16 Nice.
	19 Turin.
	21 Milan.
	23 Venise.
	24 Trieste.
	29 Vienne.
Mai.	5 Munich.
	7 Ulm.
	8 Schaffhouse.

ÉPOQUE OU VIDIE COMMENCE SES RELATIONS AVEC L'ANGLETERRE
POUR SON BAROMÈTRE ANÉROÏDE.

(2ᵉ Extrait.)

1843.

Mai	21	Nantes.
	24	Saint-Malo.
	26	Londres.
Juin	10	Ostende.
	11	Bruxelles.
	17	Anvers.
	19	Londres.
	24	Brighton.
	25	Dieppe et Paris.
Juillet	16	Boulogne.
	17	Londres.
	19	Southampton.
	31	Saint-Malo.
Aout	1ᵉʳ	Nantes.
	26	Les Sables.
	28	Nantes.
	31	Paris.

1844.

Janv.	1ᵉʳ	Boulogne.
	2	Folkestone
	8	Boulogne.
	9	Douvres.
	10	Londres.

1844.

Janv.	29	Folkestone.
	21	Boulogne.
	22	Paris.
	25	Angoulême.
Févr.	26	Paris.
Mars.	14	Boulogne.
	15	Folkestone.
	15	Londres.
Avril	6	Folkestone.
	7	Boulogne.
	8	Paris.
Juin	30	Orléans et Paris.
Aout	31	Rouen.
Sept.	1ᵉʳ	Le Havre.
	2	Brighton.
	3	Londres.
	10	Birmingham.
	12	Londres.
	14	Folkestone.
	15	Boulogne.
	16	Paris.
Oct.	20	Boulogne.
	21	Londres.
	26	Folkestone.
	27	Boulogne.

1844.

Oct.	28	Paris.
Déc.	23	Bruxelles.
	28	Ostende.
	29	Douvres.
	30	Londres.

1845.

Janv.	1er	Folkestone.
	3	Paris.
Mai	17	Boulogne.
	18	Londres.
Juin	22	Ostende.
	23	Bruxelles.
	24	Liége.
	25	Spa.
	28	Paris.

1846.

Janv.	1er	Boulogne.
	2	Folkestone.
	3	Londres.
	4	Boulogne.
	6	Paris.
Avril	30	Dieppe.
Mai	1er	Brighton.
	2	Londres.
	11	Folkestone.
	12	Boulogne.
	13	Paris.
Juillet	6	Londres.
	7	Birmingham.
	9	Londres.
	10	Folkestone.
	11	Paris.

ÉPOQUE OU VIDIE NE S'OCCUPE PLUS D'AFFAIRES.

(3ᶜ Extrait.)

1863.

Mars 26 Boulogne à Paris.
27 Bordeaux.
28 Bayonne.
29 Olasa-Goitia.
30 Villalba à Madrid (1).
31 Madrid à l'Escorial.
Avril 3 Madrid à Tolède.
(Du 4 au 12, retenu par la goutte.)
13 Madrid à Alhama.
14 Saragosse à Pampelune
15 Bayonne à Bordeaux.
16 Paris.
18 Amiens et Boulogne.
19 Paris.
22 Soissons.
23 Paris à Clermont.
25 Paris à Boulogne.
26 St-Valery à Paris.
28 Compiègne et retour à Paris.
29 Paris à Soissons.

1863.

Avril 30 Paris à Amiens.
Mai 1ᵉʳ Boulogne et Paris.
2 Paris à Laon.
3 Laon à Reims.
4 Paris à Villers-Cotterest.
5 Paris à Enghien.
5 Paris à Amiens.
6 Amiens, Boulogne et Paris.
7 Paris—Enghein; Enghein—Paris; Paris-Corbeil; Corbeil — Paris.
9 Paris, Moucron, Furnes
10 Furnes, Moucron, Paris
11 Paris, Bourg-la-Reine, Sceaux et Paris.
13 Paris, Boulogne, Abbeville.
14 Abbeville, Amiens, Paris.

---

(1) Il se rendait en Espagne simplement pour joindre un ami que des affaires avaient appelé à Madrid.

1863.

MAI	16	Paris, Saint-Quentin, Quévy, Bruxelles, Ostende.
	17	Ostende, Bruxelles, Quévy, Paris.
	18	St-Germain et Paris.
	21	Paris à Carlsrhue.
	23	Vienne.
	24	Czernavoda.
	28	Kustendjé.
	29	Constantinople.
JUIN	2	Kustendjé.
	3	Basias.
	5	Vienne.
	6	Linz.
	7	Nuremberg.
	8	Stuttgard.
	9	Bade.
	10	Kehl.
	11	Nancy, —Paris.
	13	Calais.
	14	Lille, Amiens.
	15	Paris.
	16	Abbeville.
	17	Étaples, Paris.
	18	Enghien, Paris.
	19	Pontoise, Paris.
	19	Paris, Amiens.
	20	Lille, Mouscron, Gand, Bruges.
	21	Ostende, Bruxelles, Quévy, Paris.
	22	Orléans.
	23	Nantes.

1863.

JUIN	24	Saint-Nazaire.
	26	Saumur, Tours.
	27	Étampes, Paris.
	29	Palaiseau, Paris.
	30	Enghien, Compiègne, Paris.
JUILLET	1er	Enghien, Paris, Chantilly, Paris.
	2	Saint-Valery.
	3	Paris.
	4	Soissons, Paris.
	5	Cambrai, Paris.
	6	Erquelines, Charleroy.
	7	Cologne.
	8	Hanovre.
	8	Harbourg, Altona, Kiel.
	9	Korsoer, Kjobenhavn.
	11	Gottembourg.
	12	Stockholm.
	16	Gotborg.
	18	Stockholm.
	19	Kjobenhavn.
	20	Altona.
	21	Harbourg, Cologne.
	22	Paris.
	23	Arras.
	24	Calais, Paris.
	25	Enghien, Paris.
	26	Vichy.
	27	Clermont, St-Germain.
	28	Nevers, Fontainebleau.
	29	Paris, Arras.
	30	Calais, Paris.
	31	Enghien, Paris.

1863.

Aout	1ᵉʳ Erquelines, Cologne.
	2 Berlin.
	3 Dantzick.
	4 Virballen.
	5 Saint-Pétersbourg.
	6 Péterhof.
	9 Moscou.
	10 Troïtza.
	10 Nijni-Nov.
	11 Kasan.
	11 Nijni-Nov.
	14 Moscou.
	16 Saint-Pétersbourg.
	17 Varsovie.
	20 Granica.
	21 Cracovie.
	22 Mislowitz, Breslau.
	23 Berlin.
	24 Cologne.
	25 Paris.
	26 St-Germain, Paris.
	27 Calais, Paris.
	28 Pontoise, Paris.
	29 Asnières, Paris, Enghien, Paris.

1863.

Aout	30 Compiègne, Paris.
Sept.	1ᵉʳ Paris à Chambéry.
	2 St-Michel, Turin.
	3 Gênes.
	4 Livourne.
	5 Pise.
	7 Florence, Sienne.
	9 Rome.
	11 Naples.
	16 Caserta, Castellamare.
	17 Vietri.
	18 Naples.
	19 Rome.
	21 Civita-Vecchia.
	22 Livourne, Pistoja, Virgato, Bologne.
	23 Milan.
	24 Novare, Turin.
	25 Turin.
	26 Mâcon.
	27 Paris.
	28 Enghien, Paris.
	29 Calais, Paris.
	30 Pontoise, Paris, Compiègne, Paris.

Cette fureur apparente de locomotion n'était pas le résultat d'une monomanie. Dès que Lucien voulait séjourner quelque part, les oppressions et les attaques de goutte survenaient : se mettait-il en mouvement, le mal disparaissait, soit que son organisation y trouvât son compte, soit que le changement d'air fût favorable à cette complexion si rudement atteinte depuis quelques années. Sa vie, d'ailleurs, s'était écoulée dans les voyages, et la translation était devenue pour son tempérament un besoin d'habitude.

CHAPITRE X

PIÈCES JUSTIFICATIVES

ET DOCUMENTS ACCESSOIRES.

N° 1.

Attestations Pritchard.

I Andrew Pritchard, of St Marys Place Canonbury in the county of Middlesex. Member of the Royal Institution of Great Britain, author of several works on optical instruments, formerly of Fleet street in the city of London, Manufacturing optician, but now retired from business, do solemnly and sincerely declare,

That in the year 1843. M. de Fontaine-Moreau then of Size Lane, City, London, Patent agent, consulted me as to the novelty and utility of an alleged new Barometer, the invention of one Lucien Vidie of Paris and that on or about the month of July 1843, the said de Fontaine-Moreau acting as agent for the said Lucien Vidie submitted to me a written case or statement together with the specification & drawing of the said Barometer for my written opinion, as to the novelty and utility of the same.

That the Barometer described and shown in the drawing so submitted consisted, of a box in which a vacuum was made and furnished with a diaphragm and with spiral springs internally, the flexion of the diaphragm being indicated on a dial by means of a hand.

That in or about the month of July 1843, I gave a written opinion to the said de Fontaine-Moreau on the questions submitted to me in the said case as aforesaid, and that the said opinion having been mislaid as I am informed and verily believe, I have been recently applied to be the Agent of the said de Fontaine-Moreau to furnish the draft or copy, thereof to be used in some legal proceedings now pending between the said Lucien Vidie and one Bourdon in Paris that my said opinion was to the effect following :

« July, 27th 1843

« I am of opinion that the Barometer described in
» the drawing & specification which accompany the
» present description is new, and beside, if the indica-
» tions are found by experiment to be applicable, that

» is to say if they can be made evident when they are
» acted upon by the atmosphere it is the subject
» matter for a patent of great value; however, I
» would not advise the expenses of a patent until
» other experiments are made to as certain the range
» of the instrument.

» (S.) ANDREW PRITCHARD. »

That in or about the month of August 1843, accompanied by the said de Fontaine-Moreau I ascended to the dome of St-Paul's cathedral London, with an instrument made according to the specification and drawing so submitted to me and herein described for the purpose of testing its fitness for measuring heights and that the experiment was successful.

And I make this declaration, concientiously believing the same to be true and by virtue of the provisions of an act made and passed in the 5th and 6th years of the reign of his late Majesty king William the 4th intituled « An Act to repeal an Act of the present session of Parliament intituled An Act for the more effectual abolition of oaths and Affirmations taken and made in various departements of the state, and to substitute declaration in lieu thereof and for the more entire suppression of voluntary and extra judicial oaths and affidavits and to make other provisions for the abolition of unnecessary oaths. »

(S.) ANDREW PRITCHARD.

Declared at the Mansion house in the city of London, this seventeenth day of November 1859.

Before me

(S.) John CARTER *Mayor*.

TRADUCTION.

Je soussigné, Andrew Pritchard, demeurant à Sainte-Mary, place Canonbury, dans le comté de Middlesex, membre de l'Institution royale de la Grande-Bretagne, auteur de divers ouvrages sur les instruments d'optique, antécédemment demeurant Fleet street, dans la cité de Londres, fabricant d'optique, mais maintenant retiré des affaires, solennellement et sincèrement déclare :

Que, dans l'année 1843, M. de Fontaine-Moreau, demeurant alors Size Lane, en la cité de Londres, agent de brevets d'invention, m'a consulté sur la nouveauté et l'utilité d'un Baromètre annoncé comme nouveau, et de l'invention d'un M. Lucien Vidie, de Paris, et que, dans ou vers le mois de juillet 1843, le susdit de Fontaine-Moreau, agissant comme agent pour ledit Lucien Vidie, m'a soumis un mémoire ou cas, par écrit, avec la description et le dessin dudit Baromètre, pour avoir mon opinion par écrit sur sa nouveauté et son utilité ;

Que le Baromètre décrit et représenté dans le dessin qui m'avait été ainsi soumis, consistait en une chambre dans laquelle le vide était fait, et était pourvu d'un diaphragme, et intérieurement de ressorts à spirales. La dépression du diaphragme étant indiquée sur un cadran, au moyen d'une aiguille ;

Que, dans ou vers le mois de juillet 1843, j'ai donné une opinion écrite audit de Fontaine-Moreau, sur les questions qui m'étaient soumises dans le mémoire comme ci-dessus relaté, et que la susdite opinion ayant été perdue, comme j'en suis informé et comme je le crois véritablement, j'ai été dernièrement requis par l'agent dudit de Fontaine-Moreau de lui en remettre un double, ou une copie, afin de l'employer dans des poursuites légales maintenant pendantes à Paris, entre ledit Lucien Vidie et M. Bourdon, et que ma dite opinion était à l'effet suivant :

« 27 Juillet 1843.

« Je suis d'opinion que le Baromètre décrit dans le
» dessin et la spécification qui accompagnent la pré-
» sente description, est nouveau, et, en outre, que, si
» les indications sont reconnues applicables par des
» expériences, c'est-à-dire si elles peuvent être rendues
» évidentes quand elles sont mises en fonction par l'at-
» mosphère, il est le sujet matière d'un brevet d'inven-
» tion d'une grande valeur. Je ne conseillerai pas les
» frais d'un brevet jusqu'à ce que d'autres expériences
» soient faites pour connaître la portée de l'instru-
» ment.

» (S.) ANDREW PRITCHARD. »

— 388 —

Que, dans ou vers le mois d'août 1843, étant accompagné dudit de Fontaine-Moreau, je suis monté au dôme de la cathédrale de Saint-Paul, à Londres, avec ledit instrument construit de conformité à la description et au dessin qui m'avaient été ainsi soumis et décrits ici, à l'effet d'essayer son utilité pour mesurer les hauteurs, et que l'expérience a été couronnée de succès ;

Et je fais cette déclaration consciencieusement, la croyant vraie, et en vertu des provisions d'un acte fait et passé dans les 5me et 6me années du règne de feu Sa Majesté le roi Guillaume IV, intitulé : « Acte pour abroger un acte de la présente session, intitulé : Acte pour l'abolition plus effective des serments et affirmations faits et passés dans différents départements de l'État, et pour substituer à leur place des déclarations, et pour l'entière suppression des serments volontaires et extra-judiciaires, et pour faire d'autres provisions pour l'abolition des serments non nécessaires. »

(S.) Andrew PRITCHARD.

Déclaré à Mansion house, en la cité de Londres, ce dix-septième jour de novembre 1857.

Devant moi.

(S.) John CARTER, *Maire*.

N° 2.

Séance de l'Académie des Sciences du 31 Mai 1847.

M. Arago s'exprime ainsi :

« M. Vidie présente un Baromètre construit sur un nouveau principe, qu'il désigne sous le nom de Baromètre Anéroïde. Cet instrument se compose d'une boîte métallique, dans laquelle on fait le vide. La paroi supérieure est assez mince pour céder sensiblement à la pression atmosphérique : en se rapprochant ou s'éloignant de la paroi opposée, suivant que cette pression augmente ou diminue, elle met en mouvement un index dont les divisions déterminées expérimentalement correspondent à celles des baromètres ordinaires. » (1)

Commissaires : MM. Mathieu, Mauvais, Faye.

N° 3.

Lettre de sir G.-B. Airy (1848).

Royal Observatory Greenwich, 1848 November 8.

Sir,

On returning some time since from an absence, I found your letter of Sept 16, and the Aneroid Barometer which accompanied it, and which had been left here

---

(1) Voir le Bulletin des comptes-rendus de *l'Académie des Sciences*, t. XXIV, p. 973.

by M. Dent. Accidents have prevented my acknowledging it for a few days.

The questions which you mention are interesting : and I will have companions of the Ancroid Barometer with the Mercurial Barometer made with the cautions that you desire.

I am, Sir

Your obedient servant,

G.-B. AIRY.

A Monsieur, Monsieur L. Vidie.

TRADUCTION.

Observatoire Royal de Greenwich, 8 novembre 1848.

Monsieur,

Au retour, depuis quelque temps, d'une absence, j'ai trouvé votre lettre du 16 septembre et le Baromètre Anéroïde qui l'accompagnait, et qui avait été laissé ici par M. Dent. Des accidents m'ont empêché d'en accuser réception pour quelques jours.

La question dont vous parlez est intéressante, et j'aurai des *compagnons* du Baromètre Anéroïde construits avec les soins que vous désirez.

Je suis, Monsieur,

Votre obéissant serviteur,

G.-B. AIRY.

A Monsieur, Monsieur L. Vidie.

No 4.

Lettre d'Airy (1849).

Royal Observatory Greenwich 1849, May 8.

Sir,

Since I received your letter of March 18. I have not had opportunity, till the present time, of examining the comparison of the Aneroid Barometer with our Standard Barometer.

Our comparison has lasted from 1848 Nov. 10 to 1849 May 4. The entire number of comparisons is 274. The range of Barometer $29^{in}\cdot 061$ to $30^{in}\cdot 593$. The range of thermometer $30^{o}\cdot 0$ to $68^{o}\cdot 0$ Fahrenheit.

The readings of the Standard Barometer have been reduced to 32° Fahrenheit by our ordinary reduction. Those of the Aneroid Barometer by the quantity.

$$- 0^{in}\cdot 035 - 0^{in}\cdot 0017 \times \left(\text{thermometer reading} - 32^o \right)$$

The result is that upon the whole, the two instruments agree very well. The greatest differences are $+ 0^{in}\cdot 061$ and $- 0^{in}\cdot 033$. There are several differences accounting to $+ 0^{in}\cdot 03$. It must be borne in mind that the graduation of the Aneroid Barometer is to $0^{in}\cdot 025$, and that subdivisions of this quantity are taken only by estimation.

I do not perceive that the differences follow any law depending on the height of the barometer, or on the height of the thermometer, or on their charges. I think that, upon the whole, the reading of the Aneroid

Barometer has diminished a very little with time : but the apparent diminution is so small that its existence is very uncertain.

You are at liberty to use this letter as you think fit.

I am, Sir, your obedient servant,

G.-B. AIRY.

A Monsieur L. Vidie, à Paris.

TRADUCTION.

Observatoire Royal, Greenwich, 8 Mai 1849.

Monsieur,

Depuis que j'ai reçu votre lettre du 18 mars, je n'ai pas eu le loisir, jusqu'à ce moment, d'examiner la comparaison qui a été faite du Baromètre Anéroïde avec notre baromètre étalon.

Nos comparaisons datent du 10 novembre 1848 au 4 mai 1849. Le nombre entier des comparaisons est 274 : la course du Baromètre, 29 p. 061 à 30 p. 593 : la course du Thermomètre, 30°,0 à 68°,0 Fahrenheit.

La lecture du baromètre étalon a été réduite à 32° Fahrenheit, par la réduction ordinaire, et celle du Baromètre Anéroïde par la quantité :

$$- 0 \text{ p. } 035 - 0 \text{ p. } 0017 \times \begin{pmatrix} \text{thermomètre} \\ \text{lecteur} \end{pmatrix} - 32$$

Le résultat est, en somme, que les deux instruments s'accordent très-bien.

Les plus grandes différences ont été + 0 p. 061 et — 0 p. 033. Il y a quelques différences montant à

± 0 p. 03; mais il faut considérer que la graduation du Baromètre Anéroïde est 0 p. 025, et que les subdivisions de cette quantité ont été prises par estimation.

Je ne puis apercevoir que les différences suivent aucune loi dépendant de la hauteur du baromètre ou de la hauteur du thermomètre, ou de leurs changements.

Je pense, en définitive, que la lecture du Baromètre Anéroïde a diminué d'une très-petite quantité avec le temps; mais l'apparente diminution est si faible, que son existence est très-incertaine.

Je vous autorise à user de cette lettre de telle manière qu'il vous plaira.

Je suis, Monsieur, votre obéissant
serviteur,
G.-B. AIRY.

A Monsieur L. Vidie, à Paris.

N° 5.

Lettre de sir John Willis (1849).

Constantinople, 25 December 1849.

M. Vidie, Paris.

My dear Sir,

I have been here since long time, and then I wished to do some thing with you about your ingeniously invented Aneroid Barometers, but as it is not much useful in this country with french or ever in english scription, I thought to make them with Turkish engraved quadrants, which very shortly I will send to you. I wish to know vhat sort is yours after last horrid revolution, therefore a fried of mine Mr Gomidass Panoss will put this present letter in your hands and make me know about you.

I gave him order to ask of you one of the large size Barometer with silvered quadrant having only the division of nglish foot and inches withont any inscription or numbers, for I shall write in it the weather in Turkish, only one Thermometer is enough in the same manner divided only without numbers or inscription: the size of Thermometer can be fixed opposite of to the division of the inches; besides this I will three other Barometers the of smallest size, with english words and english inches, or english division with french words; such shoult be the Thermometers.

These four Thermometers packed up in a small box let you consign to my friend Mr G. Panoss with the bill of 186 francs by whom he will pay you immediately.

I hope you are now better established, and increased with the quantity of Aneroids.

I am sure you understand well english, as I cannot write well in french. In attending a few lines from your kindness, I remain,

Dear sir
Yours most sincerely
John WILLIS.

TRADUCTION.

Constantinople, 25 décembre 1849.

Monsieur Vidie, à Paris.

Mon cher Monsieur,

Je suis ici depuis longtemps, et je désirerais faire quelque chose avec vous au sujet de l'ingénieux Baromètre Anéroïde que vous avez inventé ; mais comme il n'est pas utile dans ce pays avec une indication française, ou même anglaise, j'ai pensé à en faire avec des cadrans gravés en langue turque, que je vous enverrai très-prochainement. Je désire savoir ce que vous devenez après votre horrible dernière révolution; c'est pourquoi l'un de mes amis, M. Gomidass Panoss, remettra la présente entre vos mains et me donnera de vos nouvelles.

Je lui ai donné ordre de vous demander un Baromètre du grand modèle, avec cadran argenté, ayant seulement la division en pieds et pouces anglais, mais sans inscription ni chiffres, parce que j'écrirai dessus les désignations du temps en turc : un seul thermomètre suffira, divisé de la même manière, sans inscription ni chiffres ; il pourrait être placé au bas du cadran en opposition avec l'échelle des pouces. Outre ce Baromètre, j'en désire trois autres du plus petit modèle, soit avec des pouces et des mots anglais, soit avec division anglaise et des mots français; les Thermomètres seront pareils.

Remettez ces quatre Thermomètres, emballés dans

une petite caisse, à mon ami M. Panoss, qui vous paiera immédiatement avec le billet de 186 francs.

J'espère que vous êtes maintenant mieux établi, et que vous avez une plus grande quantité d'Anéroïdes.

Je suis sûr que vous comprenez bien l'anglais : moi, je ne puis pas bien écrire en français. En attendant quelques lignes de votre obligeance, je reste, cher Monsieur,

Bien sincèrement à vous,

(Signé) John WILLIS.

N° 6.

Extrait du *Sunday-Times* du 26 octobre 1851.

Mr. H. Poole (Albion Mines, Nova Scotia) writes on the subject of the Aneroid Barometer, in which communication, he informs us, he generally keeps his " in its case, on its back, by the side of a common barometer, and its readings vary from 4 to 8 hundredths of an inch lower than the mercurial barometer; if suspended by the ring, 25 hundredths of a thenth less than when lying in the case; turned round until the suspension ring is horizontal, it reads 75 hundredths of a tenth less; and when turned upside down, or lying on its face, it reads a full tenth less than the mercurial barometer. " We have not had any great experience with the Aneroid; but it appears to us that a difference of 0·04 in., during the range of a season, is small, and probably may arise from eccentricity in the centre, which should be allowed for; as also for temperature, as is usual with the best mercurial barometers. The difference of its reading between the horizontal and vertical positions being 0·025, we also think but trifling; but, whatever the difference, it should be observed, and allowed for when necessary. We have had considerable correspondence on this subject; but we believe M. Vidie, in the first instance, never had an idea of holding it out as a scientific instrument; he only desired to supersede that unworthy and unscientific instrument, the wheel barometer, and has not only completely succeeded, but the Aneroid has been found to possess properties of much greater value than was at first suspected by its inventor; and, as it is impossible to foresee whether it may not receive important improvements, we should be sorry to see a germ of science crushed in the very bud.

TRADUCTION.

M. H. Poole (Albion-Mines, Nouvelle-Écosse), écrit au sujet du Baromètre Anéroïde, et dans sa communication nous informe qu'il tient généralement son baromètre « dans sa caisse, sur son dos, à côté d'un baromètre ordinaire, et que ses indications varient de 4 à 8 centièmes de pouce au-dessous du baromètre à mercure; s'il est suspendu par la corde, 25 centièmes d'un dixième de moins que lorsqu'il est couché dans la caisse; si on le tourne jusqu'à ce que la corde de suspension soit en ligne horizontale, il marque 75 centièmes d'un dixième de moins : enfin, si on le tourne sens dessus dessous, ou couché sur sa face, il marque tout un dixième de moins que le baromètre à mercure. » Nous n'avons pas une grande expérience de l'Anéroïde, mais il nous paraît qu'une différence de 0.04 dans l'espace d'une saison est peu considérable, et peut probablement provenir d'une excentricité dans le centre, dont il faut tenir compte, ainsi que de la température, comme il est d'usage avec les meilleurs baromètres à mercure. La différence de son indication entre les positions horizontale et verticale n'étant que 0.025, nous l'estimons aussi insignifiante ; mais quelle que soit la différence, on doit l'observer et y avoir égard quand c'est nécessaire. Nous avons reçu des correspondances nombreuses sur la matière ; mais nous croyons que M. Vidie n'a d'abord jamais eu l'idée de présenter un instrument scientifique : il voulait seulement faire abandonner le baromètre à roue, cet instrument de si peu de valeur et si peu scientifique. Non-seulement il y a complétement réussi, mais on a découvert que l'Anéroïde possédait des propriétés d'une beaucoup plus grande valeur que son inventeur ne le soupçonnait au premier abord ; et comme il est impossible de prévoir s'il est susceptible ou non d'améliorations importantes, nous serions désolés de voir un germe de science anéanti dès son origine.

N° 7.

Lettre de M. Ledieu (1857).

Dieppe, 3 Octobre 1857.

Monsieur,

Devant publier un ouvrage sur la navigation à vapeur, et ayant l'intention d'entrer dans quelques détails sur les baromètres, tant à mercure que Anéroïdes, employés dans la marine, j'ai l'honneur de vous demander si vous seriez assez bon pour me faire parvenir un croquis complet de la dernière disposition que vous avez adoptée pour vos *Baromètres Anéroïdes, qui sont très-répandus dans la marine militaire.*

J'espère, Monsieur, que vous voudrez bien accéder à ma demande, et que vous me mettrez ainsi à même de parler avec connaissance de cause de *vos excellents instruments, qui tendent à devenir d'un usage exclusif dans les deux marines.*

(Signé) LEDIEU,
Professeur d'hydrographie.

N° 8.

Lettre de sir J. Welsh (1858).

Kew Observatory, Richmond, London, Jan. 30 1858.

. . . .

Some of your Barometers are occasionally sent here for examination. I always compare their indications with those of a mercurial barometer (under the receiver of an airpump) at every inch or half inch of their scales and furnish with each instrument a table of corrections corresponding to different parts of the scale. I also determine for each instrument the correction to be applied for temperature. This correction I find to vary within small limits; it generally amounts to from 0·005 to 0·006 inch for one degree Fahrenheit. Some Aneroids are sold in London which profess to have been compensated for temperature. But I have not had an opportunity of testing the truth of this. It is very difficult to procure in London Aneroids of the *higher* class, that is instruments intended for *scientific* work. Inch barometers are frequently asked for by travellers but they can only get the *ordinary* instrument.

I am, Sir, Your obedient servant,

J. WELSH.

TRADUCTION.

De l'Observatoire de Kend, Richmond, Londres;
du 30 Janvier 1858.

. . . .

Quelques-uns de vos baromètres sont parfois envoyés ici à l'examen. Je compare toujours leurs indications avec celles d'un baromètre à mercure (sous le récipient d'une pompe à air) à chaque pouce ou demi-pouce de leur échelle, et je munis chacun des instruments d'une table de corrections correspondant aux différentes parties de l'échelle. Je détermine aussi pour chacun la correction à faire pour la température. Je trouve que la correction varie dans de faibles limites ; elle se monte généralement de 0,005 à 0,006 de pouce pour un degré Fahrenheit. On vend à Londres quelques Anéroïdes qui sont censés avoir été compensés pour la température ; mais je n'ai jamais eu l'occasion de vérifier ce fait. Il est très-difficile de se procurer à Londres des Anéroïdes de *première* classe, c'est-à-dire des instruments pour un travail *scientifique*. De tels baromètres sont souvent demandés par les voyageurs, mais ils ne peuvent obtenir que des instruments ordinaires.

Je suis, Monsieur, Votre obéissant serviteur,

J. WELSH.

N° 9.

Lettre du P. Secchi (1859).

Monsieur ***,

Il y a bien long-temps que j'attends inutilement votre plaque de cristal de roche que vous m'avez dit être déposée chez le P. Procureur, à Paris. Il doit l'avoir oubliée sans doute. Je vous prie donc de la retirer et de me l'envoyer par la première occasion que vous aurez ou au moins par la suivante.

M. le com. Poletti, ingénieur, veut avoir un Baromètre Anéroïde pour s'en servir au nivellement et aux études des montagnes, pour le tracé des routes. Ce Baromètre doit donc être construit comme pour la mesure des hauteurs ; mais, comme les hauteurs ne surpasseront jamais 2,000 mètres, il est préférable de conserver l'échelle large dans ses divisions, plutôt que de lui donner une grande extension et longueur. Mais pour l'exactitude des indications, la construction ordinaire présente une grande imperfection dans la parallaxe de l'index : ayant vù ce défaut corrigé dans un Baromètre Anéroïde de Dent, je vous prierai de l'imiter ; cela consiste à faire la graduation sur un cercle plus relevé que le reste du cadran, et la pointe de l'index va effleurant le bord de la graduation, comme dans cette coupe.

Je vous prie donc d'en envoyer un avec cette petite modification, pour M. Poletti, et un autre pour un de mes amis, avec le même perfectionnement. Ajoutez-y encore sa loupe pour lire les fractions de millimètre. Le Thermomètre est indispensable ; mais il est à craindre que, en le fixant dans la machine même, il ne vienne à se casser. Ainsi, je vous prie de l'arranger à l'extérieur, mais de façon que le bulbe reste, autant que possible, près de la boîte de l'instrument. Il va sans dire que je veux la construction de Vidie, et non celle de B., qui ne *vaut rien*.

Avec les deux Baromètres, je vous prie de m'envoyer un bon galvanomètre à fil court pour les observations thermométriques sur le soleil : il faut qu'il soit d'une grande sensibilité, et analogue à ceux de feu M. Gourjeon, faits pour Melloni.

Agréez mes respects. Je suis votre très-dévoué,

A. SECCHI,

Directeur de l'Observatoire du Collège Romain.

Rome, ce 5 novembre 1859.

N° 10.

Article du *Courrier du Havre* (1859).

L'INDUSTRIE ET LA CONTREFAÇON.

Le Tribunal civil de la Seine (3ᵉ Chambre), présidé par M. Puissant, vient de prononcer, dans une affaire de contrefaçon, un jugement qui mérite de fixer l'attention publique.

Il s'agissait d'une action en dommages-intérêts intentée par M. Vidie, inventeur du *Baromètre Anéroïde,* contre M. X, fabricant et vendeur, depuis nombre d'années, d'un *baromètre métallique,* que M. Vidie prétend n'être que la contrefaçon de son Baromètre Anéroïde, breveté depuis 1844.

Cette action n'est pas la première que M. Vidie ait intentée à son contrefacteur. Après avoir succombé en police correctionnelle et en appel, M. Vidie, avec une ténacité qu'explique et justifie l'importance de la question d'argent et surtout d'honneur engagée dans ce débat, a, par un artifice de procédure qu'il serait trop long d'exposer ici, saisi le Tribunal civil d'une nouvelle action. Cette fois, l'inventeur a été plus heureux que dans les précédentes instances; et le Tribunal, sur les conclusions fortement et savamment motivées de M. l'avocat-général Jousselin, a donné pleinement gain de cause à M. Vidie, déclaré M. X contrefacteur du *Baromètre Anéroïde,* et comme tel l'a condamné en 25,000 francs de dommages-intérêts, en maintenant la saisie des baromètres-X, saisis à la requête de M. Vidie.

On comprend que, s'il s'agissait d'une simple affaire d'intérêt privé entre deux fabricants ou commerçants, nous ne croirions pas utile d'en entretenir le public. Mais, dans le procès engagé entre l'inventeur et son contrefacteur, il y a une grande question d'intérêt public et de moralité. Il importe de soulever de temps en temps le voile qui couvre les misères poignantes de l'inventeur pauvre, aux prises avec le contrefacteur puissant par les capitaux dont il dispose et la notoriété qu'il possède. Nous ne savons si M. Vidie a gagné beaucoup d'argent avec son *Baromètre Anéroïde*, et nous serions satisfait qu'il en fût ainsi, car son invention est véritablement ingénieuse et utile; mais nous savons, en tout cas, que M. X, que le Tribunal civil de la Seine vient de déclarer contrefacteur, en a gagné beaucoup en exploitant une invention qui n'était pas sienne; et c'est sur cet aspect de la question que nous voulons arrêter quelques instants l'attention de nos lecteurs.

Dans un mémoire imprimé au sujet de cette affaire, M. Vidie s'exprimait ainsi :

« Elle (la réhabilitation du brevet des Anéroïdes) viendra, il est vrai, bien tardivement. Qui pourrait rendre à un inventeur ses années perdues, son émulation flétrie? Qui pourrait effacer aujourd'hui dans la science, dans l'industrie, dans le commerce, dans l'opinion du monde, *la découverte de M. X*, si long-temps, si habilement prônée?

» Quant à la question pécuniaire, M. Vidie espère bien que la justice n'accordera pas à M. X l'énorme indemnité qu'il réclame pour avoir été *inquiété* une seconde fois dans son exploitation; mais, d'un autre côté, il ne se fait pas illusion sur la possibilité d'un dédommagement pécuniaire suffisant, et il sait bien que M. X, s'il est condamné à rendre quelques bribes d'*un million* qu'il a pu acquérir ainsi, pourra dire encore avec le sourire supérieur de l'homme habile : *L'industrie de la contrefaçon,* MÊME RÉPRIMÉE, *a bien son mérite.* »

Ces réflexions, celle surtout qui finit cette citation, sont pleines de sens et de justesse; et il est heureux, dans un sens, qu'elles ne soient pas trop méditées et approfondies par les inventeurs en travail, car elles suffiraient pour faire avorter le plus grand nombre des inventions. Autant la carrière de l'inventeur, de l'inventeur pauvre surtout, est hérissée d'épines, autant l'industrie du contrefacteur puissant et riche, *même réprimée* par les Tribunaux, est facile et lucrative. Ce n'est pas que le zèle et l'esprit de justice manquent aux Tribunaux chargés de réprimer ce délit, bien au contraire; mais il faut croire que la loi ne leur fournit pas des armes suffisantes pour terrasser la contrefaçon en *ruinant*, au besoin, le contrefacteur, comme cela se fait en Angleterre.

Le jugement du Tribunal civil de la Seine dans l'affaire Vidie, jugement si remarquable par ses considérants, peut nous servir de preuve à l'appui de ce

que nous venons de dire. En effet, le Tribunal, après avoir constaté que « X, en se faisant passer à tort
» pour l'inventeur du Baromètre métallique, a causé à
» Vidie un préjudice moral et matériel considérable ;
» qu'en outre, X et ***, en construisant et débitant,
» jusqu'au jour de la saisie, 9,400 baromètres contre-
» faits, ont encore augmenté ce préjudice, à raison
» duquel ils lui doivent une réparation qui peut être
» évaluée à la somme de 25,000 francs, etc. »

Ainsi, d'après le considérant même du Tribunal, il est acquis que X a vendu 9,400 baromètres système Vidie. Le bénéfice fait par le contrefacteur sur ces 9,400 baromètres ne saurait être établi avec précision. Toutefois, en partant de ce fait que le baromètre pseudo-X se vend de 50 à 60 francs, les personnes un peu au courant des bénéfices de l'industrie des instruments de précision ne refuseront pas d'admettre que M. X a dû gagner au moins 20 francs par baromètre. Pour 9,400 baromètres, son bénéfice a pu s'élever ainsi à 188,000 francs. On voit que la restitution de 25,000 francs, à laquelle le jugement du Tribunal civil de la Seine le condamne, laisse une assez jolie marge aux *profits de la contrefaçon*.

Or, comme le libellé du jugement du Tribunal de la Seine ne laisse aucun doute sur la manière sévère dont les juges ont apprécié les faits de la cause, il est clair que s'ils n'ont prononcé qu'une condamnation comparativement minime, c'est que la lettre de la loi ne leur permettait pas d'aller plus loin. D'où il faut conclure que la législation actuelle sur les droits de l'invention laisse beaucoup à faire. C'est, du reste, ce qu'a compris le Gouvernement en proposant une nouvelle loi sur les brevets d'invention. Quant à la valeur intrinsèque du projet, qui n'a pu être discuté pendant la dernière session, nous réservons notre opinion jusqu'à l'époque où il reviendra à l'ordre du jour.

E. Mouttet.

N° 11.

Séance du Corps Législatif du 20 juillet 1860.

M. Ernest Picard. — . . . .
Il y a un inventeur célèbre, M. Vidie, qui a inventé le Baromètre sans mercure, instrument d'un si grand usage dans la marine. M. Vidie a demandé une prolongation de brevet, et le Conseil d'État n'a pas accueilli sa demande.

M. Baroche, président du Conseil d'État, dit que si l'on parle d'une demande dont le Conseil d'État aurait été saisi, il y a erreur. Jamais le Conseil d'État n'a été saisi de la demande dont il s'agit.

M. Ernest Picard dit que c'est alors au Ministre que la demande a été présentée. C'est au Ministre que l'observation de l'orateur s'adresse.

L'orateur le répète, M. Vidie a demandé une prolongation et ne l'a pas obtenue; et, cependant, son invention était une invention scientifique de premier ordre. M. Vidie avait un concurrent qui plaidait contre lui. Il avait gagné son procès; mais il y avait eu pourvoi en cassation, et il est à remarquer que c'est précisément ce qui se rencontre pour M. Sax. Mais l'honorable membre laisse de côté cet incident.

FIN.

TABLE DES MATIÈRES.

				Pages.
Chapitre	Ier.	—	Son caractère, ses habitudes . . .	5
	II.	—	Sa vie industrielle	19
»	III.	—	Ses découvertes.	39
»	IV.	—	Les Procès	87
»	V.	—	Déchéance des Brevets	247
»	VI.	—	Sa mort	255
»	VII.	—	Adieux	259
»	VIII.	—	Notice publiée par Lucien Vidie en 1861.	261
»	IX.	—	Pièces complémentaires.	359
»	X.	—	Pièces justificatives et documents accessoires	383

Nantes, impr. MERSON, rue du Calvaire, 8.

www.ingramcontent.com/pod-product-compliance
Lightning Source LLC
Chambersburg PA
CBHW052136230426
43671CB00009B/1270